六爻風水預測學
육효풍수예측학

왕호응 著 ◆ 박형규 譯

六爻風水預測學
육효풍수예측학

■ 제1판 1쇄 발행 2022년 8월

■ **지은이**　왕호응
■ **옮긴이**　박형규

■ **펴낸곳**　학산출판사
■ **등　록**　2017. 12. 29
■ **주　소**　서울 종로구 종로 127-2 영흥빌딩 501호
■ **전　화**　010. 7143. 0543 / 02. 765. 1468

■ **정　가**　48,000원

ISBN : 979-11-962938-5-7 [93180]
Korean translation copyright ⓒ2019 by 학산출판사

- 이 책은 저작권법에 따라 보호받는 저작물로서 무단 전재와 복제를 금지하며 이 책 내용의 일부 또는 전부를 이용하려면 반드시 학산출판사의 서면 동의를 받아야 합니다.

- 우리는 전 세계에 걸친 저작 관련 네트워크에서부터 출판 및 보급에 이르기까지 우리 사업의 모든 분야에서 확고하고 윤리적인 출판 철학을 지향합니다.

六爻風水預測學
육효풍수예측학

차 례

추 천 사 • 008
저자 서문 • 013

第1장 육효풍수예측의 함의 • 017

第2장 육효기초지식의 풍수예측 응용 • 024

제 1절 풍수예측의 용신 / 024
제 2절 효위(爻位)의 풍수예측 용법 / 029
제 3절 육친(六親)의 풍수예측의 대표적 함의 / 042
제 4절 육신(六神)의 풍수예측의 취상(取象) / 045
제 5절 팔괘(八卦)의 풍수예측의 취상(取象) / 057
제 6절 오행(五行)의 풍수예측의 취상(取象) / 060
제 7절 육친(六親) 변화의 풍수예측의 취상(取象) / 064
제 8절 용신양현(用神兩現)의 함의 / 069
제 9절 용신복장(用神伏藏)의 함의 / 072
제10절 진신(進神)과 퇴신(退神)의 함의 / 076
제11절 월파(月破)의 함의 / 080
제12절 공망(空亡)의 함의 / 084
제13절 육충(六沖)과 육합(六合)의 함의 / 089

제14절 반음(反吟)과 복음(伏吟)의 함의 / 093
제15절 유혼(遊魂)과 귀혼(歸魂)의 함의 / 096
제16절 오행 생멸상태(生滅狀態)의 풍수예측 응용 / 099

第3章 풍수예측의 세부 사항에 대한 판단 • 104

제1절 도로의 판단 방법 / 105
제2절 다리의 판단 방법 / 109
제3절 하천의 판단 방법 / 114
제4절 건축물의 판단 방법 / 116
제5절 산의 판단 방법 / 118
제6절 화초와 수목에 대한 판단 방법 / 122
제7절 돌의 판단 방법 / 123
제8절 풍수총론 / 125

第4章 주택풍수의 예측 • 135

제1절 집터 / 138
제2절 우물 / 143
제3절 이웃 / 145
제4절 정원(마당) / 146

차 례

제 5절 주방 / 151
제 6절 침실 / 155
제 7절 신위(神位) / 156
제 8절 문(門) / 160
제 9절 벽(담장) / 164
제10절 지붕 / 166
제11절 침대 / 170
제12절 화장실 / 176

양택풍수의 실전 사례 • 179

第5章 음택풍수의 예측 • 458

제 1절 용맥(龍脈) / 458
제 2절 사(砂) / 460
제 3절 수(水) / 461
제 4절 명당(明堂) / 465
제 5절 용호(龍虎) / 466
제 6절 혈(穴)의 판단과 점혈(點穴) / 468
제 7절 분묘(墳墓) / 473
제 8절 수구(水口) / 477
제 9절 안산(案山) / 479
제10절 득지(得地) / 482

음택풍수의 실전 사례 • 491

상업풍수 • 559

　제1절　점포 / 559
　제2절　계산대 / 562
　제3절　고객 / 564
　제4절　직원 / 569

상업풍수의 실전 사례 • 571

역자 서문 • 638

추 천 서

아날로그 시대에서 디지털 시대로 오면서 구체적이고 세부적인 전문성이 과학 분야에만 일어나는 것이 아니라 인문의 분야에서도 현격히 일어나는 변화 현상임을 발견할 수 있다.

어느 특정 분야를 찍어 거론할 수 없이 모든 분야가 세분화되어 집중적으로 연구되고 있듯이 '점학' 역시 그러한 시대가 도래한 것이다.

「모든 점학에는 나름대로 독특한 법식이 있다. 육효점 역시 육효점법으로 점단을 내리는 법식이 있고 다른 점법 역시 그러한 점법을 배우고 연구하는 과정을 거쳐야 점단을 내릴 수 있는 실력을 가질 수 있다.」

六爻風水預測學
육효풍수예측학

　점학에는 육효학·구성학·육임학 등 사실상 비밀리에 전해져 내려온 점학이 손을 꼽을 수 없을 정도로 매우 많다. 그런데 그 점사마다 일어나는 점학에는 사안에 따른 핵심적인 의미를 찾는 기준이 또 각각 있는 것이다.
　육효는 주역을 체(體)로 하여 한나라 때 경방이 창안한 점학이다. 주역을 배우면 점학을 따로 배우지 않아도 그 자체로 점사를 들여다 볼 수 있기에 '미래 철학'으로서의 위상을 잃지 않았지만 주역을 배워 나름대로 점사를 내기까지 글공부부터 시작한다면 상당한 시간과 노력의 대장정을 각오하지 않으면 접근할 수 없다.

　이러한 어려움과 부담을 뒤로하고 인간의 고뇌를 앞당겨 덜어줄 수 있도록 주역의 팔괘와 수괘에 따른 64괘의 괘순 그리고 60갑자만 알면 그 어떤 문제점도 해결할 수 있도록 한 것이 경방의 육효점이다. 육효점의 법식만 안다면 풀지 못할 인간사는 없을 정도로 신출귀몰한 점법이 육효점법이란 것이다.

　예로부터 묘지를 쓰는 장례는 우리 선조들이 자손들의 번창과 안위를 위하고 또한 자손들은 조상들의 안위를 위하여 최선을 다하는, 마지막 행사였던 만큼 그 중요성은 이루 말할 수 없었다. 곧 집안의 길흉이 가문의 길흉이 되고 문중의 길흉이 되었던 것이다.

사람이 드는 택법에는 '음택법'과 '양택법(주택 사무실)'이 있다. 묘지를 쓰는 장례는 음택법이며, 현재 살고 있는 사람의 번영과 안위를 위해서는 양택법(주택 사무실)을 적용한다.

『육효풍수예측학』은 일단 육효의 기초 지식을 쉽고 간단하게 설명하고 있으니 육효를 배우고자 하는 초보자들에게도 도움이 될 것이다. 또한 육효로 음택과 양택을 모두 알 수 있도록 매우 쉽고 자세하게 설명하고 있으니 풍수나 육효의 전문가들에게도 반드시 도움이 될 것임을 의심치 않는다.

풍수는 먼저 산의 용혈사수에 따르는 용맥을 알고 용맥이 응결되는 혈을 보는 것이 중요한데 『육효풍수예측학』은 괘와 효로 용맥과 혈·혈의 주변 환경까지(도로 사정·하천의 청결 등) 효의 생극제화로 알 수 있게 설명하고 있다. 그러므로 육효와 풍수를 한번에 공부하고자 하는 학도들에게도 안성맞춤의 책이라 하겠다. 따라서 육효와 풍수를 동시에 배우고 익힐 수 있으니 무척 긴요하게 쓰일 것이다.

박형규 교수는 앞서 『육효경제예측학』과 『육효추길피흉화해비전』을 출간하였고 이번에는 『육효풍수예측학』을 출간하였다. 또한

六爻風水預測學
육효풍수예측학

역자는 동방문화대학원대학교에서 대학원 교수로 '맹파명리'를, 문화교육원에서는 '음양풍수'를 강의하고 있으니 명리와 풍수를 겸한 이론가이자 실전가임이 틀림없다.

예전에는 육효점법 하나를 배워서 두루두루 활용해 왔다면 박형규 교수는 추길피흉과 경제·풍수 등 하나하나 구체적으로 분석하여 길흉을 얻는 '육효점학'의 전문화 시대를 열었다. 어느 분야에나 시대를 초월하여 연구하고 탐색하는 사람은 있기 마련이지만 오늘날 박형규 교수를 분수령으로 점학의 전문화 시대가 열렸으니 그 존재의 가치 또한 시대를 앞서갈 것이다.

인간의 생각으로 최선을 다하였다 할지라도 운명에는 언제나 복병이 숨어 있어 어떻게 변화할지 모르니 한치 앞도 보지 못하는 존재가 사람이라고 할 수 있다. 그러므로 아무리 점치는 행위를 비하하고 외면하려 해도 어쩔 수 없이 우리는 최종적으로 점사에 의존할 수밖에 없다. 따라서 인간은 한계가 있는 생명이기에 두고 가는 묘지의 길흉을 살피지 않을 수 없으니 하늘의 뜻을 육효점에다 물어보게 된다.

그러므로 역을 공부하는 사람이나 특히 풍수에 관심이 많은 사람·점사를 공부하는 학인이라면 누구라도 곁에 두고 배우고 참고해야 할 책이 있어야 하므로 이 책의 필독을 권하는 바이다.

壬寅年 小暑
동방문화대학원대학교 석좌교수 **유 방 현**

저자 서문

　풍수의 작용은 특별한 설명이나 증명이 필요하지 않을 정도로 명백하다. 간단히 말해서 물체의 방향과 모양만으로도 에너지의 변화를 충분히 일으킬 수 있다는 뜻이다. 예를 들어, 우리가 평소에 사용하는 돋보기는 사실 보통 유리에 불과할 뿐이지만 유리 두께의 고저를 주어 빛의 변화를 일으키게 할 수 있는데 나아가 일반 유리만으로도 햇빛을 이용하여 종이에 불을 붙일 수 있을 만큼 강한 열에너지로 변화시킬 수 있다. 인류는 이러한 원리를 이용하여 근시 안경과 망원경 등을 발명하게 된다.

　북반구에 사는 사람들은 북방에서 내려오는 한기의 영향을 받으니 주거지를 선택할 때 북쪽으로 산을 끼고, 남쪽으로는 시원하게 트인 곳에 집을 지어 한파를 막고, 햇빛을 받아들이게 하였다. 대초원에서 몽골인이 사용하는 이동식 천막집은 모두 원형으로 만들어졌는데 그 목적 중의 하나는 바람이 부는 힘을 줄여 안정적으로 유지하게 하려는 것이었다. 만약에 네모난 모양으로 만든다면 바람의 힘으로 넘어질 수도 있기 때문이고, 또한 좁은 공간에서 살게 된다면 숨이 막혀 답답할 것이고, 습한 곳에서 살게 된다면 관절염에 걸리기 쉽기 때문이다.

쓰촨(四川) 등 그 주변 지방 사람들이 음식에 매운 고추를 넣는 이유는 거주지가 습하기 때문이다. 그래서 사람들은 고추를 먹어서 땀을 내어 체내의 습기를 배출하려고 한다. 광동(廣東) 등지의 사람들은 음식에 설탕을 넣는 것을 좋아한다. 그것은 너무 더워서 땀을 많이 흘리게 되니 체내의 부족한 열량을 보충해 주어야 하기 때문이다. 산시(山西) 사람들은 음식에 식초를 즐겨 넣는다. 그 이유는 산시성 토양과 물에는 알칼리 함량이 높아서 식초로 중화해야 하기 때문이다. 몽골, 러시아 등지에서는 추위로 인한 한기를 막기 위해서 술을 즐겨 마신다.

이렇게 지역의 풍수는 사람들의 생활습관뿐만 아니라 사람의 신체와 성격, 사람들의 사고와 태도, 문화에도 영향을 준다. 한 지역의 풍토를 둘러싼 환경이 그 지역 사람들에게 영향을 미친다는 것은 풍수의 초보적인 원리다. 이런 이론이 풍수가 미신이라고 고집

하는 이들에게 인간도 풍수의 작용을 받는다는 사실을 받아들이게 하지 않을까 생각한다.

초목이 무성하게 잘 자라는 곳은 땅의 지기가 왕성하니 생명을 가진 모든 존재의 생존에 도움을 주는 곳이라고 할 수 있다. 풀 한 포기 나지도 않는 곳이라면 사람은 당연히 유유자적하며 편히 지낼 수 없다.

풍수학은 매우 심오한 학문이다. 내가 위에서 간단하게 서술하기는 했지만, 몇 년 동안의 노력만으로는 그 실마리조차도 간파하지 못할뿐더러 그 심오함을 끝까지 들여다볼 수 없다. 다만 이 책이 가지는 풍수(風水)의 힘을 빌려 여러분의 삶에 행운을 가져다주고, 관심을 불러일으킬 수 있게 되기를 바란다.

왕 호 응 (戊子年) 仲春

六爻風水預測學
육효풍수예측학

제 1장
육효풍수예측의 함의

　풍수의 작용에 대하여 예로부터 긍정하는 사람이 있고 부정하는 사람이 있다. 과연 풍수가 작용하는지? 작용한다면 어느 정도인지? 이것은 정량적인 기준을 갖기가 어렵다. 옛사람은 "첫 번째가 명(命), 두 번째가 운(運), 세 번째가 풍수(風水)"라는 정해진 위치를 주었다. 명운(命運)을 연구하는 사람은 모든 것이 운명이라고 하면서 숙명론을 펼치지만 풍수를 연구하는 사람은 풍수의 작용을 너무 부풀려 인생의 과정에서 일어나는 모든 것을 풍수에 의한 것으로 생각한다. 나아가 풍수를 조절하여 변할 수 있다고 생각하는데, 실제로 그렇게 될 수 있을까? 실제로 검증을 해보면 운명을 100% 예측할 수는 없고, 풍수 조절로 억만장자가 되거나 국가 지도자가 되게 한 풍수의 큰 스승은 없다. 그들은 모두 과장해서 말하는 착오를 범했다.

음양학 원리에 따르면 우주의 모든 사물은 규칙이 있다. 모두 일정한 법칙에 따라 운동하고 발전하고 있다. 그렇지 않으면 우리가 사는 이 세계가 무질서하게 되면 그것을 인식할 수 없다. 사람은 이 세상 그중의 한 분자일 뿐이다. 자연은 우주 법칙의 제약과 영향을 받는다. 또한, 일정한 법칙에 따라 자신도 모르게 생활하고 있다. 이것은 바로 인간의 명운의 원인이기도 하다. 또한, 팔자, 자미두수 등의 방법으로 정확한 인생 경력을 예측할 수 있다고 하지만 아무리 수준 높은 사람이라도, 신기한 예측 방법이라도 백발백중할 수 없다. 다만 어느 정도의 적중률이 있을 뿐이다. 이것은 단지 한 사람의 수준만이 아니고 또 어떤 예측 방법이 영험하지 못한 문제가 아니다. 사람은 명운을 가지고 있지만, 어느 정도의 변수가 있어서 예측학이 백발백중할 수 없고 이 변수가 있어서 예측학이 더 의미 있다고 할 수 있다. 그렇지 않으면 예측을 통해 설령 그 결과를 알게 되더라도 큰 의미가 없다.

인간의 명운에 변수가 있는 것은 우주에 블랙홀이 존재하기 때문이다. 일정한 법칙을 넘어서서 우주의 모든 것이 가소성(可塑性)[1]을 갖고 있다. 이 가소성은 여전히 우주의 법칙의 제약 아래 변

---

[1] 가소성(可塑性), plasticity 외력에 의해 변한 물체가 외력이 없어져도 원래의 형태로 돌아오지 않는 물질의 성질

화한다. 큰 법칙을 전제로 한 주관적인 능동성이다. 풍수학은 바로 가소성(可塑性)을 바탕으로 지구의 지기의 변화 법칙을 이용하여 세운 것이다. 그래서 풍수학은 어느 정도 환경학, 지구 자기장학이라고 할 수 있다. 그래서 풍수(風水)와 명운(命運)의 관계는 음(陰)과 양(陽)의 관계, 둘 중의 하나가 없어서는 안 된다. 둘을 잘 맞춰야만 좋은 인생이 될 수 있다.

 풍수학은 중국에서 오랜 역사를 가지고 있고 여러 유파를 형성하였는데, 주요한 유파로는 현공풍수, 삼합파, 과로음양(過路陰陽-음양풍수), 팔택풍수, 오행파 등이 있다. 각 풍수파에는 각자 다양한 관점이 있다. 어떤 경우에는 길흉의 결과가 일치하지 않는 예도 있지만 모두 일정한 응험률이 있다. 풍수 유파에는 기(氣)를 위주로 판단하는 것도 있고 형(形)을 위주로 판단하는 것도 있으며 또 형(形)·기(氣)를 결합하여 판단하는 것도 있다. 어느 유파든지 모두 기존의 환경을 통해 판단한다. 만약 이곳의 주변에 1~2년 혹은 3~4년 뒤에 갑자기 높은 건물을 지어 길을 열었다면 원래 있던 건물이 철거되어 풍수의 길흉이 바뀔 수 있다는 점은 풍수학의 단점으로 지적된다. 그렇다면 예측할 수 있는 풍수예측학은 없을까? 대답은 있다. 오랜 실천적 검증을 통해 육효예측학은 충분히 그 중책을 맡을 수 있다.

 예시 하나로 설명해 보겠다. 2008년 봄에 나한테 육효를 배웠

던 학생의 오래된 친구가 사천(四川)으로 여행을 갔을 때, 청성산(靑城山) 부근 동네의 어떤 분이 집을 팔려고 했다. 친구분은 풍수 고수였다. 그는 그곳의 풍수도 괜찮고 경치도 좋았기 때문에 사고 싶었고, 저에게도 집을 사라고 권유했다. 그가 전화를 걸어 "만약 이 집을 사면 값이 오를 수 있을까?"라고 물었다. 득괘는 다음과 같다.

```
卯월 甲辰일(공망: 寅卯)

진위뢰(震爲雷) – 뇌풍항(雷風恒)

玄武      妻財戌土   ‖   世
白虎      官鬼申金   ‖
螣蛇      子孫午火   |
勾陳      妻財辰土   ㅒ   應   官鬼酉金
朱雀      兄弟寅木   ㅒ        父母亥水
靑龍      父母子水   ㅓ        妻財丑土
```

[판 단]

  세효를 월이 극하고 일이 충하여 일파(日破)되었다. 응효에 있는 처재 진토(辰土)는 구진에 임하고 동하여 관귀로 화(化)하여 월파(月破)되었다. 2효에 형제가 임하여 세효를 극한다. 집을 사면 반드시 적자에 허덕인다. 부모는 집(부동산)인데 회두극합(回頭克合)을 당하고 휴수(休囚)하여 입묘한다. 역시 좋지 않다. 육충괘(六沖卦)이니 사지 않는 것이 좋다. 그러나 그는 여전히 단념하지 않고, 이틀 후에 다시 사고 싶어 했다. 그래서 다시 점을 쳤다.

卯月 丁未일(공망: 寅卯)

간위산(艮爲山) - 화풍정(火風鼎)

靑龍	官鬼寅木	∣ 世	
玄武	妻財子水	∥	
白虎	兄弟戌土	∦	子孫酉金
螣蛇	子孫申金	∣ 應	
勾陳	父母午火	∦	妻財亥水
朱雀	兄弟辰土	∥	

[판 단]

　세효가 공망(空亡)이고 처재 자수(子水)는 휴수(休囚)하고 형제가 발동하여 극한다. 그래서 사면 반드시 손해 본다. 2효 부모 오화(午火)가 구진에 임하고 회두극(回頭克)당하고 육충괘(六沖卦)이니 나는 집의 상태가 좋지 않다고 판단했다. 뜻밖에 사고가 발생할 우려가 크고 장래에 문제가 생긴다. 집을 사면 가격이 오를 것으로 생각하는데 값이 오르지 않는다. 그래서 그는 집을 사지 않기로 하였다.

　이런 경우 아무리 풍수가 좋은 집도 자연재해를 막지 못한다. 반면 육효예측학은 집에 변고가 일어날 것을 예측한다. 육효풍수예측학을 내세워 자신의 특기를 발휘할 필요성이 크다고 볼 수 있다.

> **피드백**
>
> 쓰촨(四川)성 원촨(文川) 대지진으로 집이 무너져 내릴 줄 누가 알았겠는가.

풍수를 예측하는 것은 일찍이 육효예측학이 생겨난 때부터 그 응용 범위에 포함되었다. 고서에 논술이 적지 않았다. 비록 모든 논술이 다 들어맞는 것은 아니지만, 최소한 후대 사람에게 새로운 풍수예측 방법과 경로를 열어 주었다. 재능과 식견이 있는 사람들이 열심히 연구하여 이 분야를 개척한다면 육효풍수예측학을 충분히 크게 발달시킬 수 있을 것이다.

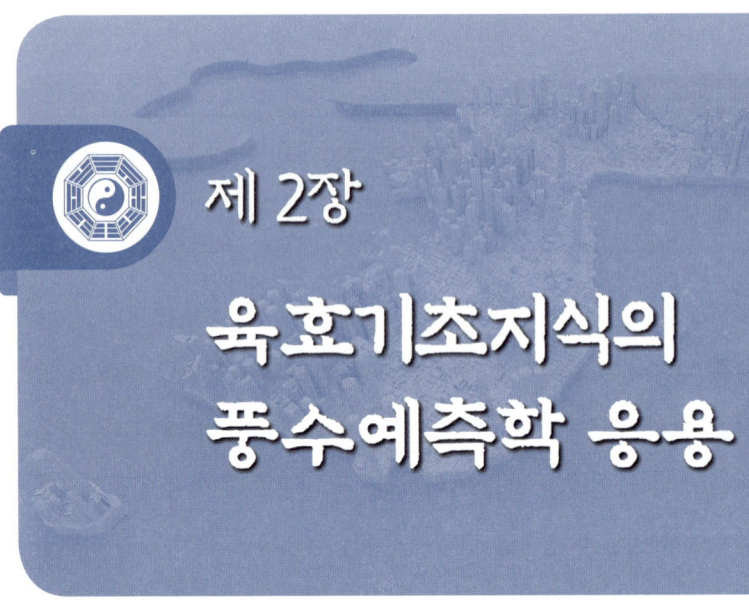

제 2장
육효기초지식의 풍수예측학 응용

제1절_ 풍수예측의 용신

    육효예측은 실제 통변에서 가장 먼저 취하는 것이 용신이다. 육효풍수예측은 종합적인 문제이기 때문에 어떤 하나의 효를 용신으로 판단하는 것에 얽매일 것이 아니라 여러 개의 용신을 취하여 판단할 수 있어야 한다.

    일반적으로 풍수예측에서 세효를 제1용신으로 보는 것이 필수적이다. 세효는 한 괘의 주인으로, 이것은 예측하러 온 사람의 길흉과 관계가 깊다. 소위 "피지부존(皮之不存) 모장언부(毛將焉附)"[2]라 함은 공명과 관록은 사람의 길흉보다 중요하지 않다. 그래서 육효 풍수예측은 여전히 내방자의 예측에 중점을 두어 영활하게 변화하는 용신에 중점을 두어야 한다.

어떤 사람이 자신의 길흉을 보러 온 경우, 이런 상황에는 세효를 용신으로 판단하고, 만약 집이나 땅의 거래 성공 여부를 예측하면 부모를 용신으로 판단한다. 토지, 집의 세부 판단도 부모를 용신으로 판단한다.

만약에 방문자가 사업가이면 그는 이익을 챙기는 마음이 다른 것보다 더 두드러져 보일 것이고 특히 회사나 가게의 풍수(風水)를 예측하는 사람도 처재를 제1의 용신으로 한다. 만약 온 사람이 정부 기관에서 일하고, 사업운·관운에 목적이 있다면, 관귀를 용신으로 판단한다. 그리고 가족이 병(病)에 걸려서 풍수에 문제가 있다고 의심할 때는 환자와의 관계에 따라 용신을 취해 판단하기도 한다.

육효풍수예측에서는 육효 중에서 지금까지 사람들에게 알려지지 않았던 자연 현상의 물리·화학적 규칙 중의 하나를 제시하였다. 그것은 비록 모두 하나의 효로 용신을 잡아서 판단하지만 더 나아가 상세하게 판단하기 위해서는 용신을 변환하거나 예측 각도

---

2) 가죽이 없어지면, 털은 어디에 붙을까. 가죽 없이 털이 나랴. 기초가 없으면 사물이 존재할 수 없다.

를 변환시켜야 예측이 완성된다는 점을 밝혀냈다.

그래서 육효풍수예측을 잘 파악·판단하려면 각 장의 개념과 용도를 잘 기억해야 한다. 각각 육친, 육신, 효위는 모두 괘상을 조합한 부분적인 것으로 종합적인 분석·판단을 해야만 전체적인 상황을 판단할 수 있다. 그래서 풍수에는 용신이 있기도 하고 용신이 없기도 하다.

> **예문 1**

壬午年 辛亥月 乙酉일(공망: 午未) 한 남자가 집을 짓고 싶은데 마땅한 땅이 있는지 문의 하였다.

수뢰둔(水雷屯) - 곤위지(坤爲地)

玄武		兄弟子水	‖	
白虎		官鬼戌土	⚊ 應	兄弟亥水
螣蛇		父母申金	‖	
勾陳	伏妻財午火	官鬼辰土	‖	
朱雀		子孫寅木	‖ 世	
靑龍		兄弟子水	⚊	官鬼未土

[판단]

부모가 용신이다. 부모가 일의 도움을 얻고, 월이 와서 극하지 않아 반드시 적합한 토지를 찾을 수 있다. 응효가 발동(發動)하여 부모를 생하고, 응효는 타인이다. 그래서 다른 사람에게 위탁해서 찾는다.

수뢰둔은 주둔하여 거주한다는 뜻이고, 세효가 2효에 있고, 2효는 주택이니, 세효가 집으로 들어가는 것이다. 그래서 자기가 집에 들어가 살고 있음을 표시한다. 초효 형제 자수가 청룡에 임하여 발동하여 세효를 생하고, 청룡은 새로운 것이고 기쁨을 나타낸다. 화하여 공망이 되니 생이 불가능하다. 계미(癸未)년은 출공(出空)하여 세효를 생하니, 바로 내 집을 마련하여 거주하니 즐거울 것이다.

　5효가 부모를 생하고, 부모는 집(주택)이고, 5효는 도로이고, 백호에 임하고 백호도 도로다. 그래서 거주하는 곳은 교통이 편리하다. 단, 1효가 택효를 생하고 재를 극한다. 5효가 부모를 생하고 처재를 입묘(入墓)하여, 집을 짓는 데 적지 않은 돈이 들어갈 것이다.

피 드 백

　그는 2003년 12월 26일 새집에 입주하는 데 적지 않은 돈을 들였지만 만족해하였고, 그 집은 고속도로 진입로에서 차로 3분 거리에 있었다.

제2절_ 효위(爻位)의 풍수예측 용법

육효예측 중 효위의 출현 때문에 본래 평면에 있던 정보의 조합이 입체적으로 바뀌었다. 이것은 사람들 예측이 신기하게 여겨지는 곳이며, 이것도 역시 육효가 구체적인 환경을 판단해낼 수 있는 관건이 되는 곳이기도 하다.

풍수예측에서 효위는 크게 작용하는데, 효위는 괘에서 풍수를 좋고 나쁨을 찾는 참고 조건 중의 하나다. 효위(爻位)의 정보 조합이 없으면 예측이 크게 뒤질 수밖에 없고, 풍수가 좋고 나쁨의 위치를 구체적으로 판단하기 어렵다고 해도 과언이 아니다.

육효풍수에서 효위(爻位)는 아래의 5가지로 표현한다.

① 구조 표현　② 내외 표현
③ 원근 표현　④ 상하 표현
⑤ 고저 표현

육효의 이러한 정보의 표현은 서로 교차하면서 진행된 것이다.

① **구조 표현** : 주로 괘(卦)의 구성을 근거하여 효위(爻位) 정보를 표현한다.

하나의 괘는 세 개의 효위로 구성되어 있는데, 세 개의 효위는 "하늘, 땅, 사람"으로 나누어진다. 위로는 하늘을, 아래로는 땅을, 중간으로는 사람을 뜻한다. 완전한 괘는 각각 위아래 두 괘로 이루어져 있기 때문에 효위의 천지인도 내외를 구분한다. 1효와 4효는 지(地), 2효와 5효는 인(人), 3효와 6효는 천(天)이다.

　예를 들어, 5효의 사람은 2효의 사람과 비교하면 5효는 상급이다. 그래서 5효는 리더, 5효는 가장이 된다. 2효는 안쪽을 의미하니 그래서 2효는 태아다. 이것은 배 안의 사람을 의미한다. 5효는 바깥사람이고, 2효는 내부 사람이 된다. 사람은 밖에서 길을 걷기 때문에 5효는 도로를 의미한다. 사람은 집 안에 거주하므로 2효는 가정과 집을 의미한다.

　② **내외 표현** : 괘(卦)는 내외로 나눈다. 3효와 4효는 내괘(內卦)와 외괘(外卦)의 경계선이 닿는 곳이다. 그래서 내외의 정보 표현이 더 강렬해진다.
　그래서 3효와 4효는 문이 되는데, 3효는 내문(內門), 4효는 바깥쪽 대문이 된다.

　③ **원근 표현:** 2효는 가까운 쪽 안에 있어 뜰ㆍ집이 되고, 6효는 멀리 있어 담장을 의미한다

④ **상하 표현**: 1효(初爻)는 하(下)이니 발·다리가 되고, 6효는 위(上)이니 머리가 된다.

⑤ **고저 표현**: 1효(一爻)는 아래에 있어서 지면·기초가 되고, 6효는 위에 있으니 지붕·천장이 된다.

이상의 효위적 의미 표현 형식은 단일하지 않아서 서로 교차하면서 진행된다. 내가 여기서 일일이 효위의 내력을 말할 수는 없고, 단 하나의 아이디어를 제공하는 것이니, 여러분은 스스로 이 아이디어를 따라서 생각 하기 바란다. 이렇게 하면 자기 생각을 열 수 있다. 만약 이러한 사고방식을 파악한다면, 당신은 육효예측에서 효위의 비밀을 알게 될 것이다.

육효 중 자주 사용되는 비교적 응험(應驗)한 효위의 예를 들어보면 다음과 같다.

1. 육친과 효위의 분포
  6효: 어르신, 조상, 조부, 조모
  5효: 부친, 가장
  4효: 모친
  3효: 형제, 사촌 형제
  2효: 부부, 태아

1효: 어린이, 자손, 후대, 후배

2. 집의 구조와 효위의 분포

6효: 지붕, 용마루, 담장, 담벽, 신위, 이웃, 조묘, 수구
5효: 도로, 계단, 통로
4효: 대문, 창문, 화장실
3효: 침실, 문, 침대, 불단(佛龕)
2효: 집, 건물, 마당, 주방
1효: 지기, 지면, 우물, 도랑, 하수도, 이웃

3. 인체 부위와 효위의 분포

6효: 머리카락, 머리, 얼굴, 팔, 어깨
5효: 명치, 인후, 목, 얼굴, 오관, 어깨
4효: 명치, 유방, 양 옆구리, 겨드랑이
3효: 허벅지, 배, 복부, 허리, 배꼽
2효: 다리, 무릎, 복부, 종아리
1효: 발, 발바닥, 각심(脚心)

4. 인체 내장과 효위(爻位)의 분포

6효: 머리통, 두개골(頭顱), 머리
5효: 비장, 심장, 목구멍, 갑상샘, 식도, 폐
4효: 비위, 심장, 흉강(胸腔), 폐, 기관지, 유선(乳腺-젖샘)

3효: 위장(胃腸), 간담, 신장, 방광, 췌장, 항문, 심장
2효: 창자, 간담, 분문(賁門), 맹장, 췌장, 자궁, 생식기, 신장, 항문, 방광
1효: 발가락, 발뼈

5. 행정구역과 효위(爻位)의 분포

6효: 변경, 외지, 국외, 변두리, 먼 곳, 성급(省級)
5효: 성(省) 소재지, 수도, 시 중심, 도시, 지역(서울)
4효: 교외, 현성(縣城)-고양시-
3효: 향진(鄕鎭), 작은 마을, 읍
2효: 시정(市井), 골목, 동네, 거리
1효: 향촌(鄕村), 농촌, 시골 마을

6. 관직과 효위의 분포

6효: 퇴직자, 후방 근무 요원, 편제 외의 사람, 중용되지 않는 사람
5효: 리더, 상사, 주관, 대통령, 성장, 황제, 사장, 시장, 사령관, 군단장
4효: 청장, 부장, 총리, 부서장, 사단장
3효: 처장, 국장, 단장, 대대장
2효: 과장, 계장, 중대장, 반장
1효: 직원, 하급 직원, 부하, 병사, 군중, 백성

◆ 육효 풍수예측에서 효위(爻位)정보의 조합(組合)

1효 자수(子水)에 백호(白虎)가 임하면, 주택 근처에 교량이 있다. 1효 처재 묘고에 현무(玄武)가 임하면, 하수도를 의미한다. 청룡(靑龍), 주작(朱雀)이 임하면 음용수관(飮用水管)을 의미한다. 등사(螣蛇)는 상수관도(上水管道)를 의미한다. 구진(勾陳)에 임하면 수탑(水塔), 수력발전소(水電站), 급수소(供水站)를 의미한다. 수(水)는 금(金)이 발동(發動)해 와서 생하면 하류(河流)의 정보다. 왕상(旺相)하면 수(水)가 많다. 휴수(休囚)하면 수(水)가 적다. 공망(空亡)이 절(絕)을 만나게 되면 물이 마른다. 입묘(入墓), 합(合)을 만나면 수도가 막힌다.

1효가 토(土)일 때, 대부분 지기(地基)를 의미한다. 1효가 목(木)의 극상(克傷)을 받거나 토(土)가 화(化)하여 목(木)이 되어 회두극(回頭克)을 당할 때, 나무가 지기(地基)를 상하는 것이 있다. 토(土)가 화(化)하여 목(木)이 되거나 목(木)이 화(化)하여 토(土)가 되면 새로 건축한 집을 의미한다. 구진(勾陳)에 임하여 발동(發動)되면 건설, 개조(改造), 대규모 토목공사의 상(象)이고, 공망(空亡)에 임하면 지기(地基)에 구멍이 있다. 수(水)가 공(空)에 임하면 누수의 기미가 있다. 진토(辰土)의 공망(空亡)도 누수의 정보를 나타낸다. 관귀(官鬼)가 묘고(墓庫)에 임하고, 거기에 백호(白虎)까지 임하거나 관귀(官鬼)에 백호(白虎)가 임하고 1효와 합하면, 지기(地基) 밑에 고묘(古墓)나 해골이 있다는 정보다.

1효가 월파(月破)되면, 지기(地基)에 틈이 벌어지거나 망가진 것이다. 여기에 일진(日辰)이 와서 합(合)이 되면, 수리했을 수도 있다. 1효가 구진(勾陳)에 임해 발동(發動)하면, 대규모 토목공사의 상(象)이다. 토목(土木)이 서로 화(化)하면 지반을 쌓는 상(象)이다. 청룡(靑龍)에 임하면, 새롭게 지기(地基)를 개조하는 상(象)이다.

1효는 또 이웃이라 할 수 있다. 발동(發動)하여 세효(世爻)를 생하거나 세효와 서로 합하면, 이웃이랑 화목하며 이웃의 도움을 얻는다. 1효가 주작(朱雀)·등사(螣蛇)에 임하여 세효(世爻)를 극하면 이웃과 집터와 부동산 문제로 분쟁이 발생할 수 있을 것이다.

1효는 또 어린 식구 혹은 자손, 후대의 의미다. 공파(空破)에 임하는 것을 가장 기피한다. 백호(白虎)에 임하여 극을 당하거나 일월(日月), 기타 효(爻)에 백호(白虎)가 임해 와서 극하면 유산 정보이거나 온전하지 못하다는 정보다. 삼형(三刑)에 구진(勾陳)이나 등사(螣蛇) 등이 입묘(入墓)되는 것을 보면 뇌옥지재(牢獄之災)가 있다. 현무(玄武)가 임하여 재와 합이 되면 도둑질 또는 도박에 깊이 빠지게 된다.

1효는 지면(地面)이고, 목이 월파에 임하고 게다가 등사(螣蛇)까지 더해지면 주변에 잡초가 무성하게 자란다. 월파(月破)의 금(金)이 와서 1효와 합하면 난석들이 즐비하게 늘어져 있다. 토(土)가 현무(玄武)에 임하여 1효와 합을 하면 쓰레기가 무더기로 쌓여 있다.

이상은 동정(動靜)과 생극(生克)이 어떤 효(爻)에 작용하는지 보고, 다시 효(爻)의 위치, 육신, 육친에 근거하여 어느 방면에 유리하거나 불리한지 구별하여야 한다. 가장 적합하지 않은 것은 발동해서 세효를 극하는 것이다.

2효는 침실·방·집·주방 등을 의미한다. 청룡, 주작, 처재에 임하거나 청룡, 주작에 임한 효가 와서 생하거나 처재, 주작, 청룡에 임하는 효와 서로 합하면 대부분 주방으로 논한다

2효에 화(火)가 임하면 불빛과 햇빛을 의미하고, 현무에 임하여 입묘하거나 공망에 임하여 생을 받지 못하거나 2효가 공망이 되어 화(火)가 와서 생해주지 않으면 방의 빛이 어두우며, 일조량이 부족하다. 청룡 주작이 공망에 임하면, 집에 밥 짓는 연기가 나지 않는다. 관귀 주작에 임하여 발동되면 집에 구설이 끊이지 않거나 화재가 발생한다.

2효는 마당, 주택 부근을 의미하고 목(木)이 임하면 마당에는 나무가 있으며, 아파트에 사는 주민들 집에는 화초를 기르고 있다.

응효를 합하면 나무줄기가 이웃까지 뻗어 나가는 것이며 6효를 합하면 담장 밑에 뿌리를 두고 길게 자란다. 왕상하고 공망이면 나무에 구멍이 나 있고, 공망이 휴수하고 백호에 임하면 벌목된 적도 있다. 휴수하고 사지(死地)를 만나면 나뭇잎이 마른다.

응효가 2효에 임하면 타인이 와서 거처를 빌린다거나 집은 임차한 것임을 나타낼 수 있다. 응효와 2효가 서로 동일한 것도 이렇게 판단할 수 있다. 응효가 발동해서 2효와 합하는 것도 외부인이 와서 거주한다는 의미다. 2효에 현무가 임해 발동되는 것은 좋지 않다. 남자가 와서 예측하는데 처재와 합하거나, 여자가 예측하는데 관귀와 합이 되면 모두 도화택(桃花宅)이라고 한다. 외지인이 와서 자신의 배우자를 유혹한다는 의미다.

어떤 효가 발동(發動)되어 2효와 합이 되면 이 효는 문으로 논할 수 있다. 수(水)가 와서 합이 되면 물이 집에 들어가고 금(金)이 와서 합하면 마당이나 집에 돌이나 금속이 있다. 목(木)에 주작, 청룡이 2효에 임하거나 2효를 합하면 집에 서화가 있다. 토(土)에 공망이 임하면 마당에 구덩이가 있으며 월파되면 집에 금이 갔다.

2효가 청룡에 임하면 새것을 의미하고 주작이 임하면 시끄럽다. 구진은 낡은 집으로 표현하고 등사는 좁고 붐비는 것을 뜻하며 백호는 길가를 의미하고 현무는 어둡고 축축함을 뜻한다.

2효에 토목(土木)이 서로 화(化)되어 있으면 집을 개조하여 수리한 상이다. 부모가 2효에 임하여 발동하면 이사하는 상(象)이고 발동하여 충(沖)을 만나면 자주 이사한다는 것을 뜻한다.

3효는 문·침대인데 일반적으로 양(陽)을 문으로, 음(陰)을 침대로 보지만 유동적으로 논해야 한다. 또 해·축(亥·丑)은 침대 오·유·묘(午·酉·卯)는 문으로 보는데 완전히 틀린 것은 아니다. 형제가 3효에 임하면 대부분 문으로 논하고 부모효도 합이 되면 다수는 문으로 논한다. 3효가 세효이며 묘고일 때 혹은 세효가 3효에 임하여 입묘될 때 혹은 세효가 3효와 합할 때 혹은 3효에 등사가 임할 때 모두 침대로 논한다. 백호에 임하면 모두 문으로 논한다.

3효는 또 침실, 신위(神位)가 된다. 관귀, 백호, 청룡이 임하면 대개 신위(神位)로 논하고 부모가 임하면 침실로 논한다. 공망에 등사가 임하면 불면증으로 심신이 불안하다. 관귀에 등사가 임하고 발동되면 악몽을 꾼다. 금이 공망이거나 주작에 임하면 잠꼬대를 많이 한다. 청룡이 임하고 발동하여 회두생(回頭生)이 되면 문을 나서면 경사스러운 일이 생긴다.

또한 지역적 특성에 따라 영활하게 판단하면 3효의 토(土)는 불구덩이, 목(木)은 나무 침대, 금(金)은 철제 침대 등이 된다. 문으로 판단하면 목(木)은 나무문, 금(金)은 철문, 토(土)는 벽돌문 등이 된다.

3효가 공망이면 문이 없거나 문에 구멍이 있거나 울타리 문이다. 수(水)는 유리문인데 공망에 등사가 임하면 틈새가 벌어졌다. 화(火)가 공망이 되면 집에 불빛이 없거나 아랫목이 차갑다. 현무에 임하면 습기와 추움을 의미한다. 3효에 구진이 임하여 발동되면 문을 바꾸는데 특히 토(土)효, 목(木)효가 아주 흉험하다.

3효가 합을 만나면 문이 굳게 닫혀 있다는 의미이고, 쌍합은 두 짝 문을 의미한다. 세효가 3효에 입묘되고 구진에 임하면 늦잠 자는 것을 좋아한다. 남자가 예측한 경우에는 현무에 임하고 처재와 합이 되는 경우와 여자가 예측한 경우에는 현무에 임하고 관귀와 합되면 모두 호색한다.

3효가 만약 일과 월에 있거나 동효에 충이 되면 정문이 아닌 옆문으로 다닌다.
3효에 목(木) 관귀가 등사에 임하면 여자들이 많이 놀라거나 귀신에게 빙의된다.

4효는 대문 혹은 화장실을 뜻한다. 백호가 임하면 주로 문을 뜻하고 형제가 임해도 문을 뜻한다. 현무에 임하면 대부분 화장실을 뜻한다. 3효와 4효가 서로 충이 되면 집에 문이 많고, 문은 서로 마주 보고 있다. 3효, 4효에 형제가 임하면 문이 많아서 재물이 낭비된다. 4효는 창문으로 화(火)에 임해 왕상하면 창은 밝고 깨끗하며 공망이면 빛이 부족하다.

5효는 가장이 되고 도로가 되며, 세효가 5효에 임하면 자신이 집에서 일을 주관하며, 공망이면 반대로 판단한다. 또 집은 길가에 가까이 있다. 5효가 공망이면 주택 부근에 다리가 있고, 월파되면 도로가 파손되고 울퉁불퉁하다. 청룡에 역마가 임하면 주로 고속도로가 된다.

5효가 2효를 충하면 도로가 집을 충한다. 3효를 충하면 큰길이 대문을 충한다. 휴수하고 등사가 임하면 도로가 협소하다. 입묘는 끝이니 막다른 골목이다. 일(日)에 임하고 3효를 합하면 외출할 경우 길이 막힌다. 구진에 임하고 발동되면 인근 도로에서 공사가 진행된다.

세효가 5효에 있고 응효를 합하거나 응효에 입묘하는 경우에는 남자는 데릴사위가 되거나 양자(養子)가 된다.

6효는 벽(담장), 신위, 조상의 무덤, 이웃집, 지붕이 된다. 토가 임해 왕상하고 공망이면 벽에 구멍이 있다. 구진이 임할 경우 대부분 조상의 무덤이 되고, 청룡이 임하면 대부분 신위(神位)가 응한다. 월파되면 벽이 갈라지고 공망이면 지붕이 내려앉거나 하늘이 보일 정도로 금이 갔다.

목(木)이 임하면 대들보가 되고 목(木)에 등사를 더하면 덩굴식물이 담장을 에워싸고 있고, 화(火)에 등사를 더하면 전선이 된다. 수(水)에 임해 공망이거나 진토(眞土)에 의해 충파되면 지붕이나 벽이 깨지고 물이 새는 경우가 있다.

관귀에 청룡이 임하고 공망이면 모시는 신위(神位)가 없고, 월파(月破)인 경우는 신위(神位)나 신상(神像)이 파손된다.
6효에 구진이 임해 독발을 하면 조상 무덤의 풍수가 좋지 않아 자신에게 영향을 준다.

제3절_ 육친(六親)의 풍수예측의 대표적 함의

육친은 풍수예측에서 생극에 참여한 것 외에 각각 의미가 있다. 이것은 상(象)을 취할 때 참고할 수 있는 근거 중의 하나다.

부모 : 집, 건물, 꼭대기, 담장, 토지, 차량, 선박, 의류품 등
처재 : 식량, 주방, 부뚜막, 창고, 여자, 금전 등
자손 : 도로, 우물, 자녀 등
관귀 : 남자, 거실, 재앙, 관직 등
형제 : 문과 창문, 벽, 화장실 등

부모가 일월에 임하고 동효가 세효 · 2효를 충하면, 본택을 충사(沖射)하는 집이나 건축물이 있다.

부모가 합을 만나고 일월이 상효와 합하고 하효와 합하면 다층집이다. 하효가 상효와 합하거나 동하여 합하거나 삼합국이 되면 단층집이다. 절(絶)에 임하면 독채다.

부모가 백호에 임하고 등사가 세효를 극하면 이 집은 거주하는 데 적합하지 않다. 혹은 재앙이 끊이지 않는다.

부모가 월파되면 집에 금이 가 있거나 파손되어 있다.

부모가 구진에 임하여 발동되면 집을 수리하고 짓는다. 청룡에 임하여 발동되면 인테리어를 한다. 등사에 임하여 동하면 불안(不安)한 집이다.

부모가 왕상하고 세효와 생합하고 자손이 공파(空破)되지 않으면 풍수가 길하고 만사가 평안하다.

부모가 다현(多現)하면 집이 많고 응효에 임하면 대부분 타인의 집이 되고 지세(持世)하면 자신의 것으로 본다.

응효가 세효·부모를 생하면 집을 타인에게 빌려주거나 타인으로 부터 구매한 것이다.

부모가 진신(進神)으로 화(化)하면 영구 거주하고 퇴신으로 화(化)하면 이사하여 떠난다.

부모가 구진에 임하여 발동하여 2효와 합하면 원래의 기초에서 집을 추가로 짓는다.

처재가 2효에 임하여 세효를 극하면 필히 주방풍수가 좋지 않아 신체에 영향을 준다.

세효를 생합(生合)하면 부뚜막의 위치가 좋아서 재운이 좋다.

자손이 세효·2효를 충극하면 집을 충하는 도로가 있다.

3효·4효를 충하면 큰 도로가 문을 충한다.

자손이 삼합국이면 근처에 갈림길이 있다.

자손이 합을 만나면 평행로(平行路), 자손이 충을 만나면 십자로(十字路), 반합(半合)이면 정자로(丁字路)가 된다.

관귀가 괘중에 발동하여 세효를 생하면 무방하고 세효를 극하는

게 가장 두렵다.

청룡에 임하면 주색 때문에 몸을 상하게 된다. 주작에 임하면 소송, 구설, 화재가 발생한다. 구진에 임하면 뇌옥지재나 집이 무너져서 사람이 피해를 보거나 건물 공사 등으로 땅을 파다가 재해를 입는다.

등사가 임하면 집에 귀신이 나타난다. 목(木)이 등사에 임하면 목매달아 죽은 귀신이다. 수(水)가 임하면 강에 투신한 귀신이다. 금(金)이 임하면 칼, 자동차 사고, 싸움 때문에 죽은 귀신의 영향을 받는다. 화(火)가 임하면 불에 타 죽은 귀신이다. 토(土)가 임하면 집·흙이 무너져서 깔려 죽은 귀신이다.

형제가 발동하면 문벽(대문과 연결된 담장) 혹은 화장실이 불리하다. 그다음에 효위(爻位)로 어느 것인지를 판단한다. 6효는 대부분 벽을, 4효는 대부분 화장실을, 3효는 대부분 문을 각각 뜻한다.

제4절_ 육신(六神)의 풍수예측의 취상(取象)

육신은 육효예측에 필수적인 성분으로 육효풍수예측에서도 마찬가지로 육신이 없어서는 안 된다. 육신은 풍수 응사를 분별하는 근거 중의 하나다. 또한 풍수의 좋고 나쁨과 성질을 판단할 수 있는 정보원이다. 육효풍수예측에서는 자주 사물의 성격과 원인을 이동시키는 방법을 많이 이용하기 때문에, 육신의 의미를 말하기 전에 제가 장기 예측 실전에서 발견한 육신의 응용 법칙을 알려드린다.

육효예측에서 괘 하나에 육친이 두 개 나올 때 육친효에 임한 육신 두 개는 서로 차용할 수 있다고 하는데, 이 현상을 저는 '이신법(移神法)'이라고 부른다. 판단할 때에는 주로 한 육친을 사용하는데 이 육친이 임하는 육신을 본위신(本位神)이라 하고 또 다른 육친으로부터 빌린 육신을 효신(爻神)이라 하며 본위신의 옆에 써서 판단할 때 사용할 수 있다. 이렇게 하나의 효(爻) 위에 두 개 육신이 나타날 수 있다.

두 개의 육신이 겹쳐진 사용법에 대해서 제가 여기서 간단하게 표현을 할 수 있는데 이에는 세 가지가 있다.

1. 본위신(本位神)은 사물의 성질 시작, 초급 단계, 혹은 사물의

발단 원인이다. 효신(爻神)은 사물이 변화하는 추세 혹은 결과다.

2. 효신(爻神)은 본위신(本位神)을 보충 설명하는 데 사용된다.
3. 본위신(本位神)과 효신(爻神)이 결합하여 새로운 의미를 만든다.

육친에서 육신을 빌리는 방법은 단지 이신법(移神法) 중의 한 가지 방법일 뿐이다. 다른 차용 방법은 나중에 기회가 있을 때 다시 후술하겠다. 일반적인 예측을 해보면 이러한 용법으로 충분하다. 지금 두 육신이 중첩된 주요 의미를 다음과 같이 서술한다.

청룡이 주작을 보면: 말씀이 고상, 중요 문서, 광고 · 홍보, 연회 청첩, 예절 용어, 술에 취해 사람을 욕함, 빈정대며 욕함, 조롱함, 여드름이 난 사람, 감언이설. 화려한 문구, 듣기 좋은 말, 재물로 인한 소송, 연애편지, 정담, 파티, 아부, 중요한 소식, 식당에 시끄러운 소리, 질투, 의미심장한 말, 선행을 권하기, 키스, 화장품 홍보, 가장 정확하고 가치 있는 말, 통증, 염증, 양장책(양장본), 나들이 수다 등

청룡이 구진을 보면: 고등법원, 상급 공안 부서, 고층 빌딩, 호화 주택, 호화 호텔, 수확을 많이 하는 밭과 작물, 식도암, 자궁근종, 공무원, 아름다운 건축물, 수려한 고산, 귀한 곳, 풍족한 마을, 기

름진 땅, 자연 경치, 난산, 무명종기, 겉모습 침착, 부동산 업자, 위암, 느린 식사, 식당, 재정국, 미용원, 수선집, 산부인과, 클럽 등

청룡이 등사를 보면: 위선자, 배부르지 않음, 예의 없음, 가난함, 요염함, 기이한 복장, 낯가죽이 두꺼움, 스커트, 곱슬머리, 파마, 먼 친척, 재물을 탐함, 돈에 눈이 멈, 조산(早産), 색마에게 미행당함, 아파서 뒹굼, 과할 정도로 겸손함, 식사량이 적음, 미모에 마음이 움직임, 돈 때문에 소송함, 색정 때문에 문제를 일으킴 등

청룡이 백호를 보면: 웃음 속에 칼을 숨김, 음흉함, 교활함, 연적, 치정 살인 사건, 강도, 중독사, 음식 때문에 병에 걸림, 출산 중 출혈이 심함, 술 먹고 싸움을 함, 음주운전, 골절 부상, 고속도로, 보도(寶刀), 보검(寶劍), 미사일, 신식 무기, 위풍당당, 영웅의 기백, 너무 높아서 도달하기 힘듦. 친척을 방문했는데 재해가 발생함, 욕심이 사람을 죽임[3], 양면파(기회주의자), 두려워하지 않고 정의를 위해 희생, 외유내강 등

청룡이 현무를 보면: 겉으로는 복종하나 속으로는 따르지 않음, 재물을 훔침, 간통, 여성 인신매매, 금전 사기, 뇌물 수수, 투기, 음식이 깨끗하지 못함, 장물, 암시장 거래, 밀수, 도박 자금, 음란함,

---

3) 人爲財死, 鳥爲食亡

속옷 팬티, 사생아, 가식적, 고급 사기, 의적, 쌈짓돈, 돈 버는 길이 분명하지 못함, 파재, 교활한 속임수나 나쁜 꾀가 많음 등

주작이 청룡을 보면: 예의를 갖춰 말함, 사랑을 속삭임, 연애편지, 염증으로 인한 통증, 말하면서 먹음, 문명을 보존함, 재물 쟁탈, 기타 의미는 청룡이 주작을 본 경우를 참고하라.

주작이 구진을 보면: 고소장, 소장, 공문서, 기관 통지서, 기밀문서, 지적도, 주택 계약, 소음이 있는 곳, 선전부, 염증에서 암으로, 염증을 일으켜 붓다. 노래방, 서점, 도서관, 전기통신국, 토지·부동산 계약서, 부동산으로 인한 소송, 벌레 먹은 식량, 말 더듬기, 말실수로 인한 연루, 문자옥(文字獄), 공공 광고 등

주작이 등사를 보면: 거짓말하다, 빈말을 잔뜩 늘어놓다, 뜻밖의 소식, 소식을 듣고 깜짝 놀람, 말을 돌려서 한다, 관재구설, 죽느니 사느니 하며 소란을 피우다, 인신 공격, 사람에 대한 험담을 하다, 아부하다, 꾸물거리며 태도를 표명하지 않는다, 말꼬리 잡다, 소인의 장난, 게걸스럽게 먹다, 이상한 음식, 말수가 적다, 기이하다, 독특한 견해, 도깨비불, 기이하고 이치에 맞지 않는 이야기, 협박편지, 장광설, 무서운 말, 천서(天書) 등

주작이 백호를 보면: 염증으로 인한 병변, 혈액 감염, 식사로 인

한 병, 다툼으로 인한 몸싸움, 직설적인 말, 거친 말투, 욕설하는 말, 교통 홍보, 위독 통보, 말하면서 울다, 말하면서 감격스럽게 운다, 말 때문에 사람의 미움을 받는다, 불에 타 죽는다, 의료사고로 인한 소송, 싸움으로 인한 소송, 살인 주술, 악의 주술, 혈서, 교통 조례, 경찰학교, 법률 교육, 의학 지식, 법 조문, 전시 보도, 도중에 이야기를 듣다, 입이 가볍다 등

주작이 현무를 보면: 사람의 말을 엿듣는다, 도청, 몰래 소곤소곤 속삭임, 속삭임, 욕설, 입에 발린 말, 거짓말, 말문이 막힘(망언), 헐어서 염증이 생김(궤란발염), 정보 분실, 기밀, 분명하지 않은 음성, 암호, 악의 주문, 암암리에 방화, 방화, 암암리에 공격함, 이러저러한 타박을 하다, 음란물, 도둑질로 투옥됨, 암호, 비공식적 비평, 서당, 개인 의견, 밀고, 적반하장 등

구진이 청룡을 보면: 암·부종으로 인한 통증, 공금으로 먹고 마시는 것, 부동산으로 돈 벌기, 토산품, 실내 인테리어 연구, 건물 미관, 교도소로 가서 친구를 면회함, 웅장하고 화려함, 휘황찬란함, 식도암, 자궁근종, 알코올에 찌든 간, 술 공장, 호텔, 식당, 옷가게, 묵은(오래된) 술, 남은 밥, 골동품, 식사 느리게 하다, 오래된 옷, 난산, 오래된 친구 등 청룡이 구진을 본 것을 참고하라.

구진이 주작을 보면: 집에 불이 나다, 부기 때문에 말을 하지 못

하거나 소변을 보지 못한다, 건축 서적, 건축 도면, 체포영장, 정부 고지, 솔직한 말, 부동산 계약, 옛 지식, 구 교육, 토지권리증, 농업 지식, 말이 느림, 늘 이야기하기, 옛일을 다시 언급하는 것 등 주작이 구진을 본 것을 참고하라.

구진이 등사를 보면: 흉가, 괴이한 집, 귀신의 집, 신기루, 옥고를 치르다, 특수 건축, 황야, 덩굴식물, 부동산으로 인한 분쟁, 경찰이 귀찮게 하다, 성실한 사람을 괴롭힌다, 농작물 감소, 화초가 시들어 버린다, 황량하고 인적이 없다, 실내가 누추함, 부종이 없어지지 않는다, 토지가 협소함, 장소가 좁다, 외진 장소, 흉터 등

구진이 백호를 보면: 집 때문에 싸움, 농작물에 병충해가 생기다, 암사, 핏덩어리, 혈액이 끈적거림, 혈전, 혈암, 골절로 인한 부종, 골수암, 종양 절제술, 비탈길, 흙덩어리, 흙길, 산길, 농기구, 감옥, 시신 안치실, 약국, 병원, 무장부(武裝部), 공안 기관, 경찰서, 낙태실, 정형외과 등

구진이 현무를 보면: 침입 절도, 기미, 기생집, 도둑 집, 습기 찬 곳, 낮은 건물, 하수구, 논에 물 붓기, 귀신의 집, 가짜 공안, 감방, 암실, 쓰레기더미, 집에 빛이 부족함.

등사가 청룡을 보면: 거짓, 벼락부자, 뜻밖의 재물, 부자가 되는

꿈, 장가가는 꿈, 돈에 대한 미련, 기이한 복장 등 청룡이 등사를 본 경우를 참고하라.

등사가 주작을 보면: 과묵, 말이 통하지 않음, 특별한 소식, 놀라운 소식, 잠꼬대, 헛소리, 비명, 자연스럽게 발생한 화재, 알 수 없는 화재, 귀에 거슬리는 말, 괴담 등 주작이 등사를 본 것을 참고하라.

등사가 구진을 보면: 겁에 질려 걷지 못하다, 흉터, 장암, 절벽 등 구진이 등사를 본 경우를 참고하라.

등사가 백호를 보면: 속이 좁음, 괴이한 수법, 괴이한 무기, 백혈병, 빈혈, 저혈압, 폐경, 차에 치여 쓰러짐, 난치병, 목을 매 자살함, 밧줄에 목매어 죽다, 깜짝 놀라 죽다, 꿈 때문에 얻은 병, 역마를 더하면 몽유병 등

등사가 현무를 보면: (태도·말·표정 따위가) 괴상하고 야릇하다, 놀라운 절도 사건, 나쁜 사람이나 나쁜 일의 악영향이 사라지지 않다, 울적함, 사기, 내상, 마음속의 두려움, 음기, 기괴함, 사악한 기운, 음침함을 무서워함, 교활한 속임수나 나쁜 꾀가 많다.

백호가 청룡을 보면: 양질의 호피, 상급도로, 고속도로, 보검, 위로금, 도로 점포(로드샵), 운송업, 노점상, 피를 팔아 돈을 번다, 전

문 킬러, 유산, 생리통, 위풍당당, 고급 장교 등 청룡이 백호를 본 것을 참고하라.

백호가 주작을 보면: 흉보, 사망통지서, 불행한 소식, 막말, 욕설, 버릇없이 말하다, 병으로 신음하다, 혈액 감염, 길거리 광고, 가두 홍보, 운전면허증, 의서, 처방전, 진단서, 짧은 편지, 택배, 도전장, 유서, 유언, 울음소리 등 주작이 백호를 본 것을 참고하라.

백호가 구진을 보면: 권투장, 투기장, 레이싱 경기장, 체육관, 법 집행 기관, 병영, 백혈병, 약방, 약국, 진료소, 도로국, 환약, 다리, 고지혈증 등 구진이 백호를 본 것을 참고하라.

백호가 등사를 보면: 빈혈, 혈류 부족, 신체가 강건함, 좀처럼 병에 걸리지 않는다, 싸움 투옥, 골격 변형, 길모퉁이, 굽은 길, 좁은 길, 오솔길, 난산, 와이어, 바늘, 철근, 강철 로프, 케이블카, 진귀한 약재 등 등사가 백호를 본 것을 참고하라.

백호가 현무를 보면: 수로, 하천, 폭도, 강도, 살인 절도, 중도에서 절도, 길가 소변, 밤길, 성병, 약품 밀매, 무기 밀매, 밀반출, 고름 등

현무가 청룡을 보면: 장물, 매춘, 금전 사기, 도박, 류머티즘 통

증, 뇌물수수, 너무 음란함, 찬밥, 개인 서비스, 사적인 연회, 섹시 등 청룡이 현무를 본 것을 참고하라.

현무가 주작을 보면: 뒷말, 달래기, 말하기가 쑥스러움, 류머티즘 관절염, 장물 불균형 시비, 초음파, 방화, 고자질하다, 밀고, 밀서, 물건을 찾는 사람, 사적인 편지, 개인 파일, 개인 의견, 속삭임, 욕설, 무고 등 주작이 현무를 본 것을 참고하라.

현무가 구진을 보면: 두드러기, 풍한으로 인한 부종, 얼음, 사산, 은신처, 귀신의 집, 무덤, 불법 기관, 지하의 검은색 공장, 기미, 튀어나온 혹, 검은 가게, 우박, 다리 등 구진이 현무를 본 것을 참고하라

현무가 등사를 보면: 사람을 속이는 올가미, 납치, 불안, 도둑이 제발 저리다, 상습 절도, 도둑에게 미행당하다, 남에게 미행당하다, 사악한 기질 등 등사가 현무를 본 것을 참고하라.

현무가 백호를 보면: 내분, 암투, 내부 갈등, 류머티즘 질환, 에이즈, 내상, 조용히 눈물 흘리기, 암투, 냉전, 암살, 불법 의료행위, 탕약, 춘약, 음산함, 공포 등 백호가 현무를 본 것을 참고하라.

▣ 육신과 오행의 조합이 갖는 의미

▶청룡(靑龍)

수(水)를 보면 술, 음식, 반찬, 화장수, 양수(임산부), 샘물, 정제수 등

화(火)를 보면 성화, 불씨, 따뜻함, 주방, 취사, 요리 등

목(木)을 보면 젓가락, 채소, 진귀한 식물, 잔디, 농작물, 국수, 안주 등

금(金)을 보면 귀금속, 희소금속, 보석·주얼리, 옥기, 맥반석, 양기석(陽起石), 쌀 등

토(土)를 보면 비옥한 땅, 피부가 좋음, 아궁이, 관광지, 찐빵, 만두 등

▶주작(朱雀)

수(水)를 보면 뜨거운 물, 온수, 온천, 증기, 안개, 국, 타액, 침, 잉크, 물보라, 흐르는 물소리, 연기 등

화(火)를 보면 화재, 부뚜막, 주방, 태양, 폭발음, 홍보, 영화 등

목(木)을 보면 꽃, 단풍잎, 장작, 불쏘시개, 숯, 목어, 죽간, 간염, 담낭염 등

금(金)을 보면 종소리, 방울 소리, 루비, 악기, 비석, 석고문, 절벽에 새긴 문자, 금문, 잇몸 염증, 폐렴 등

토(土)를 보면 철광분, 적토, 적벽돌, 도자기, 전통 교육, 향음,

찐빵, 만두 등

▶구진(勾陳)

수(水)를 보면 두부, 얼음, 플라스틱, 교량, 수로, 도랑, 수옥, 분수, 복수(腹水) 등

화(火)를 보면 화성, 모닥불, 불더미, 주방, 부뚜막, 벽돌 가마, 도자기 가마, 복룡간(伏龍肝) 등

목(木)을 보면 나뭇가지에 맺힌 매듭, 고목, 나무 토막, 곡식 밭, 대들보, 초가, 나무집, 외나무다리 등

금(金)을 보면 쇳덩어리, 고옥, 폐금속, 철제 구조물, 농기구, 석굴암, 쇠고리 등

토(土)를 보면 흙덩어리, 흙더미, 높은 산, 언덕, 무덤, 높은 곳, 비탈길, 논밭, 전원, 토담집, 벽돌 등

▶등사(螣蛇)

수(水)를 보면 실 모양 당면, 당면, 나일론 끈, 빗물, 시냇물, 수도관, 혈관, 빈혈, 촉매 등

화(火)를 보면 불씨, 빛, 무지개, 용틀임, 도깨비불 등

목(木)을 보면 등나무 줄기, 넝쿨, 나뭇가지, 국수, 짚 노끈 등

금(金)을 보면 철사, 철선, 철근, 괴석, 병충해, 쇠줄 등

토(土)를 보면 궁벽한 벽촌, 불모의 땅, 꽈배기, 지진, 오솔길 등

▶백호(白虎)

수(水)를 보면 교량, 혈액, 폭포, 물대포, 생수, 도랑, 생리, 약수, 탕약 등

화(火)를 보면 화상, 방바닥을 파서 만든 화로, 굴뚝, 화공, 불쏘시개, 뜸 치료, 방사 요법 등

목(木)을 보면 나무를 베는 칼, 약초, 단단한 나무, 길가의 풀, 질경이 등

금(金)을 보면 예리한 무기, 총칼, 무기, 수술칼, 전쟁, 금강석, 계혈석, 약석, 병충해 등

토(土)를 보면 붉은 흙, 길, 전쟁터, 수술대, 병원 등

▶현무(玄武)

수(水)를 보면 냉수, 더러운 물, 배수관, 배수 도랑, 화장실, 암류, 습기, 궤양 등

화(火)를 보면 암화, 야광, 귀화, 근시, 증기 등

목(木)을 보면 수초, 썩은 나무, 시래기, 절인 채소 등

금(金)을 보면 풍화석, 조약돌, 자갈, 영석 등

토(土)를 보면 쓰레기, 먼지, 검은 토지, 진흙, 벼 밭, 관개지, 늪지 등

제5절_ 팔괘(八卦)의 풍수예측의 취상(取象)

팔괘는 풍수예측에서 주로 정보를 추출하고 위치를 판단하는 데 사용한다. 예측사가 정보를 더 미세하게 포착할 수 있도록 한다. 팔괘의 의미는 일반적인 예측보다 풍수예측에서 더 많이 사용한다.

건(乾): 아버지, 노인, 크다, 높은 곳, 원형, 금옥, 유리, 과일의 씨, 머리, 지도자, 귀중, 폐, 서북 등
곤(坤): 여성, 비위, 피부, 출산, 배, 평지, 토지, 사각형, 노모, 서남쪽 등
진(震): 장남, 다리, 간담, 분노, 변화, 진동, 이동, 동방 등
손(巽): 장녀, 간담, 가늘고 긴, 밧줄, 허벅지, 나무, 어깨, 남동쪽 등
감(坎): 저지대, 함몰, 도둑질, 고리 모양, 중남, 둘째, 허리, 신장, 북쪽 등
이(離): 중녀, 둘째 딸, 심장, 눈, 전기, 불빛, 햇살, 남쪽 등
간(艮): 소남, 막내아들, 산꼭대기, 다리, 탁자, 무덤, 비위, 피부, 흙더미, 남자아이, 동북 등
태(兌): 소녀, 소녀, 폐, 구설, 결손, 금속, 여아, 구강, 서양 등

> **예문 1**
>
> 卯月 己亥日(공망: 辰巳) 한 남자가 시체를 찾을 수 있는지 문의하였다.
>
> **택뢰수(澤雷隨)**
>
> | 勾陳 | | 妻財未土 | ‖ | 應 |
> | 朱雀 | | 官鬼酉金 | ∣ | |
> | 青龍 | 伏子孫午火 | 父母亥水 | ∣ | |
> | 玄武 | | 妻財辰土 | ‖ | 世 |
> | 白虎 | | 兄弟寅木 | ‖ | |
> | 螣蛇 | | 父母子水 | ∣ | |

[판단]

관귀를 용신으로 본다. 관귀 유금(酉金)이 월파를 당하고 일의 도움이 없다. 세효 원신이 공망에 임하고 극을 당하여 용신을 생할 수 없어 근본적으로 찾을 방법이 없다. 괘가 진궁에 있어 주로 동하고 일월은 하늘이고 자연이고, 월이 충하니 반드시 자연이 변화하여 위치가 바뀌었다.

택뢰수(澤雷隨)괘는 부화수종(附和隨從)이란 뜻으로, 꼭 시체를 찾아 다른 한 사람과 합장하려 하였다.

피드백

모든 것이 바로 예측한 바와 같다.

제6절_ 오행(五行)의 풍수예측의 취상(取象)

오행은 비록 단독으로라도 일정한 의미를 나타낼 수 있지만 주로 육친, 육신, 효위 등에 맞춰서 구별한다.

화(火): 광선, 연기, 전기, 아궁이, 심장, 눈, 조급함, 건조함, 광이 남 등
목(木): 나무, 화초, 인자함, 길쭉하다, 식물, 간담, 모발 등
금(金): 음성, 금속, 돌, 폐장, 골격, 의리를 중시함 등
수(水): 하천, 하수도, 습기, 신장, 방광, 허리, 혈액, 똑똑함 등
토(土): 피부, 비위, 고정, 덩어리, 토지, 언덕, 소박하고 정직함 등

오행은 효위, 육친, 육신 등을 근거로 결합하여 수천 가지로 변화한다. 여러분은 다른 장을 참고하면 된다.

예문 1

庚辰년 未월 乙未일(공망: 辰巳) 나와 단건업, 왕개우 2명의 친구와 함께 불교의 성지인 오태산으로 여행을 갔다. 그 숙소에서 한 소녀가 그녀의 어머니 집을 언제 다 지을 수 있느냐고 물었다.

풍수환(風水渙)

玄武		父母卯木	ㅣ
白虎		兄弟巳火	ㅣ 世
螣蛇	伏妻財酉金	子孫未土	ㅣㅣ
勾陳	伏官鬼亥水	兄弟午火	ㅣㅣ
朱雀		子孫辰土	ㅣ 應
青龍		父母寅木	ㅣㅣ

[판단]

　부모가 용신이고, 부모는 집·건물이고, 원신은 건축부지·지반이다. 원신 관귀 해수(亥水)가 괘중에 없어, 곧 그녀의 모친은 자택을 지을 땅(건축용지)을 아직 구입하지 않았다. 올해 해월(亥月)에 구입하여 내년 사(巳)월에 착공할 것이다. 용신이 휴수하여 장생(長生)이 필요한데, 원신이 복장되어 출현을 만나야 한다. 해수(亥水)가 출현하여 부모효를 생하고, 부묘효는 수속이나 건축용지이니, 비로소 건축용지가 구입된다. 세효가 공망이고, 원신이 복장되어 사(巳)월은 세효가 출공하고 해수(亥水)를 충하여 일으키고 구진에 임하여 부모를 생하니 집을 짓는다.

응효가 2효에 있다. 2효는 택효이고, 이것 역시 응효의 비신이 집으로 들어간다. 어머니의 집을 짓는 일을 문의한 바에 따르면 응효는 타인이다. 응효가 택효에 임하여 그녀의 모친이 현재 거주하는 집은 다른 사람의 것이다. 5효는 도로이고, 형제 사화(巳火)는 백호에 임하여 2효 택효를 생한다. 사화(巳火)는 그 어머니의 집에 가기 위해 반드시 거쳐야 할 길이다. 사화(巳火)는 공망이고, 길이 공망이니 다리다. 그녀의 어머니 집에 가기 위해서는 반드시 다리를 건너야 한다. 사화(巳火)는 수(水)의 절지이니 다리 아래에 물이 흐르지 않는다.

수고 진토(辰土)가 택효에 임하고, 수(水)는 관귀이고, 관귀는 신불(神佛)이니, 관귀의 묘고는 절·사당으로 이해할 수 있다. 그래서 모친이 현재 거주하고 있는 부근에 절·사당이 있다. 6효 묘목(卯木)과 택효 진토(辰土)와 1효 인목(寅木)은 동방의 목국이다. 그래서 효의 위치로 보면 상하 2개의 목(木)이 서로 협(夾)을 하고 있다. 그래서 현재 모친이 거주하고 있는 곳은 나무로 둘러싸여 있다. 집이 수풀 속에 가려 있다. 부모효가 일·월에 입묘하고 일월은 자손이다. 자손은 승려이니 그의 모친은 불문에 귀의함을 판단할 수 있다. 택효가 주작에 임하니 매일 집안에 불경 소리가 끊이질 않는다.

세효는 구측자 본인을 대표한다. 화(火)가 공망에 임하고, 5효는 오관이고, 화(火)는 눈이다. 양효는 좌측이니, 좌측 눈이 근시다. 세효가 역마에 임하고, 또 5효에 있으니, 본인은 타향을 떠도는 사람이다. 관귀 해수(亥水)가 휴수하고, 다시 그의 나이를 참고하면 1992년과 1993년은 관귀가 생을 득하니 이 두 해 중에 결혼했다(후에 1993년에 결혼했다고 함). 자손 진토(辰土)는 공망이니, 1994년 갑술(甲戌)년에 충실하여, 1994년에 아들을 낳았다. 규방은 휴수하고 상괘에 없고, 관귀는 또 복장되었다. 현재 남편과 동침하는 일은 매우 드물다.

응효는 집주인이고 이웃이다. 진토(辰土)는 방광이고 공망은 머물 수(水)가 없다. 그녀의 모친의 집주인은 오줌이 마려운 현상이 있어, 하루에 여러 차례 화장실에 간다.

피드백

이상의 추단은 모두 응험하였다.

제7절_ 육친(六親) 변화의 풍수예측의 취상(取象)

육친은 그 자체로 의미가 있기 때문에 육친이 서로 변화하는 부분에 정보가 숨어 있다. 예측은 구체적인 상황을 탄력적으로 취해야 한다. 여기서 간단하게 논술하여 여러분의 생각을 이끌어 내보겠다.

◈ 부모(父母)

부모(父母) 化 부모(父母): 진퇴를 봐야 한다. 또 효(爻)와 육친에 따라 상(象)을 취해야 한다. 부모가 진신으로 화하면 장기 거주, 건물 증축, 토지 확장, 대지 연장 등을 나타낸다. 퇴신으로 화하면 이주, 가옥 파괴, 집 비우기, 주거 포기, 토지 포기, 땅이 좁아짐, 땅이 꺼지는 것 등을 나타낸다.

부모(父母) 化 관귀(官鬼): 집을 얻었음을 뜻한다. 청룡에 임하면 집의 내부 수리를 한다. 구진에 임하면 집을 건설한다. 주작에 임하면 계약도면을 변경한다. 등사에 임하면 집(가옥)이 불안하다. 백호에 임하면 도로가 원활하다. 현무에 임하면 인근에 습지가 있거나 도둑의 출현 등을 나타낸다.

부모(父母) 化 처재(妻財): 집에 돈이 들어오거나 농지나 집의 토지가 파손당하거나 집을 철거한다. 청룡은 재물이 들어오고 주작은 송사 혹은 구설이 발생하고 구진은 철거하고 등사는 건물이 불안하고 백호는 도로를 침범하고 현무는 습기의 영향을 받는다.

　부모(父母) 化 자손(子孫): 길이 통하여 도로가 생긴다. 집에 복을 갖다 준다. 자손의 부동산 혹은 후손에게 불리함 등을 나타낸다.

　부모(父母) 化 형제(兄弟): 방문이 연결되고 담장이 연결되어 있다. 토지나 집 때문에 파재하거나 형제끼리의 토지 분쟁 등을 나타낸다.

◈ **관귀(官鬼)**

　관귀(官鬼) 化 관귀(官鬼): 진신으로 화하면 재난이 계속 일어나거나 관직이 계속 승진하거나 집을 수리하는 일 등이 일어난다. 퇴신으로 화하면 재난은 소멸되고 관운은 하락하는 것 등의 일이 일어난다.

　관귀(官鬼) 化 부모(父母): 관직으로 인하여 집과 토지를 얻거나 정부를 통하여 집을 얻거나 집을 수리하고 짓는 것 등의 일이 일어난다.

관귀(官鬼) 化 처재(妻財): 재관이 같이 온다. 승진 등을 한다.

관귀(官鬼) 化 자손(子孫): 관직에 불리하다. 근심이 없어지다. 후대에 좋지 않다.

관귀(官鬼) 化 형제(兄弟): 팔과 손발에 상해를 입거나 형제와 불화하고 재앙이 끊이지 않는다.

◈ **처재(妻財)**

처재(妻財) 化 처재(妻財): 진신으로 화하면 재운이 형통하고 점점 부유해진다. 퇴신으로 화하면 재운이 하락하고 아내가 떠나간다.

처재(妻財) 化 부모(父母): 낡은 것을 허물고 새로운 것을 짓는다. 새로 구입한 집·토지가 된다. 여자 덕분에 토지나 집을 얻는다.

처재(妻財) 化 관귀(官鬼): 아내로 인한 외도, 처와의 사별, 아내가 병에 걸림, 재물로 인한 재난 등이 일어난다.

처재(妻財) 化 자손(子孫): 재의 원천이 풍부하고 의식주가 풍족해지는 일 등이 일어난다.

처재(妻財) 化 형제(兄弟): 파재하거나 재운이 쇠락하거나 아내에게 큰일이 생긴다.

◈ **자손(子孫)**

자손(子孫) 化 자손(子孫): 진신으로 화하면 후대가 평안하고 만대가 길이 빛나고 재원이 넘쳐나며 자손이 번창한다. 퇴신으로 화하면 후대가 쇠락하고 재운이 하락한다.

자손(子孫) 化 부모(父母): 유산(流産), 자녀 손상, 돈줄이 끊김 등의 일이 일어난다.

자손(子孫) 化 관귀(官鬼): 자손의 재앙, 후대에 불리한 일, 자손이 쇠퇴하는 일이 일어난다.

자손(子孫) 化 처재(妻財): 자손이 후대까지 영원히 재복을 누림, 후대에 발복한다.

자손(子孫) 化 형제(兄弟): 후대에 평안함, 재운이 풍족함, 자녀가 출세하는 등의 일이 일어난다.

◈ **형제(兄弟)**

　　형제(兄弟) 化 형제(兄弟): 당파, 파벌이 너무 많음, 진신으로 화하면 재운이 하강하고 재운이 좋지 않음, 퇴신으로 화하면 재운이 좋아지지만 형제 간에 불화가 있다.

　　형제(兄弟) 化 부모(父母): 재운이 좋지 않다. 재산을 잃을 자리(터)가 되거나 동업하여 집을 짓거나 임대를 한다.

　　형제(兄弟) 化 관귀(官鬼): 형제에게 불리하다. 형제가 손상을 입는다. 손발을 다친다.

　　형제(兄弟) 化 처재(妻財): 부정한 재물이 되거나 동업으로 이익을 얻거나 친구 덕분에 발재한다.

　　형제(兄弟) 化 자손(子孫): 문인(文人)이 나오지 않고 자녀가 퇴락한다.

제8절_ 용신양현(用神兩現)의 함의

풍수예측에서는 특정하게 정해진 용신이 없기 때문에 온 사람의 의도에 따라 영활하게 판단해야 한다. 그래서 모든 육친이 용신이 될 수 있음에 주의해야 한다.

부모양현(父母兩現): 집이 많음, 땅이 넓음, 여러 필지의 땅, 한 필지의 땅이 두 필지로 나누어짐, 집이 한 채가 아님.

관귀양현(官鬼兩現): 겸직, 번민이 많음, 재난이 끊이지 않음, 거실이 많음, 끊임없이 건물을 지음, 여자의 도화가 많음.

처재양현(妻財兩現): 재물이 많음, 창고가 많음, 남자의 도화가 많음 등

형제양현(兄弟兩現): 문과 창이 많음, 벽이 겹겹이 쌓여 있음, 재물이 많이 손실되었음 등

자손양현(子孫兩現): 자녀가 많음, 길이 많음 등

예문 1[4]

酉月 丁亥일(공망: 午未) 한 여자분이 와서 발 마사지샵의 상태가 어떤지를 문의하였다.

지풍승(地風升) - 수산건(水山蹇)

青龍		官鬼酉金	‖	
玄武		父母亥水	∦	妻財戌土
白虎	伏子孫午火	妻財丑土	‖ 世	
螣蛇		官鬼酉金	ǀ	
句陳	伏兄弟寅木	父母亥水	∤	子孫午火
朱雀		妻財丑土	‖ 應	

[판단]

　처재(妻財)를 용신으로 본다. 괘중에 처재 축토(丑土)가 양현하였는데 둘 다 발동하지 않았다. 하나는 세효(世爻)에 임하고, 또 하나는 응효(應爻)에 임하였다. 이런 경우는 다 같이 본다. 부모 해수(亥水)도 양현하였다. 부모는 가게를 나타내니 마사지샵을 두 군데 운영하고 있음을 알 수 있다.

---

4) 경제육효 인용

지풍승(地風升)괘를 득하였으니 세효도 축토(丑土) 응효도 축토(丑土)로 서로 같으니 경쟁지상이다. 같은 분야의 사람들이 경쟁하는 상으로 본다. 같은 업종의 종사자들이 서로 고객을 끌어가려는 분쟁의 기미가 보인다. 처재(妻財)는 일월(日月)의 도움을 얻지 못했고, 원신 오화(午火)가 공망(空亡)이고 복신이 되었고, 일(日)의 극을 당하고, 동한 효 해수(亥水)에게도 극을 당하고 있다. 그래서 용신을 생할 힘이 전혀 없으니 발마사지샵의 운영 상태가 좋지 않음을 보여준다.

피드백

역시 두 개의 가게를 열어 놓고 있다고 한다. 주변에 비슷한 동업자가 너무 많아서 장사가 잘 안 된다. 그녀가 양성한 학생들도 똑같이 가게를 개장하였는데 그쪽에는 고객이 넘쳐나고, 그녀의 가게에는 아무도 오지 않는다고 한다.

제9절_ 용신복장(用神伏藏)의 함의

풍수예측에서 용신이란 정론은 없다. 어느 한 부분이 잘 안 되어 풍수가 좋지 않아 의심되어 예측할 경우에는 용신에 유연하게 대응해야 한다.

예를 들면, 재물운이 좋지 않아 풍수예측을 할 경우 처재(財財)를 용신(用神)으로 본다. 아이의 문제로 예측하는 경우 자손을 용신(用神)으로 본다. 일·관운 때문에 풍수예측하는 경우 관귀를 용신으로 판단한다. 만약 목적이 없이 풍수로 평범하게 예측할 경우 부모를 용신으로 하고 종합적으로 분석한다.

대개 용신이 괘에 나타나지 않으면 이 방면의 풍수의 기가 부족한 것이다.

복장(伏藏)은 잃거나 잃어버리거나, 보이지 않거나, 떠나거나, 흔치 않거나, 은폐하거나, 성공하지 못하거나, 회피하거나 등을 의미한다.

부모복장(父母伏藏): 지하실, 문서가 미진함, 토지·부동산 증서가 없음, 저지대의 집, 지세가 낮은 곳, 무덤을 찾지 못함, 무덤의 은폐 등

처재복장(妻財伏藏): 재운이 좋지 않음, 암재(暗財-몰래 모은 돈), 아내가 집을 나감, 마누라가 없음, 부엌이 없음, 창고가 없음 등

자손복장(子孫伏藏): 재원이 풍부하지 않음, 자녀가 없음, 길이 뒤에 있음, 비밀 도로, 자녀 가출 등

관귀복장(官鬼伏藏): 사업이 불리함, 남편 가출, 남편 부재, 신불상(神佛像)이 숨겨져 있음, 위기사복(危機四伏: 위기가 곳곳에 도사리고 있음), 암암리에 수작(방해)을 부림 등

형제복장(兄弟伏藏): 비밀 문, 비밀 창, 형제 간 불화, 벽(담)이 없음 등

예문 1[5]

酉月 庚申일(공망: 子丑)
여자분이 남편이 하는 공사의 상태가 어떤지 문의하였다.

수천수(水天需)

螣蛇		妻財子水	‖	
句陳		兄弟戌土	│	
朱雀		子孫申金	‖	世
靑龍		兄弟辰土	│	
玄武	伏巳火父母	官鬼寅木	│	
白虎		妻財子水	│	應

[판단]

　공사의 상태를 알고자 예측하니 부모(父母)를 용신으로 본다. 부모 사화(巳火)는 본괘에 나타나지 않았고, 2효 관귀 인목(寅木)의 밑에 숨어 있다. 2효는 가택 혹은 집이 되는데 일진 신금(申金)과 합이 되었으니 빌딩으로 본다. 이번 공사는 큰 빌딩공사라고 보았다.

　일진이 비신(飛神) 인목(寅木)을 충개하고 부모 사화(巳火)가 화

---

5) 경제육효 인용

출하였다. 일(日)은 현재를 의미하고, 부모는 증서(證書)를 의미한다. 곤궁(坤宮)괘의 곤(坤)은 토지를 의미하니 토지 등기권리증은 방금 발급받은 것이다.

처재 자수(子水)가 왕상하지만 공망에 임하였으니 무자(戊子)년이 되면 이윤이 돌아오리라 판단하였다. 처재 자수(子水)가 응효(應爻)에 임하였고, 응(應)은 다른 곳인데 또 상효(上爻)에 자수(子水)가 하나 더 있다. 6효는 외국을 뜻하고, 먼 곳을 의미하며 수천수(水天需)는 유혼괘(遊魂卦)이니 또 밖을 의미한다. 그래서 해외 자금을 이용하고 있다고 판단하였다.

피드백

역시 실제 상황과 부합한다고 했다.

제10절_ 진신(進神)과 퇴신(退神)의 함의

효(爻)의 진퇴(進退)는 여러 방면에서 길흉을 보는 외에 모두 깊은 뜻이 숨겨져 있고 풍수예측에서도 마찬가지다.

부모(父母)가 진신(進神)으로 화하면: 바닥이 점점 높아짐, 넓은 대지, 첩첩한 누각, 첩첩한 산봉우리, 건물들이 즐비함, 겹겹이 쌓여 있음, 추가로 집을 지음, 영구히 거주, 방이 겹겹이 쌓여 있음, 오르막길 등

부모(父母) 퇴신(退神)으로 화하면: 점점 움푹 팸, 내리막길, 거주가 오래가지 않음, 기세가 감약됨 등

관귀(官鬼)가 진신(進神)으로 화하면: 승진, 사업 성장, 재앙이 겹치다, 질병이 심해지다, 끊임없이 수리를 함 등

관귀(官鬼)가 퇴신(退神)으로 화하면: 관운 쇠락, 사업 불황, 재앙 감소 등

처재(妻財)가 진신(進神)으로 화하면: 재원이 풍부함, 초목이 무성함, 재운이 좋음, 여자운이 좋음 등

처재(妻財)가 퇴신(退神)으로 화하면: 재운이 쇠락함, 여자가 멀리 떠남, 초목이 시듦 등

자손(子孫)이 진신(進神)으로 화하면: 자손이 번창함, 후대가 흥함, 재원이 풍부함, 갈 길이 멈, 길이 원활함 등

자손(子孫)이 퇴신(退神)으로 화하면: 후손이 쇠락함, 자손이 적음, 재운이 없음, 길이 좁음, 막다른 골목 등

형제(兄弟)가 진신(進神)으로 화하면: 문이 겹겹이 있음, 담장이 삼엄함, 문을 염, 재운이 좋지 않음 등

형제(兄弟)가 퇴신(退神)으로 화하면: 문 닫기, 벽이 무너짐, 낮은 벽 등

예문 1[6]

申월 癸酉월(공망: 戌亥) 숯불구이 고깃집을 운영하는 여자분이 "앞으로 어떨까요?" 하고 물었다.

건위천(乾爲天) – 택천쾌(澤天夬)

白虎	父母戌土	⚊	世	父母未土
螣蛇	兄弟申金	⚊		
句陳	官鬼午火	⚊		
朱雀	父母辰土	⚊	應	
靑龍	妻財寅木	⚊		
玄武	子孫子水	⚊		

[판단]

　부모(父母)는 점포가 되고, 처재(妻財)는 이윤을 나타낸다. 처재 인목(寅木)이 월파(月破)되고 일월(日月)이 동시에 와서 극하니 휴수하다. 경영이 좋지 않아 유지하기 힘들 것이다. 육충괘 건위천(乾爲天)괘를 득했으니 고깃집의 경영 상태는 위태로워 보인다.

　부모 술토(戌土)가 상효에서 동하여 퇴신(退神)으로 화(化)되었다. 6효는 낡은 것이나 혹은 오래된 상점을 의미한다. 퇴신으로 화

---

6) 경제육효 인용

(化)한 것은 하루하루 경영하기가 점점 어려워지고 있다는 것을 뜻한다. 세효가 공망(空亡)이라 심적 고민이 많다. 더구나 백호(白虎)가 임하여 몹시 안달하고 있다.

> **피드백**
>
> 역시 36년 된 오래된 가게이지만 지금은 불경기라서 가게를 닫고 싶다고 한다.

제11절_ 월파(月破)의 함의

월파에는 길흉을 표시하는 것 외에 또 상(象)의 작용이 존재한다. 월파는 종종 세부적인 것을 판단하는 정보의 원천 중 하나다. 효위에 따른 육친의 변화에 따라 유연하게 판단할 수 있다.

◆ 효위의 월파(月破)

1효 월파(月破): 지반 손상, 지반에 틈이 있음, 우물이 갈라짐, 지면에 틈이 생김, 하수도 누수 등

2효 월파(月破): 집에 균열이 있음, 주방 가스가 샘, 마당이 앞뒤로 나뉨, 철거 이주, 집 낡음, 아궁이 철거 등

3효 월파(月破): 문이 파손되어 있음, 침대의 틈이 벌어짐, 대문이 활짝 열림, 두 개의 문, 옆문 출입, 문을 충하는 물체가 있음 등

4효 월파(月破): 화장실이 망가짐, 노천 화장실, 거실에 틈이 생김, 대문 파손, 창문이 열림, 대문이 닫히지 않음 등

5효 월파(月破): 도로의 높이가 고르지 않음, 도로가 파괴됨, 길

이 험함, 길이 파괴됨 등

6효 월파(月破): 지붕이 낡음, 담벼락에 틈새가 생김, 담벼락이 파손됨, 지붕에 틈새가 생김 등

◆ 육친의 월파(月破)

부모 월파(月破): 묘지 훼손, 집의 균열, 집이 헐림, 집이 낡음, 지면이 갈라짐 등
관귀 월파(破): 거실이 헐림, 거실에 틈이 생김 등
형제 월파(月破): 문과 창문에 균열이 생김, 벽이 갈라짐 등
처재 월파(月破): 주방이 낡음, 창고가 허름함 등
자손 월파(月破): 도로가 험함, 도로가 갈라짐 등

◆ 오행의 월파(月破)

목월파(木月破): 나무가 베어졌음, 나뭇가지가 갈라짐 등
토월파(土月破): 땅이 갈라짐
금월파(金月破): 돌에 틈이 생김
수월파(水月破): 누수
화월파(火月破): 빛이 가려짐

예문 1

亥月 癸巳일(공망: 午未) 남자가 거주하는 방의 풍수를 물었다.

화천대유(火天大有) – 천뢰무망(天雷无妄)

白虎	官鬼巳火	ㅣ	應	
螣蛇	父母未土	∦		兄弟申金
勾陳	兄弟酉金	ㅣ		
朱雀	父母辰土	✕	世	父母辰土
靑龍	妻財寅木	✕		妻財寅木
玄武	子孫子水	ㅣ		

[판단]

　2효는 택효다. 청룡에 임하니 건물이 새것이다. 월이 2효와 합하니, 건물 위에 건물이 있어 다층집(아파트)의 정보다. 6효는 담벼락인데 월파되어 담벼락의 풀질이 좋지 않아 담벼락이 탈락하였다. 일(日)이 실파되어 다시 보수한다.

　내괘가 복음이고, 세효가 주작에 임하여 가정이 불화하고 구설이 많다. 처재가 입묘하고 묘고가 공망이라 고생하여 일을 하나 돈이 모이지 않는다. 세효 부모 진토(辰土)는 집인데 형제 유금(酉金)과 합하니 집을 친구에게 빌려주거나 형제가 거주한다.

세효가 3효에 임한 토(土)인데 극을 당한다. 3효는 위이고, 토도 위이니 이 집에 거주하는 사람은 입맛이 떨어진다. 또 원신이 6효 백호에 임하여 월파를 당한다. 백호는 주로 혈이니 고혈압이 있다.

피드백

실제 괘중에 있는 그대로 음험하였다. 자기에게는 위병과 고혈압이 있고 형제가 거주할 수 있도록 집을 빌려주었다고 함. 그의 형제에게도 위병과 고혈압이 있다.

제12절_ 공망(空亡)의 함의

공망은 월파와 같이, 효위. 오행, 육친에 따라 유연하게 변화한다.

◆ **오행 공망**

금공(金空): 울리다, 지저귀다, 소리가 난다, 소리, 발걸음 소리, 말소리, 돌에 구멍이 있고 구덩이가 있음 등

화공(火空): 발사, 세찬 불꽃, 빛이 부족, 어두움, 부엌이 없음 등

수공(水空): 흐르다, 하천, 활수, 누수, 배관 누출, 수원의 고갈, 물 부족 등

목공(木空): 썩다, 고목, 나무에 구멍이 있음, 나무가 없음, 오래된 나무, 가구에 틈(빔)이 나는 등

토공(土空): 무너지다, 흙 웅덩이, 토굴, 꺼지다, 저지대 등

◆ **육친공망**

부모공망(父母空亡): 땅이 광활함, 집에 사람이 살지 않음, 집이

텅 비어 있음, 무덤에 시신이 없음, 건물이 헐려 나감, 의지할 산이 없음, 무덤에 구멍이 있음 등

관귀공망(官鬼空亡): 홀(대청마루)이 없음, 유골이 없음 등

처재공망(妻財空亡): 아궁이가 없음, 창고가 없음, 화초가 없음 등

형제공망(兄弟空亡): 문 벽에 구멍이 있음, 문창이 없음 등

자손공망(子孫空亡): 도로에 구덩이 있음, 도로가 파손됨, 교량 등

◆ **효위공망**

1효공망(一爻空亡): 지반이 단단하지 못함, 지반에 구멍이 있음, 우물이 마름, 이웃이 없음, 기르던 동물의 분실 등

2효공망(二爻空亡): 집이 텅 빔, 주방이 없음, 집에 사람이 거주하지 않음, 집에 가기 싫음 등

3효공망(三爻空亡): 부부 별거, 수면이 좋지 않음, 문이 없음, 문에 구멍이 있음, 문이 닫히지 않음 등

4효공망(四爻空亡): 화장실이 없음, 거실이 없음, 대문이 없음, 대문에 빈틈이 있음 등

5효공망(五爻空亡): 교량 혹은 도로가 막힘, 도로가 파손됨 등

6효공망(六爻空亡): 지붕이 없음, 지붕이 개구(開口)되어 하늘이 보임, 천장 창 등

> **예문 1**

午月 辛未일(공망: 戌亥) 어떤 남자가 회사의 풍수를 예측했다.

택풍대과(澤風大過)

螣蛇		妻財未土	‖	
勾陳		官鬼酉金	│	
朱雀	伏子孫午火	父母亥水	│	世
靑龍		官鬼酉金	│	
玄武	伏兄弟寅木	父母亥水	│	
白虎		妻財丑土	‖	應

[판단]

처재가 양현하고 축토(丑土)가 암동하여 세효를 극한다. 월의 생과 일의 도움을 받아 재가 나를 찾아와 재운이 아주 좋다. 세효가 주작에 임하고 부모가 공망이다. 부모는 신고(辛苦)인데, 단 공망이라 신고(辛苦)하지 않는다. 주작에 임하여 말을 잘하여 돈을 벌 수 있다.

부모는 회사인데, 양현하여 1개의 회사를 소유한 것이 아니다. 2효는 회사이고, 세효에도 역시 해수(亥水)가 임하여 공망이다. 수(水) 공망은 흘러가는 것이니, 회사 부근에 쉬지 않고 흐르는 강이 있다.

> **피 드 백**
>
> 실제 통변과 같았다. 이 사람은 3개의 회사를 소유하고 있는데, 재운이 좋고, 회사 인근에 4계절 내내 쉬지 않고 흐르는 강이 있다고 함.

제13절_ 육충(六沖)과 육합(六合)의 함의

  육충(六沖) · 육합(六合)은 비록 타효와 부화(附和)하여 판단하지만, 상(象)을 취하는 면에서는 일정한 작용을 한다.
  육합(六合)은 바람을 숨기고 기를 모은다(藏風聚氣). 육충(六沖)은 모래가 날리고 돌을 굴린다(飛沙走石).
  합(合)은 중첩, 겹침, 덧씌우기, 추가, 부속, 평행, 고층, 짓누르기, 막힘, 연결 등이다.
  충(沖)은 상대적, 적대적, 교차, 삽입, 충사, 분개, 분리, 반대편 등이다.

초효(初爻)가 충(沖)을 만나면: 지반이 불안하다.
2효(二爻)가 충(沖)을 만나면: 집에 충사(沖射)하는 물체가 있다.
3효(三爻) 4효(四爻)가 충(沖)을 만나면: 문(門)을 충하는 물체가 있다.
5효(五爻)가 충(沖)을 만나면: 도로가 교차한다.
6효(六爻)가 충(沖)을 만나면: 지붕이 충을 받는다.

초효(初爻)가 합(合)을 만나면: 이웃 사람과 연결되어 있다.
2효(二爻)가 합(合)을 만나면: 다층집
3효(三爻)가 합(合)을 만나면: 문이 가로막혔다.
4효(四爻) 합(合)을 만나면: 대문이 굳게 닫혀 있다.

5효(五爻)가 합(合)을 만나면: 도로가 막혔다.
6효(六爻)가 합(合)을 만나면: 용마루 끝에 동물 조각품이 있다.

예문 1

酉月 甲申日(공망: 午未) 20세가 넘은 어떤 남자가 혼인을 예측했다.

건위천(乾爲天) – 택화혁(澤火革)

玄武	父母戌土	✕	世	父母未土
白虎	兄弟申金	∣		
螣蛇	官鬼午火	∣		
勾陳	父母辰土	∣	應	
朱雀	妻財寅木	✕		父母丑土
靑龍	子孫子水	∣		

[판단]

처재(妻財) 寅木이 일월(日月)의 극상을 당하여 혼인이 순조롭지 않다. 세효(世爻)가 동하여 공망(空亡)으로 화하여 기분이 저조하다. 현무(玄武)에 임하여 마음이 우울하다. 미월(未月)은 공망(空亡)을 벗어나니 미월(未月)에 응한다. 그러나 미월(未月)은 바로 처재가 입묘하는 월이다.

처재가 주작에 임하여 세효를 극하고, 주작은 구설이 되니, 연애 상대와 자신이 다툰다.

이 사람은 입이 삐뚤어졌다. 이것은 바로 미월(未月)에 여자 친구와 이별로 인해 그 충격 때문에 생긴 것이다.

　일월(日月)은 형제다. 괘에서는 5효에 있고 5효는 도로다. 백호에 임하니 더욱더 도로다. 일(日)에 임하여 새로운(新) 것이다. 2효 처재 인목(寅木)을 충극하고 2효는 집(宅)이다. 그래서 나는 새로운 도로가 집을 향해 돌진하니 풍수의 영향을 받기 때문에 여자 친구와 헤어졌다고 판단했다.

피드백

실제로 새로운 도로가 그의 집을 향해 돌진하고 있다.

제14절_ 반음(反吟)과 복음(伏吟)의 함의

반음(反吟)・복음(伏吟)은 육효예측에서 일이 순조롭지 않거나 반복・변화를 의미한다.

반음(反吟)은 "바꾸다, 배회하다, 망설여 결정을 못 내리다, 마음이 혼란하다, 흔들거리다(몸을 좌우로), 왜곡하다, 뒤집다, 뒤돌아보다, 불의의 반격을 가하다, 후회하다, 후회하여 번복하다, 파동, 기복, 요동치다, 뛰다, 흔들리다, 오락가락하다, 이랬다저랬다 하다, 자신이 한 이야기에 책임지지 않는다, 신용을 지키지 않는다, 심란하다, 생각의 갈피를 잡을 수 없다, 실패한 후 새롭게 힘을 길러 재기하다, 윤회" 등을 의미한다.

복음(伏吟)은 "내부 변동, 내부 이동, 잔소리, 말을 더듬다, 울다, 슬프다, 몹시 상심하다, 중얼거리다, 헛소리한다, 잠꼬대, 자책, 망설이며 나아가지 못한다, 제자리걸음" 등의 의미다.

육효풍수예측에서 반음과 복음은 아래의 뜻이 있다.
반음(反吟): 물체가 맞대어 발사, 맞대어 충, 좌우로 흔들리다, 이리저리 떠다닌다, 위아래로 출렁인다.
복음(伏吟): 쌓아 올려 누르다(중압), 거듭 쌓임(퇴적), 암장(暗藏) 등이다.

> **예문 1**
>
> 卯月 己酉일(공망: 寅卯) 여자가 운영하는 인테리어 가게 풍수를 예측했다.
>
> **풍천소축(風天小畜) – 지택림(地澤臨)**
>
> | | | | | |
> |---|---|---|---|---|
> | 勾陳 | | 兄弟卯木 | ㄨ | 官鬼酉金 |
> | 朱雀 | | 子孫巳火 | ㄨ | 父母亥水 |
> | 靑龍 | | 妻財未土 | ‖ 應 | |
> | 玄武 | 伏官鬼酉金 | 妻財辰土 | ㄨ | 妻財丑土 |
> | 白虎 | | 兄弟寅木 | ∣ | |
> | 螣蛇 | | 父母子水 | ∣ 世 | |

[판단]

처재가 주요 용신이다. 처재가 양현하니 발동한 효가 용신이다. 처재 진토(辰土)가 3효에 임하여 발동하여 퇴신으로 화(化)한다. 3효는 문이니 가게 문이 풍수에 불리하여 판매량이 점점 더 줄어들고 있다.

5효 자손 사화(巳火)는 지나가는 손님인데 월의 생을 얻어 왕상하다. 반음(反吟)이니 왕래하는 손님은 많지만 들어오지 않는다. 2효는 가게이고 공망에 임하여 가게 안은 한산하고 텅 비었다.

피드백 및 화해

실제로 시장에 인테리어 가게를 열었다. 왕래하는 손님은 많지만, 그녀의 가게에는 손님이 오지 않았다. 작년에는 장사가 잘되었다. 설 명절부터 지금까지 그 가게의 제품을 산 고객이 한 명도 없었다.

그래서 그녀에게 둥근 돌을 찾아 돌 위에 붉은 양초 두 개를 올려놓고 가게 남동쪽에 놓으라고 알려줬다. 결국 올려놓자마자 주문이 들어왔다. 설이 지난 후에 첫 장사를 하게 되었다.

이것은 유금(酉金)은 둥근 돌이며 처재 진토(辰土)를 합주(合住)하여 물러가지 않게 하는 것이 주원인이다. 붉은 촛불은 사화(巳火)를 의미하며 처재를 생한다. 사화(巳火)와 진토(辰土)는 동남쪽에 대응한다. 그래서 이렇게 화해(化解)한 것이다.

제15절_ 유혼(遊魂)과 귀혼(歸魂)의 함의

유혼과 귀혼은 풍수예측에서 기타 방면과 부화(연결)하여 정보를 추출한다.

유혼(遊魂)은 불안, 심기 불안, 정신 상태가 불안함, 넋을 놓음, 넋이 나감, 혼미, 가장자리 부분, 분리, 외출, 멀어짐, 정신을 딴 데 팔고 있음, 안락하여 고향에 돌아가는 것을 잊음, 차마 떠나지 못해 돌아오는 것을 잊음, 이리저리 돌아다님, 의지가 굳지 못해 변덕이 심함, 도망감, 가르침에 대한 불복, 감정 전환, 겁이 많음, 미련을 둠, 기억력 감퇴, 취한 듯 홀린 듯함, 몸은 이곳에 있지만 마음속은 그곳을 동경함, 망설임, 밖으로의 발전 등을 의미한다.

귀혼(歸魂)은 컴백, 귀가, 그리움, 집을 그리워함, 외출을 꺼림, 문을 닫고 집에 있음, 정상으로 회복됨, 고조됨, 도로 떨어짐, 흡인력, 구심력, 수렴, 총결, 귀환, 게으름, 보수, 수축, 본성 등을 의미한다.

풍수예측 방면
귀혼(歸魂): 고개를 돌림, 되돌아감, 안쪽으로 향함.
유혼(遊魂): 밖으로 향함, 투출, 외연, 밖으로 연장

> **예문 1**
>
> 戊子년 丁巳월 癸酉일(공망: 戌亥) 여자가 거주하는 방의 풍수를 예측했다.
>
> **풍택중부(風澤中孚)―산택손(山澤損)**
>
> | | | | | |
> |---|---|---|---|---|
> | 白虎 | | 官鬼卯木 | ㅣ | |
> | 螣蛇 | 伏妻財子水 | 父母巳火 | ⚊╳⚊ | 妻財子水 |
> | 勾陳 | | 兄弟未土 | ‖ 世 | |
> | 朱雀 | 伏子孫申金 | 兄弟丑土 | ‖ | |
> | 靑龍 | | 官鬼卯木 | ㅣ | |
> | 玄武 | | 父母巳火 | ㅣ 應 | |

[판단]

 부모가 독발하여 세효를 생하여 원래는 길상(吉象)이다. 자수(子水)가 화하여 회두극(回頭克)은 좋지 않다. 등사에 임하여 등사는 불안을 의미하고 유혼괘(遊魂卦)도 불안을 의미한다. 그래서 거주하면 반드시 안녕하지 못한다. 관귀 묘목(卯木)이 양현하고 암동하여 하나는 2효, 또 하나는 6효에 있다. 2효는 집(宅)이니 살림이 안정될 수 없다.

 자손 신금(申金)이 복장(伏藏)되고 부모가 독발(獨發)하여 자손을 극한다. 주택이 자녀에게 불리하다. 부모는 문서인데 화하여 회두극(回頭克)을 당하니 학업에 불리하다. 복장(伏藏)은 도망을 다니는 것이고 유혼괘(遊魂卦)는 마음이 불안정함을 의미하니 아이는 학교에 무단결석하거나 학교에 가기 싫어한다.

사화(巳火)가 독발(獨發)하고 동하여 합을 만나 불리한 일은 갑신년(甲申年)에 발생한다.

피드백

실제로 갑신년(甲申年)에 여기에 이사 온 후 안 좋아지기 시작했다. 자식이 사람들에게 괴롭힘을 당해 휴학해 집에만 있었다. 요즘에 또 머리에 이상이 생긴 것을 발견했다.

제16절_ 오행 생멸상태(生滅狀態)의 풍수예측 응용

오행 생멸 상태는 육효예측에서 다음과 같은 의미가 있다.

장생(長生) : 성장, 출처, 시작점, 도움, 의지, 후원자, 양육, 원천, 뿌리, 원시, 구조, 발생, 찾기, 찾음, 얻음, 시작 등

목욕(沐浴): 목욕, 공개, 광명, 은택, 이점, 유리, 노출, 맨송맨송하다, 번들거림, 매끄러움, 즐기다, 솔직함, 잠자다, 퇴락하다, 못생겼다. 뻔뻔하다. 촉촉하다, 챙겨주다 등

관대(冠帶): 복장을 갖추다, 위장, 포장, 장식, 의복, 업그레이드, 영예, 커버(가리개), 외모, 고귀함, 숨김 등

임관(臨冠): 공적인, 관청, 재앙, 관인에게 아부, 관직에 의지, 정부에 의지, 관의 후원, 아부, 지위가 있음, 공무원, 자력 갱생, 자기 노력, 성장, 성공 임박, 국영, 위험 등

제왕(帝旺): 영광스럽게 발전, 발달, 득의양양함, 우쭐대다, 힘이 있다, 웅장, 높고 크다, 뛰어나다, 강함, 휘황찬란, 활기차게 번영하다. 출세, 영달하다, 권력이 있음, 극한, 고조, 정점 등

쇠(衰): 무력, 나약함, 연약함, 약소함, 불경기, 약지(弱智), 몰락, 힘이 약하다, 재수없다, 움츠리고 물러남, 배후가 없다, 약점, 겁이 많고 소심하다, 쇠약, 왜소, 무능, 무능력, 배운 것도 없고 재주도 없다, 높은 것은 바라볼 수 없고 낮은 것은 눈에 차지 않는다, 반항할 엄두도 못 낸다 등

병(病): 미움, 증오, 원수, 적대시함, 결점, 버릇, 허점, 약점, 급소, 마음의 병, 부패, 문제 등

사(死): 죽음, 외곬로 빠지다, 융통성 없음, 변통 불능, 체류, 종결, 어떤 이치나 이유를 견지하면 변통할 줄 모름, 어떤 목적을 달성하기 위하여 조금도 주저하지 않는다, 결과를 고려하지 않고 끝까지 견지한다, 불경기, 생기가 없다. 활력이 없다, 무뚝뚝하다, 서툴고 둔하다, 생각을 떨쳐버리지 못하다, 속이 좁다, 퇴로가 없다, 고요하다, 조용하다, 무섭다 등

묘(墓): 포용, 소장, 매장, 폐쇄, 수습, 보관, 관리, 관제, 소유, 통제, 조종하다, 지휘, 포함, 독점하다, 함정, 자유롭지 못하다, 몰입, 통제받는다, 숨김, 보호, 호위, 울타리, 창고, 권한, 혼돈, 몽롱하다, 어리둥절함, 어두움, 매끄럽지 못함, 원활하지 못함, 끝, 저항, 막힘 등

절(絶): 퇴로가 없다, 위험, 절지, 절경, 절벽, 이별, 단절, 배수일전, 실망, 의기소침, 단념하다, 어쩔 수 없다, 무정하다, 냉혹하다, 융통되지 않는다, 멈추다, 사라지다, 흔적도 없다 등

태(胎): 양성하다, 준비하다, 초보적 계획, 계획, 형성, 선천적, 타고난, 천성적인, 천성이 변하기 어렵다, 초급, 결탁, 걱정, 생각, 유치, 약소, 나이가 어리다, 발걸음을 떼다 등

양(養): 출생, 성장, 의탁, 입양, 휴양, 요양, 휴식, 의존, 영양, 자양, 부조(扶助), 의심, 마음이 놓이지 않다, 든든하지 않다, 심허, 걱정, 불안, 배양, 양육, 약소, 부축하다 등

풍수에 적용하기 위해서는 육친 등의 뜻에 따라 융통성 있게 분별하고 정보를 추출하여야 한다.

예문 1

丁亥년 庚戌월 己亥일(공망: 辰巳) 남자가 조상의 묘지가 관운과 재운에 영향을 미치는지 문의하였다.

천택리(天澤履)─풍택중부(風澤中孚)

勾陳		兄弟戌土	ㅣ	
朱雀	伏妻財子水	子孫申金	ㅣ	世
靑龍		父母午火	ㅓ	兄弟未土
玄武		兄弟丑土	∥	
白虎		官鬼卯木	ㅣ	應
螣蛇		父母巳火	ㅣ	

[판단]

    부모는 묘지이고 일월의 생이 없고 일이 극하여 휴수하다. 부모가 양현하여 동효를 취하여 판단한다. 청룡에 임하니 새로운 것이고, 휴수가 장생을 만나는, 즉 무인(戊寅)년에 장생(長生)을 득하니 이해에 묘를 세웠다. 사화(巳火)가 공망(空亡)이니 유골이 온전치 않다.

    처재 자수는 월이 극하지만 일이 도움을 준다. 단 이 분묘 午火가 독발하여 처재를 충출(沖出)한다. 그래서 혼인과 재운에 유리하다. 부모는 결혼증서이고 처재가 복장(伏藏)되어 임오(壬午)년에 충출(沖出)하니 이해에 혼인했다.

세효가 5효에 있고 5효는 존귀한 자리이고 관귀가 일의 생을 얻어 왕상하다. 그래서 이런 조합은 바로 관이 있다는 정보이다. 무인년(戊寅年), 기묘년(己卯年) 관귀가 왕(旺)을 득하니 반드시 승진된다. 하지만 부모(父母) 오화(午火)가 독발(獨發)하고, 관귀(官鬼)가 사지(死地)를 만나니, 독발(獨發)은 상(象)이 주가 된다. 그래서 조상의 묘가 관운에 불리하다.

관귀가 목(木)이고 백호에 임하고 백호는 사망이니, 묘지 근처에 나무풀이나 나무가 있다. 목(木) 사지(死地)를 만나면 근처에 필히 고목 같은 물건이 있을 것이다.

피 드 백

무인(戊寅)년에 조상의 묘를 새로 수리하고 지었다고 한다. 임오(壬午)년에 혼인했다. 묘지에는 식물로 만든 울타리가 있다. 하지만 제초제를 사용할 때 울타리를 태워 죽였기 때문에 무인(戊寅)년에 승진했지만, 갑신(甲申)년에는 강등당했다.

세효가 5효에서 금(金)에 임했는데 극을 당하고 일이 병지(病地)이고 금(金)은 골격이다. 5효는 얼굴이다. 그래서 치아가 되고, 치아에 문제가 있다. 실제로 戊寅(1998)년에 앞니가 부러졌다.

제 3장

풍수예측의 세부 사항에 대한 판단

　육효풍수예측에서 세부 사항에 대한 판단은 괘상에 나타난 정보가 정확한지를 검증하는 방법 중의 하나다. 이는 또 길흉을 추론하는 것과 풍수의 부족한 점을 찾아내는 유일한 방법이다.

　실제에서 풍수 환경은 입체적이다. 그래서 괘상의 정보 표현도 반드시 입체적이어야 한다. 예측자의 효위, 육친, 육신, 오행생극 등에 근거하여 괘를 이해한다. 그다음 공간과 결합하여 대응하는 물체 방위 등을 파악하여 인사 혹은 유년의 길흉화복을 찾아내야 한다.

제1절_ 도로의 판단 방법

도로는 5효 효위로 판단하고 육친은 자손으로 육신은 백호를 도로로 본다.

자손(子孫)이 3효를 충하고, 5효가 3효를 충하고, 백호가 임한 효가 3효를 충하면 문을 충하는 도로가 있다. 2효를 충하면 도로가 집을 충한다. 1효(初爻)를 충하면 지반을 충하고 사람에게 불리하다.

청룡에 임하고 세효(世爻) 2효를 생하고 합하면 도로가 길(吉)하고 기장(氣場)이 유통(流通)된다. 세효를 극하면 병이 생기고 재앙이 연이어 발생한다.

5효가 휴수(休囚)하고 등사에 임하면 도로가 협소하고, 화퇴(化退)·입묘(入墓)는 막다른 골목이 된다.
5효가 택효(宅爻) 2효와 합하면 길과 집이 평행하고, 반합국은 정자로(丁字路), 삼합국은 세 갈래 길이고, 충(沖)을 만나면 십자로(十字路)가 된다.
5효가 월파(月破)되면 도로 높이가 고르지 않고 울퉁불퉁하다. 게다가 일(日)이 합주(合住)를 만나면 도로를 수리한 적이 있다. 만약에 단순히 일(日)과 합(合)이면, 도로는 항상 막혀서 통하지 않는다.
수(水)가 5효를 합하면 강과 도로가 평행하다.
5효·자손효가 일충(日沖)을 만나거나 동효(動爻)를 충(沖)하면 도로가 경사로 되어 있다. 공망은 다리(橋)가 되거나 또 구덩이가 있을 수 있다.

부모가 등사에 임하여 5효를 합하거나 입묘되고 부모가 구진에 임하면 터널이 된다. 금(金)이 임하면 철도가 된다.

5효에 구진이 임하여 발동(發動)되면 도로에 공사 개조가 있다. 진신(進神)으로 화하면 도로가 확장되고 퇴신(退神)으로 화하면 도로가 좁아진다.

5효 자손효가 등사에 임하여 생합(生合)하면 에워싼 도로(環抱路)이고, 세효를 충극하면 반궁로(反弓路) 도로이다.

위치는 괘(卦), 변효(變爻), 임(臨)한 지지(地支) 등에 따라 판단한다.

합처(合處), 변효(變爻)는 뻗어 나가는 방향
백호(白虎)에 구진을 더하면 언덕길
등사 · 백호에 임하면 고리형 길, 커버길
청룡은 큰 도로, 국도
구진은 낡은 길
현무는 흙탕길, 어두운 길

도로에서 오는 길흉은 괘중의 생극하는 효로 판단한다. 질병, 재물운, 재난, 성격, 혼인 등이 있다. 괘상에 따라 탄력적으로 판단한다.

> **예문 1**

亥月 辛卯일(공망: 午未) 남자가 출장을 가서 업무를 보는데, 임차하여 사는 집의 풍수를 예측했다.

풍화가인(風火家人)—산화비(山火賁)

螣蛇		兄弟卯木	ǀ	
勾陳		子孫巳火	⼁ 應	父母子水
朱雀		妻財未土	ǁ	
靑龍	伏官鬼酉金	父母亥水	ǀ	
玄武		妻財丑土	ǁ 世	
白虎		兄弟卯木	ǀ	

[판단]

여기서 집을 임차하려는 것은 단지 편안하고 안전한 곳을 찾는 것이 아니라 자신의 영업을 늘려서 수익이 순리적으로 증가하는 것을 도와주는 좋은 풍수가 필요하다.

처재 축토(丑土)가 지세(持世)하고 자손이 발동하여 세효를 생하니, 원래는 길상(吉象)이다. 단 처재 미토(未土)가 공망(空亡)이고 월의 도움이 없고 일이 와서 극(克)한다. 그래서 임차한 집은 재물을 모을 수 없다.

2효는 집인데 현무가 임한다. 현무는 비공개적(개인적)이니 그래서 거주하는 곳은 개인 주택이다. 또한 현무는 매우 추움을 나타내고 원신 사화(巳火)가 월의 충파(沖破)를 당하고 회두극(回頭克)으로 화한다. 화(火)는 온도이니 집안의 온도가 낮아서 불편하다.

4효는 창문인데 공망(空亡)에 임하여 창문에 틈새가 있어 밀봉이 제대로 되어 있지 않다. 미토(未土)는 서남(西南)에 대응하니 창문이 서남쪽에 있다. 세효가 일의 목(木)에 극을 당한다. 목(木)은 바람이고 손궁(巽宮)도 바람이니 실내에 바람이 들어온다.

5효는 도로이고 월파에 회두극을 당하니 세효를 생하기가 부족하다. 세효가 2효에 있어 집이 되고 5효가 그것을 생하니 집으로 돌아가는 길이 있다. 월파되고 휴수하여 생하는 역량이 감소하여 집에 가는 길이 순조롭지 않아 길을 돌아간다. 구진에 임하여 늦음을 나타내어 집에 가는 길이 시간이 걸린다.
처재가 휴수하고 원신이 극을 당하고 회두극(回頭克)을 당하고 월파(月破)당하니 처재를 생하는 힘이 부족하여 재운이 좋지 않다. 이런 곳에서 영업을 하면 당연히 효과가 좋지 않다.

피드백

역시 괘상에 나타난 것처럼 나중에 겨우내 성과가 없어서 철회했다.

2절_ 다리의 판단 방법

 육효풍수예측에는 다리 판정에 관한 여러 가지 조합이 있다. 괘상(卦象), 효상(爻象), 상호조합 등의 방면으로 판단할 수 있다. 주로 흔히 볼 수 있는 현상에는 이러한 몇 가지 경우가 있다

1. 간(艮)은 교량이다.
 간괘(艮卦)의 괘상(卦象)에서 나온 것이다. 다리와 같다.

2. 1효 자수(子水)에 백호가 임한 경우
 이것은 옛 사람들이 총결한 것이다. 맞을 확률이 매우 높다. 초효(初爻)는 집 근처를 의미한다. 수(水)는 강이 되고 백호는 도로이니 수(水) 위의 길은 다리가 된다.

3. 수(水)를 합한 효(爻)가 구진에 임한 경우
 예를 들어 인목(寅木)·축토(丑土), 일(日)·월(月)·효(爻) 등이 수(水)일 때 이 효(爻)가 발동(發動)하여 이를 합(合)하면 교량을 뜻한다. 왜냐하면 구진은 건축을 의미하고 건축이 수(水)에 놓이면 대부분 교량이기 때문이다.

4. 5효가 공망(空亡)이면 다리다.
 이것도 내가 실전 중에 발견한 것이다. 적중률이 매우 높다. 5효

는 길을 의미하고 길이 공망(空亡)이면 허공에 뜸을 의미하니 교량의 정보가 내재해 있다.

5. 구진에 임한 효(爻)가 수효(水爻)와 떨어져 있고 다른 효와 서로 합하면 이것도 교량을 뜻한다.

왜냐하면 구진은 건축을 의미하고 수(水)를 건너서 합(合)이 된 것은 수(水) 위에 다른 쪽의 건축과 연결한다는 뜻이기 때문이다.

6. 수효(水爻)가 복장(伏藏)되고, 비신(飛神)이 구진에 임하거나 구진에 임한 효(爻)가 와서 합(合)하면 교량을 의미한다.

7. 5효가 수(水)이고 구진에 임하면 교량을 뜻한다.

예문 1

戊子년 丙辰월 壬辰일(공망: 午未) 여자가 부모의 묘지풍수를 예측하였다.

지수사(地水師)-지산겸(地山謙)

白虎	父母酉金	‖	應		
螣蛇	兄弟亥水	‖			
勾陳	官鬼丑土	‖			
朱雀	妻財午火	╫	世	父母申金	
青龍	官鬼辰土	⁄		妻財午火	
玄武	子孫寅木	‖			

[판단]

　세효는 혈(穴)이 되고 화(火)가 임하고 일월의 도움을 얻지 못하여 휴수(休囚)하다. 또 공망(空亡)이고 화(火)는 광선(光線)이다. 그래서 혈(穴)이 있는 곳이 빛이 부족하다. 오화(午火)는 처재이고 휴수(休囚)하고 공망(空亡)이기 때문에 재운이 좋지 않다. 5효 형제 해수(亥水)가 휴수(休囚)하여 형제자매가 적다. 세효를 극하니 본인을 통제(구속)하는 사람이 되고 또 5효는 존위(尊位)이니 자신보다 높다. 수(水)는 1을 의미한다. 실제로 오빠 한 명이 있다. 세효와 형제가 모두 휴수(休囚)하니 두 사람은 모두 운기가 좋지 않다.

청룡은 좌측이고 일월이 도와 왕상(旺相)하다. 백호는 우측인데 일월의 생을 득하여 왕상(旺相)하다. 세효의 상하에 토(土)가 있다. 토(土)는 높은 언덕이고, 축토(丑土) 구진도 고지(高地)를 의미하니 이신법(移神法)에 의해 2효도 마찬가지로 구진에 임한다. 그래서 혈(穴)이 낮은 곳에 있고 반대로 주위의 지세가 높다.

　진토(辰土)가 청룡에 임하여 발동하고 진토(辰土)는 수고(水庫)이고 수효(水爻)는 휴수(休囚)하다. 비록 많은 물은 없지만 그래도 청룡이 물놀이를 할 수 있다. 괘(卦)가 감궁(坎宮)에 있고 감(坎)이 수(水)이니 근처에 수조가 있거나 하류(河流)가 와서 모인다.

　진토(辰土)가 발동(發動)하고 해수(亥水)가 떨어져 있고 6효 유금(酉金)과 합(合)하니 근처에 반드시 교량이 있다.

피 드 백

묘지는 작은 언덕 위에 있다. 근처에 하류와 큰 수조가 있다. 철교가 하나 있었다. 예전에 묘지는 큰 나무에 둘러싸였다. 일조량이 적다. 나중에 태풍 때문에 부러졌다. 옛날에는 풀이 자라지 못했지만 후에 빛이 들어온 후부터 풀들이 점점 자라났다.

화(火)가 공망(空亡)이기 때문에 그녀에게 종이돈을 태우라고 하였다. 그러면 실공(實空)이 되어 왕화(旺火)의 역량을 도와준다. 진월(辰月)에 지폐를 태운 후, 미월(未月)에 좋은 직장으로 옮겨갔다. 월급도 예전보다 많았다. 오빠에게도 돈이 생겨서 TV를 새로 샀고 에어컨까지 설치했다.

제3절_ 하천(河川)의 판단 방법

풍수에서 하천(河川)과 수(水) 등은 뗄 수 없을 정도로 중요하다. 하천(河流)을 보는 법에 관해서는 주로 수(水)를 위주로 판단한다.

수(水)가 동(動)해서 회두생(回頭生)하거나 수(水)가 역마(驛馬)에 임하거나 수(水)가 금(金)의 생(生)을 얻거나 수(水)가 효(爻)에 충(沖)을 당하거나 수(水)가 백호에 임하면 모두 하천(河川)을 뜻한다.

수(水)가 왕상(旺相)하면 하천의 물이 많고, 휴수(休囚)하면 하천의 물이 적다.

수(水)가 합주(合住) 되면 물길이 차단 당한다. 입묘(入墓)는 연못이나 저수지를 뜻한다. 주작에 임하면 수력발전소가 된다. 청룡에 임하면 음료수가 되고 수질이 좋다. 구진에 임하면 다리가 있다. 초효(初爻) 수(水)가 백호에 임하면 다리가 있다. 등사에 임하면 물살이 약하거나 물길이 가늘고 길게 이어진다. 현무는 더러운 물, 배수구, 오염된 하천 등을 나타낸다.

수(水)가 공망(空亡)이면 즉 흐른다. 수(水)가 충(沖)이면 움직인다. 수(水)가 합(合)하면 정지한다. 수(水)가 묘(墓)하면 모인다. 수

(水)가 절(絶)하면 건조하다. 수(水)가 사(死)하면 메마르다. 수(水)가 극(克)을 받으면 적다(小) 수(水)가 생(生)을 받으면 근원(源)이 있다. 수(水)가 복장(伏藏)함은 없거나 암류(暗流)[7]한다.

  간궁(艮宮)에 있으면 계곡·산속의 샘물이 된다. 곤궁(坤宮)에 있으면 대지(大地)의 하천(河川)이 된다. 태궁(兌宮)에 있으면 소택(沼澤-늪) 혹은 호수가 된다. 감궁(坎宮)에 있으면 수역(水域) 혹은 저지대의 물이 된다. 손궁(巽宮)에 있으면 숲속의 시냇물이 된다. 진궁(震宮)에 있으면 장대한 물이 된다. 건궁(乾宮)에 있으면 높은 곳의 수(水)의 근원이 된다. 이궁(離宮)에 있으면 온천이나 난류(暖流)가 된다.

---

7) 땅속으로 흐른다.

제4절_ 건축물의 판단 방법

육효에서 건물에 대한 판단 정보를 대부분 부모와 구진을 통해 추출하는 경우가 많다. 괘(卦)중의 동정(動靜) 변화에 근거하여 건축물이 풍수에 미치는 영향의 좋고 나쁨을 용신의 작용으로 판단한다. 동시에 공망(空亡), 월파(月波), 충합(沖合) 등을 고려해 판단해야 한다.

초효(初爻)에 부모와 구진이 임하면 근처의 건축물로 판단하거나 이웃으로 판단한다.

2효에 부모와 구진이 임하면 근처로 판단한다.

3효에 부모와 구진이 임하면 문 앞 혹은 맞은편 건축물로 판단한다.

4효에 부모와 구진이 임하면 대문 밖이나 주위의 건축물로 판단한다.

5효에 부모와 구진이 임하면 도로변의 건축물로 판단한다.

6효에 부모와 구진이 임하면 이웃의 건축물로 판단한다.

또 지지와 팔괘를 근거로 방위를 구분한다.

지지	자(子)	축인(丑寅)	묘(卯)	진사(辰巳)	오(午)	미신(未申)	유(酉)	술해(戌亥)
방위	북	동북	동	동남	남	서남	서	서북

팔괘	건(乾)	곤(坤)	진(震)	손(巽)	감(坎)	이(離)	간(艮)	태(兌)
방위	서북	서남	동	동남	북	남	동북	서

또 토(土)는 벽돌, 금(金)은 돌, 목(木)은 나무, 수(水)는 유리, 화(火)는 밝고 불빛이 휘황찬란함을 나타낸다.

육신(六神)을 결합하여 청룡은 새로운 것, 주작은 번화한 거리, 구진은 낡은 것, 등사는 뾰족한 모양이나 탑 종류, 백호는 위엄·높이 솟음·사원(寺院)·병원 등, 현무는 축축하거나 어두컴컴함 등을 나타낸다.

제5절_ 산(山)의 판단 방법

산(山)은 육효에서 간궁(艮宮)이나 간괘(艮卦)로 상(象)을 취하고, 주괘(主卦)와 변괘(變卦)로 모두 추출할 수 있다.

어떤 때는 토(土)에 구진이 임하면 산으로 표시한다. 등사가 임하여 발동(發動)되면 높은 산이 굽이굽이 기복을 이룬다. 청룡이 임하면 빼어나게 아름답다. 주작이 임하면 새소리가 들린다. 백호가 임하면 높고 험준하다. 현무가 임하면 음산함 등을 나타낸다.

일월(日月)이 합(合)하면 첩첩한 산봉우리가 많다. 수(水)로 화출(化出)하면 맑은 샘물과 시냇물이 있다. 목(木)으로 화출(化出)하면 산에 산림과 초목이 가득하다. 금(金)으로 화출(化出)하면 돌이 많다.

진신(進神)으로 화(化)하면 굽이굽이 한이 없고, 퇴신(退神)으로 화(化)하면 이곳이 끝임을 나타낸다.

월파(月破)이거나 파(破)로 화(化)하면 산이 분리되는 부분이 있다. 공(空)이거나 공(空)으로 화(化)하면 계곡이 종횡으로 펼쳐져 있다.

세효(世爻)가 목(木)에 임하고 휴수(休囚)하고 사절(死絕)이면 민둥산이 된다. 세효(世爻)가 토(土)에 임하고 월파(月破)하고 일파(日破)되면 단절된 산이다. 세효(世爻)가 금(金)에 임하고 왕(旺)함은 석산(石山)이다. 세효(世爻)가 발동(發動)하여 응효(應爻)를 생합(生合)하면 과산(過山)이고, 절지(絕地)를 만나고 독발(獨發)함은 독산(獨山)이다.

예문 1

巳月 乙巳일(공망: 寅卯) 여자가 전셋집을 이사하려고 하는데 택일을 문의하였다.

지택림(地澤臨)—천택리(天澤履)

玄武	子孫酉金	‖		兄弟戌土
白虎	妻財亥水	‖	應	子孫申金
螣蛇	兄弟丑土	‖		父母午火
勾陳	兄弟丑土	‖		
朱雀	官鬼卯木	｜	世	
靑龍	父母巳火	｜		

[판단]

　세효(世爻) 묘목(卯木)이 공망(空亡)이고 일월(日月)의 도움이 없고 반대로 일월(日月)이 원신(元神)을 충파(沖破)한다. 그래서 세효(世爻)를 생하는 힘이 부족하다. 원신(元神)을 충파(沖破)한 것은 바로 부모효(父母爻)이고, 부모는 집이기 때문에 이 집에 거주하면 불리하다. 또한 세효(世爻)가 2효에 있고 공망(空亡)이다. 2효는 집이고 공망(空亡)은 불안하거나 편안하게 거주하지 못함을 나타낸다. 주작에 임하면 구설을 면하지 못한다.

세효(世爻)가 공망(空亡)이고 해수(亥水)의 생(生)을 얻지 못하여 묘일(卯日) 해시(亥時)에 이사해야 한다. 세효(世爻)가 휴수(休囚)하여 수(水)가 와서 생(生)하는 것이 필요하다. 또 외괘(外卦) 3효가 발동(發動)하여 괘(卦)가 곤궁(坤宮)에서 간궁(艮宮)으로 변하게 된다. 곤(坤)은 평지, 간(艮)은 언덕(山崗), 원신(元神)이 수(水)일 때 산도 있고 물도 있어 거주하기 알맞은 곳이다.

피드백

결국 그녀는 묘일(卯日)에 이사했다. 유월(酉月)에 집주인과의 사이에 분쟁이 생겨서 한 해변의 언덕에 이사하고 나서 갑자기 기분이 많이 좋아졌다.

제6절_ 화초와 수목의 판단 방법

화초 수목은 목효(木爻)이거나 진손괘(震巽卦)로 판단한다.
왕상(旺相)함은 크고 높거나 무성(茂盛)하다.
휴수(休囚)하면 작고 낮거나 드물다.

삼합(三合) 목국(木局)은 숲이 되고 관목이 무성하다. 목효(木爻)가 다현(多現)하면 곳곳에 초목이 있다. 또, 인묘진(寅卯辰) 동방 목국(木局)이 되면 이것도 나무가 빽빽하게 펼쳐져 있다.

목(木)이 수(水)를 보면 계곡과 강변의 나무가 되고, 목(木)이 토(土)를 보면 산언덕의 나무 등이 되고, 목(木)이 화(火)와 주작을 보면 대부분 화초로 본다.

청룡에 임하면 아름답고, 등사에 임하면 얇고 길고 구부러진 나무 혹은 넝쿨 나무가 되고, 백호가 임하면 굳세고 우뚝 솟은 나무가 되고, 현무가 임하면 수초(水草) 혹은 물가의 나무가 되고, 구진에 임하면 마디에 불룩불룩 드러난(흉터) 나무가 된다.

목(木)이 월파(月破)를 만나면 나뭇가지가 갈라지고, 목(木)이 공망(空亡)을 만나면 나무에 구멍이 있고, 백호에 공망(空亡)을 만나면 나무가 찍힘을 당하고, 휴수(休囚)하고 절(絶)을 만나면 말라 죽은 나무가 된다.

제7절_ 돌의 판단 방법

  돌(石頭)은 금(金)으로 표시한다. 신금(申金)은 긴 돌, 유금(酉金)은 원형의 돌이 된다.
  월파(月破)를 만나면 돌에 금이 가고, 공망(空亡)을 만나면 돌에 구멍이 있거나 움푹 팬 곳도 있다.
  입묘(入墓)하거나, 유금(酉金)이 진토(辰土)에게 합(合)을 당하거나, 토효(土爻)가 왕상(旺相)하면 돌이 땅에 묻힌다.

  청룡에 임하면 옥석(玉石)이 되고 명귀(名貴)한 돌이 된다.
  주작에 임하면 빨간색 돌, 발열의 돌, 마노석[8]이 된다.
  구진에 임하면 울퉁불퉁한 돌, 낡은 돌이 된다.
  등사에 임하면 가늘고 기다란 돌, 보기 드문 돌, 괴상한 돌이 된다.
  백호에 임하면 굳어진 돌, 단단한 돌, 도로변의 돌이 된다.
  현무에 임하면 물속의 돌, 풍화석(風化石) 등이 된다.

  건궁(乾宮)은 금옥(金玉)의 돌, 고귀한 돌, 원형의 돌이 된다.
  곤궁(坤宮)은 강경하지 않은 돌, 대지의 돌, 방형(네모) 돌이 된다.

---

[8] 아름다운 것은 보석이나 장식품으로 쓰고, 그 외에는 세공물이나 조각의 재료로 쓴다.

진궁(震宮)은 산림(山林)의 돌이 된다.

손궁(巽宮)은 얇고 긴 돌, 숲 속의 돌이 된다.

감궁(坎宮)은 물속의 돌, 조약돌, 수변(水邊)의 돌이 된다.

이궁(離宮)은 아름다운 돌, 문향이 있는 돌이 된다.

간궁(艮宮)은 산(山)의 돌과 바위, 광석(礦石)이 된다.

태궁(兌宮)은 깨진 돌, 물가의 돌이 된다.

제8절_ 풍수총론(風水總論)

　육효풍수는 주로 음택과 양택풍수로 나뉜다. 음택과 양택의 변화환경은 같지 않다. 이 모든 것은 각종 괘상의 조합 변화로 표현할 수 있다.

　간효(間爻)[9]가 왕상(旺相)하고 관귀가 더해 임하면 명당이 광대하고 관운(官運)이 형통(亨通)한다.

　자손(子孫)이 휴수(休囚)하고 공망(空亡)인데 간효(間爻)에 임하면 명당(明堂)이 협소하고 자손이 부족하다.

　자손(子孫)이 일월(日月)에 임하고 5효를 충극(沖克)하거나 3효에 백호가 임하여 5효를 충극(沖克)하면, 문 앞에 직통하는 도로가 있어 집주인이 손상을 입는다.

　삼합국(三合局)이 주작에 임하고 5효가 세효를 극(克)하거나 처재를 극하면 문 앞에 도로가 결집되어 집안 사람이나 자신이 화재사고를 당할 수 있다.

　구진에 월파된 부모가 3효에 임하여 세효를 극하거나 응효에 임하여 세효를 극하거나, 세효가 형(刑)을 당하면 문 앞에 작고 낡은 집이 있어 뇌옥지재를 초래할 수 있다.

---

[9] 세효와 응효의 중간에 있는 2개의 효

응효 부모가 백호에 임하거나, 3효 부모가 백호에 임하여 발동하여 자손을 극하면, 문 앞의 작은 집이 풍수에 나쁜 영향을 주어 가축이 죽거나 가축을 사육할 수 없다.

　3효가 목(木), 응효가 목(木)이면 문 앞에 큰 나무가 있다. 백호가 발동하여 임하면 사육에 불리하고 혈광지재가 있다.
　3효 응효가 목(木) 공망(空亡)으로 백호에 임하여 발동하면 문 앞에 대나무가 있어 부녀를 극상(克傷)한다.

　목효(木爻)가 암동(暗動)하여 3효, 4효와 합하고, 또 괘중(卦中)에 자손이 휴수하고 공파(空破)되면 낙엽이 문 앞에 떨어져 있어 자손 후대를 극상(克傷)한다.

　3효 응효가 형제에 임하여 목(木)이 왕상(旺相)하여 발동하고 처재가 공파(空破)되고, 백호가 임하면 문 앞에 나무가 있어 과부가 나온다.

　묘목(卯木)이 4효 술토(戌土)와 합하고 4효 술토에 등사가 임하여 발동하여 처재를 극하거나 처재가 술토(戌土)에 입묘하면 문 앞에 나무 두 그루가 있어 아내가 목매달아 자살한다.

5효 해수(亥水)가 인목(寅木)과 합하여 처재를 극(克)거나, 술토(戌土)가 묘목(卯木)과 합하여 처재를 극하거나, 처재가 입묘(入墓)하면, 도로변에 나무가 있어 아내의 심장에 영향을 준다.

  응효(應爻)가 5효에 있고 여기에 신금(申金)이 임하여 세효(世爻)를 극하면, 문 앞에 돌계단이 있어 풍수가 자신에게 영향을 주어 치통을 앓는다.

  5효가 자손과 합하면 문 앞에 관통하는 길이 있어 재운에 영향을 준다.

  수(水)가 응효(應爻)에 임하여 세효(世爻)를 생하고 등사가 임하면 문 앞에 만곡으로 흘러가는 물이 있어 부귀가 비교할 수 없을 정도로 크다.

  5효에 등사나 현무가 임하여 세효를 극하면 문 앞에 갈고리 모양의 도로가 있어 파재(破財)하거나 손재(損財)하고 도둑을 당한다.

  백호에 임한 효(爻)가 자손효를 충극(沖克)하면, 집 오른쪽에 충(沖)을 범하는 물체가 있다. 자손 후대에 영향을 주며 집안에 일찍 죽는 사람이 나온다.
  3효 관귀 해수(亥水)가 백호에 임하여 충파(沖破)를 당하거나 관귀가 3효나 4효에 임하여 해수(亥水)에 절되거나 자수(子水)에 충극(沖克)을 당하면 문을 충하는 수(水)가 있어 남편이 사망한다.

3효 진토(辰土)가 발동하여 자손이 입묘(入墓)하면 문 앞의 연못이 자손을 상하게 한다.

수(水)가 발동하여 2효와 합하고 처재를 생하면, 물이 집 주변을 에워싸 집안이 부유(富裕)하다. 관귀를 생합(生合)하고 청룡에 임하면 이 물이 흘러들어 감돌아 다니면 관직이 연이어 승진한다.

백호에 임한 효가 청룡에 임한 효를 생합(生合)하고 또 처재이고 백호의 수(水)가 청룡을 향하여 감돌아(回) 오면 하늘에 떡이 떨어져 부귀가 자연스럽게 온다[10].

관귀 자손이 묘고로 청룡에 임하여 세효를 생합(生合)하고 처재가 왕상(旺相)하면 집 좌측에 절이 있어 부귀(富貴)가 그지없다.

청룡이 수(水)에 임하여 관귀를 생하면 정부 기관에서 일하며 관직에 있다.

---

10) 白虎所臨之爻生合靑龍所臨之爻, 又是妻財, 主白虎水向靑龍回, 天上掉餡餠

5효 자손이 수(水) 공망(空亡)에 임하면 문 앞에 다리 수(水)가 와서 반충(反沖)하여 자녀가 상한다.

5효 처재가 공망(空亡) 혹은 5효 술토(戌土)가 공망(空亡)이고, 처재가 입묘(入墓)하면 다리 밑의 수(水)가 문을 충하여 아내가 바람나서 도망간다.

응효(應爻) 관귀가 구진에 임하여 세효를 극하면 출입문이 묘지를 보아 대흉의 상(象)이다.

음택에서 육합(六合)은 바람을 저장하고 기를 모으고, 육충(六沖)은 모래가 날리고 돌이 굴러다닌다. 세효는 좌산(坐山), 세효의 원신(元神)은 용맥(龍脈), 응효(應爻)는 향(向)이 된다. 청룡은 좌측, 백호는 우측, 생극(生克)으로 용호(龍虎)의 길흉을 판단한다.

세효(世爻)의 고저로 혈위(穴位)의 고저(高低)를 판단한다. 휴수왕상(休囚旺相)으로 혈(穴)의 길흉을 판단한다. 2효, 3효, 4효, 5효는 길(吉)로 판단하고 1효, 6효는 흉으로 판단한다.

세효(世爻)가 5효, 6효에 있을 때 조상을 떠나 외출(外出)하고, 1효, 2효에 있을 때 집에 거주하며 지킨다. 귀혼(歸魂)은 집에 있고, 유혼(遊魂)은 외출한다. 세효(世爻)가 동하여 2효와 합하면 집에 있고, 동하여 응효와 합하거나 공망으로 변하면 외출한다.

세효(世爻)는 왕상(旺相)해야 하고 휴수공파(休囚空破)는 마땅하지 않다. 처재, 자손, 관귀는 모두 안정(安靜)하고 왕상(旺相)해야 한다.
　진손(震巽)은 장남, 감리(坎離)는 중남, 간태(艮兌)는 소남이 된다.

예문 1

광동성 자오칭시의 한 역우(易友)인 진루서(陳魯西) 선생이 어떤 여성분이 아들의 질병에 대해 예측하러 왔는데 그녀에게 숫자 하나를 부르게 하여 괘를 만들었는데 나에게 판단해달라고 했다.

나는 지금까지 숫자를 내서 괘를 점치지 않는다고 얘기했다. 그는 그녀에게 다시 한번 동전이나 서죽을 흔들어서 괘를 치면 어떠냐고 말했다. 나는 그럴 필요는 없고 당신이 대신 한번 흔들어서 괘를 치면 된다고 했다.

壬午년 辰월 戊午일(공망: 子丑)

천택리(天澤履)—천수송(天水訟)

朱雀		兄弟戌土	|
青龍 伏妻財子水	子孫申金	| 世
玄武		父母午火	|
白虎		兄弟丑土	||
螣蛇		官鬼卯木	| 應
勾陳		父母巳火	⚡ 官鬼寅木

[판단]

누가 괘를 치든 상관없이, 최초의 생각은 그녀에게서 나왔기 때문에 자손을 용신으로 한다. 자손 신금(申金)이 월(月)의 생(生)을 받고 일(日)이 극(克)하지만 힘이 상당하다. 괘중에 기신(忌神) 부모 사화(巳火)가 독발하여 아들의 병(病)이 심상치 않다.

　이 괘(卦)에는 원신(元神)이 두 개가 있다. 하나는 형제 축토(丑土)로 3효에 있으며 공망(空亡)이다. 3효는 침대인데 공(空)이 되어 용신을 생하지 않아 아들이 잠을 편히 자지 못한다. 다른 하나의 원신(元神)은 형제 술토(戌土)로 6효에 있으며 월파(月破)되었다. 6효는 머리인데 주작이 임하여 횡설수설을 의미한다. 그래서 아들의 머리가 맑지 못하고 횡설수설한다.

　병(病)의 원인을 보니, 2효 관귀가 등사에 임하고, 등사는 괴이함이다. 또 2효는 집이니, 가택이 불안한 상(象)이다. 1효 부모 사화(巳火)는 기신(忌神)으로 구진에 임하여 동하여 관귀로 화하였다. 부모는 건축, 구진은 집수리, 사화(巳火)는 2001년(辛巳)에 응기가 되어 이해에 집을 수리한 적이 있다. 집을 수리 후 풍수의 변화 때문에 질병이 생겼다. 부모는 집, 화(火)에 임하고, 화(火)는 2의 숫자이고 양현(兩現)하여 합(合)은 숫자 4, 또 부모 오화(午火)는 4효에 있고, 세효는 5효이니, 그래서 그의 집은 4층 아니면 5층이다. 동효로 화출된 인목(寅木)이 기신의 힘을 키워서 집에 호랑이 공예품이 있을 것이다.

　진 씨는 이 여성분의 실상을 몰랐지만, 한 가지 확실한 것은 진 씨가 올해 그녀 아들의 직장 문제를 해결하기 위해 풍수조절을 할 때 그녀에게 집에 호랑이 공예품을 놓아두라고 했다. 그래서 내게 화해해달라고 했다. 나는 당신과 그녀가 내가 판단한 결과와 그녀의 집이 서로 부합되는지를 확인한 후에 화해하라고 했다.

피드백

실제 상황: 그녀는 원래 4층에 살았는데, 2001년에 5층으로 이사 갔다가 그다음 집을 수리했다. 올해 묘월(卯月)에 아들이 갑자기 미쳐버렸다. 자신이 신선이 되어 인간 세상에 내려왔다고 횡설수설하였다.

왜냐하면 인목(寅木)이 변효(變爻)로 기신을 왕하게 하고 원신을 극하기 때문이다. 인목(寅木)은 호랑이 공예품을 의미하니 먼저 우선적으로 호랑이 공예품을 치우는 것이다.

기신(忌神)인 부모 사화(巳火)는 동남방에 대응하니, 불리한 오행 에너지는 동남쪽에서 나온 것이다. 12지지 중에서 해수(亥水)는 사화(巳火)를 충극할 뿐만 아니라, 변효(變爻) 관귀 인목(寅木)을 합주(合住)할 수 있다. 관귀 인목(寅木)을 합(合)한 것은 탐합망생(貪合忘生)이다. 이 때문에 해수(亥水)를 이용하여 화해물을 만들면 반드시 효과가 좋을 것이다. 해수(亥水)는 돼지에 해당된다. 그래서 해수(亥水)의 힘을 강화하기 위해 검은색 종이로 여섯 마리 돼지를 자른다. 왜냐하면 검은색은 수(水)에 해당하고, 6은 수(水)의 오행 성수(成數)이기 때문이다.

기신(忌神)이 1효에 있고 1효는 지반(地基)이 된다. 구진에 임하고 구진은 건축이니 아들에 불리한 기장(氣場)은 지반과 관계가 있다는 것을 설명한다. 나는 잘 만든 여섯 마리 검은색 돼지를 다층집 밑 동남쪽의 지반 밑에 묻으라고 했다. 깊이는 7센치, 이는 화(火)의 오행수에 해당된다. 바로 기신(忌神) 위치에 설치하여 기신(忌神)을 극하는 것이다.

사월(巳月)에 환자 본인이 직접 전화하여 병이 많이 나았다고 했다. 다만 조금 이명(耳鳴)이 있을 뿐이었다고 했다. 내가 그에게 아플 때 감각이 어떠했느냐고 물었더니 그는 자신이 꿈꾼 것 같다고 얘기했다.

제 4장
주택풍수의 예측

주택풍수의 예측은 부모효(父母爻)가 세효(世爻)를 생하는 것이 가장 좋다. 또, 2효가 세효(世爻)를 생하는 것도 좋다. 세효(世爻)가 휴수(休囚)하고 공파(空破)되는 게 제일 두렵다. 만약 세효(世爻)가 부모효(父母爻)에 극상(克傷)을 당하면, 풍수는 반드시 자신에게 불리하다. 그다음에 재관 육친 등을 본다.

풍수에 영향을 주는 것에는 여러 방면이 있다. 육효는 풍수의 길흉을 파악하는 일반적인 풍수예측과 달리 괘의 생극으로 판단한다. 단순하게 문(門), 주(主), 부엌(灶)으로 판단하는 게 아니다. 집안과 주변의 물체, 자화(字畵), 장식, 도랑, 하천, 건물, 도로 등이 풍수 변화를 일으킬 수 있다.

육효풍수예측의 주요 목적은 사건, 시간, 원인 등에 대한 길흉을 찾는 것이다. 현장에 있지 않아도 원거리서 예측을 진행할 수도 있고, 또, 현장에 가서 괘상과 대조하여 풍수적 불리한 영향을 찾아낼 수도 있다. 어느 방법이든 다방면의 예측 실력과 다양한 예측의 종합적인 판단이 필요하다. 결혼, 길흉, 재난, 정서, 재물운, 관운 등은 모두 풍수의 영향을 받을 수 있는 가능성이 있다.

　주택풍수에서 청룡은 집의 좌측을 나타내고, 백호는 집의 우측을 나타낸다. 주작은 앞을 나타내고, 현무는 뒤를 나타낸다. 왕상함은 높고, 휴수하고 극을 당하면 낮다. 오행생극을 결합하여 길흉을 분석해야 한다. 단순히 청룡이 왕상(旺相)하다 하여 길하고, 백호가 왕상(旺相)하면 흉하다고 논해서는 안 된다.

　진궁(震宮)의 효(爻)이거나 괘중(卦中)에 목효(木爻)가 왕상(旺相)하면 동쪽이 높고, 희신(喜神)이 거기에 응(應)하여 길하다. 태궁(兌宮)의 효(爻)이거나 금(金)이 극(克)을 당하고 휴수(休囚)하면 서쪽이 낮고 기신(忌神)이 거기에 응(應)하여 흉하다. 지반(地基)이 생기발랄하면 항상 좋은 일이 생긴다. 그것과 반대가 되면, 부귀(富貴)를 얻기가 힘들다.

　응효(應爻)가 휴수(休囚)하면 기신(忌神)이 되고, 왕상(旺相)하면 희신(喜神)이 되어 향(向)이 유정(有情)하다. 세효(世爻)를 생하면 가장 길하고, 세효(世爻)를 극하면 흉(凶)이다. 세효(世爻)가 휴수(休囚)하고 사절(死絕)을 만나고 공파(空破)가 되면, 좌산(坐山)이 낮아 고독의 상(象)이 된다.

　자손 오화(午火)가 응효(應爻)에 임하여 세효(世爻)를 생하면, 남쪽에 큰 도로가 있어 재물운에 좋다. 청룡에 수(水)가 임하여 세효(世爻)를 생하면, 동쪽으로 흐르는 물이 있어 크게 길한 상이다. 5효가 청룡에 임하여 세효를 극하면 동쪽에 도로가 있어서 자신에게 불리하다. 5효가 현무에 임하여 세효(世爻)를 극(克)하면, 뒤에 도로가 있어 불리하다.

　관귀 자손이 묘고(墓庫)로 등사나 백호에 임하여 세효(世爻)를 충극(沖克)하면 근처에 절, 높은 탑 등이 있어 불리하고 수명에 영향을 준다. 진토(辰土)에 백호가 임하여 발동하면 자손을 극하고 자손이 수(水)에 임하여 극을 당하거나 감궁(坎宮)에 극(克)이 있으면 근처에 연못이 있어 아이가 그곳에서 익사할 수 있다.

제1절_ 집터

　지반은 대부분 초효(初爻)로 판단한다. 유독 초효(初爻)가 토(土)일 때, 지반의 정보는 더욱 강렬하게 나타난다.

　월파(月破)되면 대부분 지기(地基)에 손상이 있거나 균열이 있고, 다시 일(日)의 합(合)을 만나면 보수하거나 수리하는 상(象)이다.

　초효(初爻)가 공망(空亡)이거나 공망(空亡)으로 화(化)하면 지반에 구멍이 있거나 암실이 있다.
　또 초효(初爻)를 충파(沖破)한 지지를 괘에 넣어 무엇이 원인인지를 찾아낸다.

　자수(子水) 공망(空亡)은 쥐구멍이 되고, 수(水)를 충하여 일으킬 수 있다. 토공(土空)은 때로는 함몰하고, 목공(木空)은 나무 뿌리에 영향을 줄 수 있다.

　오화(午火)가 충파(沖破)하면, 나무 구조의 건축은 흰개미가 훼방을 놓는다. 목(木)이 와서 초효(初爻)를 극하면, 나무가 토대와 기초를 상하게 한다.
　관귀가 묘고(墓庫)에 임하고, 관귀가 발동하여 합(合)하고, 백호와 등사가 더해지면 지반 아래에 오래된 무덤 혹은 시체가 있다.

5효가 충(沖)하면, 지반을 충하는 길이 있다. 수(水)가 와서 충극(沖克)하면, 지반에 영향을 주는 강물이나 빗물이 있다.

토목(土木)이 서로 화(化)하면, 새로 개척한 지반이 있고, 구진이 임하면 개조 혹은 수리한 건축의 상(象)이다. 초효(初爻)가 응효(應爻)와 합하거나 응효(應爻)에 임하면, 지반이 이웃과 서로 연결된다.

초효(初爻)에 자수(子水)가 백호에 임하면 주택 근처에 교량이 있다.
부모가 백호에 임하여 동하여 초효(初爻)를 극하거나 자손이 백호에 임하여 공망인 경우 유산이 있거나 아이가 상처를 당하는 상(象)이다.
부모가 백호에 임하여 동하여 초효를 극하면, 아이에게 불리하다고 판단한다. 진토(辰土)가 임하거나 수(水)에 임하면 물에 빠지는 재난이 있다. 화(火)에 임하면 화재, 화상, 전기쇼크 등이 일어난다. 5효가 초효 자손(子孫)을 극하거나 초효가 발동하여 5효 자손을 극하면 대부분 자동차사고가 자주 일어난다.

세효(世爻)를 극하는 것이 자기에게 응할 경우 육친의 생극을 근거로 하여 융통성 있게 판단한다. 또 효위(爻位)의 작용에 따라 신체의 질병 부위 등을 판단한다.

예문 1

癸未년 乙卯월 丙申일(공망: 辰巳) 어떤 여자가 오빠 자식의 질병을 예측했다.

수화기제(水火旣濟) – 수산건(水山蹇)

青龍		兄弟子水	‖	應	
玄武		官鬼戌土	∣		
白虎		父母申金	‖		
螣蛇	伏妻財午火	兄弟亥水	∣	世	
勾陳		官鬼丑土	‖		
朱雀		子孫卯木	⚊		官鬼辰土

[판단]

자손을 용신으로 본다. 용신은 월이 돕고 일이 극하여 왕쇠는 상당(相當)하다. 단 자손이 동하여 관귀로 화한 것은 좋지 않다. 관귀는 질병인데, 이것은 질병이 평생 동반한다는 정보다.

수화기제(水火旣濟)는 감궁괘(坎宮卦)이고, 감(坎)은 방광 · 신장 · 귀 · 당뇨병 등을 나타낸다. 용신이 주작에 임하고 주작은 말한다는 의미다. 그런데 극(克)을 당해 말을 할 줄 모른다. 또 듣지도 못하고 언어장애가 있다.

초효 묘목(卯木)이 동하여 진토(辰土)로 화한 것은 초효는 지반인데 초효가 목토(木土)로 서로 화하니 땅을 파서 집을 짓는 상이다. 자손은 아이가 된다. 묘목(卯木)은 1999년(己卯)에 해당하고, 진토(辰土)는 2000년(庚辰)에 해당하고 관귀는 질병이 된다. 그래서 아이는 1999년에 출생했고, 2000년에 집을 공사하였기에 병(病)에 걸렸다.

아이는 역시 1999년 오월(午月)에 태어났고 출생할 당시에는 매우 정상이었고 아무런 장애가 없었다. 2000년 그녀의 오빠가 새로 집을 지은 후 아이가 갑자기 아프기 시작했다. 약을 먹고 병(病)을 치료했지만 병은 낫지 않을뿐더러 귀까지 들리지 않았다. 나중에는 소리까지 내지 못하였다.

용신이 일진(日辰) 신금(申金)의 극상(克傷)을 당하고 신(申)은 서남(西南)에 대응한다. 괘중에 신금(申金)은 백호에 임하고 백호는 도로이니 집의 서남쪽에 큰 도로가 있다.

피드백

이상의 판단이 매우 정확했다. 질병 예측은 용신이 관귀로 화하면 불리하다. 우선 용신이 동(動)하여 관귀로 화하는 것을 막아야 한다. 술토(戌土)와 용신이 서로 합이 되면 용신을 합반(合絆)할 수 있다. 초효(初爻)는 지반이고 묘(卯)는 동쪽에 해당한다. 그래서 그에게 집의 동쪽에 강아지 인형을 30센티 깊이로 묻으라고 했다. 묘목(卯木)은 오행의 생수(生數)로 30이다. 한 가지 주의할 점은 절대로 동남쪽으로 묻으면 안 된다는 것이다. 왜냐하면 동남은 진토(辰土)이고 공망(空亡)이기 때문이다. 동남쪽 진토(辰土)에 묻으면 공망을 충(沖)하여 실(實)이 되어 오히려 아이의 병에 불리하다.

또 용신이 신금(申金)에게 극(克)을 당한다. 신금(申金)은 서남쪽에 대응한다. 그리고 필요한 것은 집의 서남쪽에 빨간 금붕어 몇 마리를 기르라고 했다. 빨간 금붕어가 물에 헤엄치는 것은 화수(火水)를 동시 발동하는 것과 같다. 빨간색이 동(動)하여 금(金)을 극할 수 있고 수(水)가 동(動)하여 금(金)을 인화(引化)하여 용신을 생조할 수 있다. 일거양득(一擧兩得)이다.

무자(戊子)년에 피드백을 얻었다. 그녀 오빠의 아이는 3개월 후에 말할 수 있었다.

제2절_ **우물**

　우물을 예측할 때 응효(應爻)를 용신으로 본다. 만약 과거의 방식으로 예측한다면 초효(初爻)를 우물로 본다. 진토(辰土)는 우물이 되고 처재 묘고(墓庫)도 우물이 된다. 하지만 사회는 끊임없이 변화하여 지금 생활 주변에서는 우물을 많이 볼 수 없다. 그래서 이러한 정보는 하수, 하수관, 저수지 등의 정보로 볼 수 있다.

　진토(辰土)에 등사나 주작이 임하거나, 수(水)가 등사에 속한 효와 합하거나, 처재 묘고(墓庫)가 등사에 임하거나, 등사에 속한 효가 수(水)로 화(化)하면 대부분 수관(水管)이나 상수도관을 의미한다. 청룡·주작에 임하면 음용수(飮用水), 구진에 임하면 저수지, 현무에 임하면 대부분 배수관과 도랑 등이 된다. 자손이 금(金)으로 백호에 임하면 우물일 수 있다.

　생극(生克)으로 길흉의 영향을 판단한다.
　쇠왕(衰旺)으로 크기를 판단한다.
　공망(空亡), 사절(死絶)로 수(水)의 유무를 판단한다.
　월파(月破)는 누수 여부를 판단한다.
　괘궁(卦宮), 합처(合處), 변효(變爻) 등으로 방향과 위치 등을 판단한다.
　일진(日辰)이 합주(合住)하거나 구진에 임하면, 대부분 막혀서 통하지 않는다.

　2효를 생하고, 청룡 주작에 임하면 수관(水管)이 주방으로 통하고, 세효(世爻)를 극하면 자신에게 불리하고, 처재(妻財)를 극하면 재물에 불리하다. 생극(生克), 효위(爻位) 등에 따라 입주민의 각 방면에 미치는 영향을 판단한다.

제3절_ 이웃

초효, 6효, 응효 및 세효 상하(上下)의 양효(兩爻)로 판단한다.

세효를 생합(生合)하면 이웃과 화목하게 지내고 관계가 좋다.

세효를 극하면 이웃과의 사이에 불화가 있다.

주작과 등사에 임하여 세효를 극(克)하면 관재구설이 있거나 어떤 일에 까닭 없이 연루되어 손해를 본다.

현무에 임하여 처재를 극하면 이웃이 도둑이 된다.

도화가 현무에 임하여 처재를 합하면 남자가 예측할 경우 이웃 남자가 자신의 아내를 유혹한다. 여자가 와서 예측하면 관귀로 논한다.

초효, 6효, 응효에 구진이 임하여 발동하면 이웃에 수리하고 짓는 일이나 땅을 파는 일이 있다. 세효를 생(生)하면 수리 건조하는 풍수 변화가 오히려 자신에게 유리하다. 세효를 극(克)하면 풍수를 인동(引動)하여 불리하고 자신에게 화를 입힌다.

만약 단독으로 이웃과 어떤지 예측할 때에는 세효(世爻)와 응효(應爻)의 관계를 본다.

제4절_ 정원(마당)

　마당은 2효로 논한다. 어떤 때는 간효(間爻)도 본다. 2효는 마당과 주택 근처가 되는데 특히, 2효가 간효(間爻)일 때 더욱 그것에 응한다. 목(木)이 임하면 나무와 화초로 표시할 수 있다. 주작이 임하거나 일월(日月) 동효(動爻)가 화(火)를 보면 대부분 화초로 본다.

　목공(木空)은 옮겨가거나 혹은 나무에 구멍이 있음을 나타낸다. 사지(死地)를 보면 말라 죽고 월파(月破)되면 갈라지고 틈이 생긴다. 청룡에 임하면 아름답고 가지런하다. 등사가 임하면 가늘고 길고 구부러졌다. 술토(戌土)에 주작이 임하여 합(合)하면 나무 위에 새의 집이 있고 술토(戌土)가 금(金) 공망(空亡)으로 화하면 새가 지저귀는 소리가 난다.

　자손(子孫)이 2효에서 등사나 백호에 임하면 마당 안의 길이 구불구불하다. 금(金)이 2효와 합(合)하면 마당에 가산(假山) 혹은 돌이 있는데, 등사에 임하면 더욱 응험함을 의미한다. 진토(辰土)에 임하거나 해수가 합하면 마당에 연못이나 흐르는 물 등이 있다. 화(火)에 등사를 더하면 대부분 전선을 의미한다.

　관귀가 등사에 임하여 동(動)하면 마당이나 주택에 반드시 괴상한 것이 있어 사람을 불안하게 한다.

　관귀 묘고(墓庫)에 백호가 가미되면 마당 지하에 고묘(古墓) 혹은 시체가 있다. 목귀(木鬼)가 주작으로 발동(發動)되면 대부분 화재가 자주 발생한다.

> **예문 1**

2000년에 내가 오대산에서 돌아오자마자 한 사람이 와서 입원한 모친의 질병을 예측해달라고 요청했다. 그래서 나는 이 사람과 같이 그의 모친이 입원한 병원에 갔다. 당시는 절기를 넘긴 지 불과 십여분 뒤였다.

申월 丁酉일(공망: 辰巳) 노부인이 직접 동전을 던져 괘를 뽑았다.

택천쾌(澤天夬)-택화혁(澤火革)

靑龍		兄弟未土	‖		
玄武		子孫酉金	∣	世	
白虎		妻財亥水	∣		
螣蛇		兄弟辰土	∣		
勾陳	伏父母巳火	官鬼寅木	✕	應	兄弟丑土
朱雀		妻財子水	∣		

[판단]

　세효를 용신으로 본다. 세효가 일월의 도움을 얻어 왕상하여 병(病)이 있어도 무방하다. 관귀 인목(寅木)이 독발하여 6효 원신 미토(未土)를 극상한다. 6효는 머리이고 청룡에 임하여 주로 통증(痛)이니 머리 부분에 통증이 있을 것이라고 판단했다. 3효 진토(辰土) 원신이 공망이라 세효를 생하지 못한다. 진토(辰土)는 수고

(水庫)이니 방광과 신장을 나타내어 신장이 허(虛)하다고 판단하였다. 관귀 인목(寅木)이 2효에 있고 구진에 임하여 원신을 극한다. 구진은 부어오르는 것이고 2효는 다리이니 다리가 부어오른다. 그래서 신장(콩팥)이 부어올랐다고 판단했다.

나는 그녀가 침대에 누워 링거를 맞고 있는 것을 보고 링거는 액체로 수(水)에 속한다. 수(水)가 구신(仇神) 관귀를 생하여 용신에 이익이 되지 않는다. 그녀가 병원에서 수액을 맞고 있지만 병세가 좋아지지 않고 오히려 날이 갈수록 악화된다고 판단했다. 매일 새벽 3시부터 7시까지는 인·묘(寅·卯)이니 바로 구신(仇神)이 왕(旺)할 때다. 이 시간에 병세가 가장 심하다고 판단했다. 진(辰)시는 원신이 출공(出空)하고 용신을 생조하니 아침 7시가 지난 후에는 몸의 부기는 자연히 완화된다.

2효는 집(宅)이고 목귀(木鬼)에 구진이 임하여 동하니 건물을 건축하거나 수리함을 나타낸다. 인목(寅木)은 1998년에 해당하니 이 해에 그의 집 마당에 집을 지었다고 판단했다. 관귀가 구진에 임하고 택효(宅爻)에서 발동하니 그의 질병은 풍수와 연관되어 있다. 목(木)이 2효에 임하니 마당에 나무가 있다고 판단하였다. 축토(丑土)로 화출(化出)하니 동북이 되어 나무는 동북 방향에 있다. 인목(寅木)이 월파(月破)되고 일(日)의 유금(酉金)은 태지(胎地)이니 마당 동북쪽의 나무가 지면에서 자라 나온지 얼마 안 돼서 가지가 갈라졌다. 마치 상(象)이 다리가 갈라져서 거꾸로 된 사람과 같다.

피드백

예측한 것이 즉석에서 응험했기 때문에 환자분은 저를 매우 신뢰했다. 제 건의에 따라 그녀는 링거를 빼고 날짜를 택해서 퇴원하기로 했다. 동시에 화해하는 방법도 알려주었다. 맨드라미꽃 화분을 키우고 황토 흙을 데워서 몸에 굴린다. 하지만 이런 방법으로는 그녀의 병을 완전히 치료할 수 있는 것은 아니다. 다음 달에 전국을 돌아다니는 전문의가 침으로 그녀의 병을 완전히 치료할 수 있으니 방문하는 낯선 사람을 유의하라고 했다. 왜냐하면 세효가 5효에 있고 자손이 임하였기 때문이다. 자손은 의약 혹은 의사가 되고 5효는 도로이니 돌아다니는 한의사가 된다.

결과는 예상 밖으로 나와, 퇴원한 지 일주일 만에 걸을 수 있게 되었다. 마을 사람들은 모두 기괴하다고 느꼈다. 반년 넘게 질병 때문에 집밖으로 나가지 못하던 그녀가 온 동네를 돌아다니다니 말이다. 유월(酉月)에 이르자 진짜로 돌아다니는 한의사가 마을에 왔다. 그녀는 그 한의사의 침술이 뛰어나다는 말을 듣고 집으로 모셨다. 그 한의사는 침을 딱 한 번 놔주고 바로 그녀의 병을 고쳤다.

제5절_ **주방**

　효위(爻位)로는 주방을 2효로 본다. 처재가 청룡과 주작에 임하거나 청룡이나 주작의 효가 2효를 생하거나 자손이 2효에서 청룡, 주작에 임한 효를 생하면 주방이 된다.

　왕상(旺相)은 새로운 것, 휴수(休囚)는 낡은 것, 월파(月破)는 파손 된 것이다. 현무에 임하면 어둡거나 깨끗하지 않다. 2효에서 현무 형제와 합하면 주방이 화장실 가까이에 있다. 화귀(火鬼)가 임하고 주작 귀(鬼)가 동(動)하면 화재 발생을 방지해야 한다. 백호에 임하여 세효를 극하면 대부분 질병, 혈광지재가 있다. 처재가 2효에 임하여 발동하여 6효와 합하면 주방에 남은 반찬이 많다.

　금(金)이 백호에 임하여 2효와 합하면 칼이 되고 목(木)이 2효로 들어와 청룡에 임하면 도마나 젓가락이 된다.
　처재 묘고(墓庫)가 청룡에 임하면 솥이 된다. 또 재고(財庫)가 청룡에 임하면 밥솥이 되고, 주작에 임하면 찜통·신선로(샤브샤브 솥), 구진에 임하면 뚝배기, 백호에 임하면 쇠솥·스테인리스 솥, 현무는 냉장고가 된다.
　목(木)이 화(火)를 보면 연기, 수(水)가 화(火)를 보면 증기, 토(土)가 화(火)를 보면 부뚜막, 금(金)이 화(火)를 보면 바비큐가 된다.

목(木)은 연료, 수(水)는 물, 화(火)는 불·전기, 금(金)은 기구, 토(土)는 난로가 된다.

　청룡은 조미료·요리·음식·중독 등이 된다. 주작은 뜨거운·익은 것이 된다. 구진은 낡은 것·덩어리가 된다. 등사는 가늘고 긴 것이 된다. 백호는 생것(날 것)·딱딱한 것이 된다. 현무는 차가운 것·썩은 것 등이 된다.

> 예문 1

亥月 辛酉日(공망: 子丑) 북쪽 지방의 한 농촌 남자가 주택풍수를 예측했다.

태위택(兌爲澤)— 풍뢰익(風雷益)

螣蛇	父母未土	∥ 世	妻財卯木
勾陳	兄弟酉金	∣	
朱雀	子孫亥水	⚊	父母未土
靑龍	父母丑土	∥ 應	
玄武	妻財卯木	⚊	妻財寅木
白虎	官鬼巳火	∣	

[판단 및 피드백]

초효(初爻)는 지반(地基)인데 관귀에 백호가 임하여 지반이 원래 묘지다(응험).

3효 축토(丑土)는 공망(空亡)인데, 음효(陰爻)에 임하여 침대가 되고, 토(土)가 임하여 구들장이 되고, 공망(空亡)을 만나면 원래 온돌 구들장이 있었지만 나중에 철거함을 표시한다(응험).

처재 묘목(卯木)이 2효에서 퇴신으로 화하고 2효는 집이니 주택이 재운에 불리하다. 원신 해수(亥水)가 삼합국(三合局)으로 처재를 생하고, 해수(亥水)는 돼지가 되니, 돼지를 키운 적이 있다. 하지만 동하여 회두극(回頭克)으로 화하니 돼지 사육이 잘 되지 않는다. 해수(亥水)가 월의 도움과 일의 생을 받아 왕상(旺相)하니 돼지우리[돈사豚舍]는 아직도 있다(응험).

  2효 처재가 묘목(卯木)이고 목(木)은 화(火)를 생하는 오행이고, 처재는 음식이고, 2효는 또 주방을 의미한다. 발동(發動)하니 필연적으로 주방(부뚜막)을 수리한 적이 있다(응험).

제6절_ **침실**

　침실은 일반적으로 2효와 3효로 위치를 정하거나 세효가 묘고(墓庫)이거나 세효가 합(合)한 것을 보고 위치를 정한다. 괘상의 변화에 따라 융통성 있게 파악해야 한다.

　세효가 왕상(旺相)하고 생부(生扶)를 만나면 침실 풍수가 좋고 거주하기 편안하며 운기도 좋다. 세효를 극(克)하면 침실풍수가 자신에게 영향을 준다. 등사에 임하고 공망이면 수면을 편안하게 하지 못하고 마음이 불안하다.

　화(火)가 왕상(旺相)하면 방안이 환하고 창은 밝고 책상은 깨끗하다. 공망(空亡)에 현무가 임하면 광선이 부족하고 침실이 어둡다. 청룡에 임하고 왕상(旺相)하면 새롭게 인테리어한다. 월파에 극 당하고 현무가 임하면 너덜너덜하고 깨끗하지 않거나 습하다. 주작이 임하여 발동하거나 세효를 충(沖)하거나 세효를 형(刑)하면 소음이 크다.

제7절_ 신위(神位)

　신위(神位)는 일반적으로 3효와 6효로 판단하거나 관귀(官鬼)가 임하는 효(爻)로 판단한다. 어떤 때에는 납음(納音) 갑진(甲辰) 을사(乙巳)로 판단한다. 괘궁(卦宮)은 건(乾)·태(兌) 궁(宮)으로 판단한다.

　휴수(休囚) 공파(空破)는 없고 왕상(旺相)은 있다. 세효를 생합(生合)하면 좋고 세효를 충극(沖克)하면 해롭다.

　청룡은 자상한 것, 주작은 경서(經書)·향화(香火), 구진은 오래된 것·움직이지 않는 것, 등사는 괴이한 것, 백호는 위엄(威嚴)한 것이 된다.

　월파(月破)는 파손, 공망(空亡)은 뚫어진 것(가마솥 모양·펀칭), 합(合)을 만나면 다중(多重)하고, 충(沖)을 만나면 이동이 된다.

　오행으로 신불(神佛)의 성질(性質)을 판단할 수 있고 때로는 오행으로 상(像)을 만든 속성을 판단할 수 있는데 영활하게 활용하는 것이 중요하다.

수(水)는 관음보살, 목(木)은 재신(財神), 금(金)은 관공(關公)[11], 토(土)는 토지(土地), 화(火)는 조왕(灶王-부뚜막)신 등이 된다.

수(水)는 도자기·유리, 목(木)은 목조품, 금(金)은 돌·금속, 토(土)는 흙으로 빚은 인형, 화(火)는 화상(畫像) 등이 된다.

---

11) 삼국 시대 촉(蜀)나라 장군인 관우를 높여 이르는 말

> **예문 1**
>
> 寅월 壬戌일(공망: 子丑) 여자가 찻집의 풍수를 예측하였다.
>
> ### 화택규(火澤睽)-화뢰서합(火雷噬嗑)
>
> | | | | |
> |---|---|---|---|
> | 白虎 | 父母巳火 | ∥ | |
> | 螣蛇 妻財子水 | 兄弟未土 | ∥ | |
> | 勾陳 | 子孫酉金 | ∣ 世 | |
> | 朱雀 | 兄弟丑土 | ∥ | |
> | 青龍 | 官鬼卯木 | ⼂ | 官鬼寅木 |
> | 玄武 | 父母巳火 | ∣ 應 | |

[판단]

 처재 자수(子水)가 괘에 없고 5효 형제 미토(未土) 아래에 복장(伏藏)되어 있다. 일월(日月)의 도움이 없어 재물운이 좋지 않다. 경영 상태가 좋지 않다.

 2효 관귀 묘목(卯木)은 독발하여 세효를 충(沖)하고 또 처재의 사지(死地)다. 신(神)의 조짐(兆)은 동(動)함에 있다. 이것이 문제의 관건이다. 2효는 가게인데 관귀가 청룡에 임하여 주로 재신(財神)이 된다. 동(動)하여 퇴신(退神)으로 화하니 이 가게에 있는 재물신이 도태되었다. 또 목(木)이 동(動)하여 세효 원신을 극한다. 원신(元神)은 토(土)이고 비위(脾胃)를 의미하기 때문에 이 재신(財神)

이 떠난 것이 재물운과 자신의 건강에 모두 좋지 않다.

> **피드백**
>
> 재신상(財神像)을 부하 직원이 파손했기 때문에 철거했다. 가게 장사가 잘되지 않았고 자신도 입맛이 없어졌다고 한다.

제8절_ 문(門)

　문은 3효, 4효로 판단하거나 또는 형제로 논한다. 2효를 합(合)한 일월(日月)이 괘중(卦中)에 출현하면 문이 되고 출현하지 않으면 논하지 않는다. 3효는 안쪽 문(內門)이 되고 4효는 바깥문(外門)과 대문(大門)이 된다. 또는 양효(陽爻)를 문으로 본다.

　월파(月破)는 문이 파열되고 공망(空亡)은 문에 틈새가 생기거나 문이 없거나 구멍이 있다. 합(合)을 만나면 문이 굳게 닫히거나 밖에 문이 있다. 충(沖)을 만나면 문이 항상 열려 있다.

　청룡에 문이 임하면 호화(豪華)스럽고 새롭게 인테리어한 문이다. 주작에 임하면 문 앞이 시끌벅적하거나 연등(제등)이 걸려 있다. 구진에 임하면 문이 투출하거나 문을 사용하는 것이 불편하다. 등사에 임하면 문 입구가 괴이하다. 백호에 문이 임하면 큰 도로와 근접해 있다. 현무에 임하면 문 앞이 어둡거나 대문이 은폐되어 있다.

　목(木)은 목문(木門)이 된다. 수(水)는 유리문이 된다. 금(金)은 금속 문이 된다. 토(土)는 벽돌 문이 된다. 화(火)는 커튼이 문을 막고 있다.

부모가 3효를 충하면 문 입구에 곧바로 마주한 건축물이 있다. 자손이 3효를 충하면 문을 충하는 큰 도로가 있다. 형제가 3효를 충하면 문과 문이 마주하고 있다.

구진이 임하여 발동하면 문을 변경하고, 청룡이 임하여 발동하면 문을 수리한다. 관귀가 임하여 발동하면 대문이 불안하여 재앙이 쉽게 발생한다. 도화 현무가 임하면 음란(淫亂)·풍류(風流)의 문이 된다. 주작 관귀가 임하여 발동하면 구설·관재·화재가 일어난다. 백호에 임하면 재앙·질병 등이 생긴다.

문의 방향은 지지(地支)로 판단하거나 괘궁(卦宮)으로 판단하거나 충합(沖合)으로 판단하는 것도 있다. 발동의 효(爻) 또는 변효(變爻)로 판단하는 것이 있다.

예문 1

戊子년 丙辰월 甲申일(공망: 午未) 여자가 관운을 예측하였다.

천화동인(天火同人)─택화혁(澤火革)

玄武	子孫戌土	⚊̷	應	子孫未土
白虎	妻財申金	⚊		
螣蛇	兄弟午火	⚊		
勾陳	官鬼亥水	⚊	世	
朱雀	子孫丑土	⚋		
青龍	父母卯木	⚊		

[판단]

관귀를 용신으로 본다. 관귀가 지세하고 일의 생을 득하고 세효가 구진에 임하여 3효에 있다. 구진은 사무실이고 3효는 처장(處長)이 되고, 해수(亥水)는 사맹(四孟)[12] 중의 하나이니 필히 직장 부서의 간부(幹部)일 것이다.

응효 자손 술토(戌土)가 독발하고 월파(月破)와 퇴신으로 화하고 공망으로 화(化)하여 여전히 관운에 불리하다. 술해(戌亥)는 동시

---

12) 寅申巳亥를 말하고 맹렬, 활발함을 나타낸다.

에 건(乾)에 들어 있어 동궁(同宮)에 속한다. 세효가 구진에 임하여 동료인데 세효 관귀를 극하여 관운이 동료의 영향을 받아 자신의 기회를 빼앗겼다.

용신은 해수(亥水)이니 필히 정해년(丁亥年)에 응(應)한다. 하지만 응효가 6효 술토에 있는데 월파되었다. 6효는 외진 곳이고 현무에 임하여 어둡다. 그녀의 관운에 영향을 주는 사람은 반드시 구석자리에 앉아 있다. 월파(月破)는 실파(實破)에 응(應)한다. 그래서 술토(戌土)는 단지 서북쪽에 있어야만이 실파(實破)되니 이 사람은 사무실의 서북쪽 구석에 앉아 있는 것이다.

세효는 3효에서 극을 당하고 3효는 문이니 사무실의 풍수에 필히 문제가 있다. 나를 극하는 기신(忌神)과 해수(亥水)는 동궁(同宮)에 있으니 귀(鬼)가 문에 와서 나를 해하니 필히 오귀문(五鬼門)이다. 즉 서남과 동남에 동시에 문이 있다.

피드백

역시 사무실에 문이 두 개가 있다. 하나는 동남쪽에 있고 또 하나는 서남쪽에 있다. 반면 사무실 서북쪽에 근무하는 남자 동료 한 명이 정해년(丁亥年)에 승진되어 자신은 기회를 잃어버렸다.

제9절_ 벽(담장)

    벽은 효위(爻位)로 6효가 주가 되고 그 밖의 형제나 부모가 묘고(墓庫)이거나 2효가 묘고(墓庫)일 때 벽의 정보를 나타낼 수 있다.

    월파(月破)는 벽에 틈새가 있고, 공망(空亡)은 벽에 구멍이 있거나 담장이 없다. 충(沖)을 만나면 담장이 기울었고 합(合)을 만나면 벽에 장식물이 있다. 토(土)는 흙담, 목(木)은 울타리, 금(金)은 돌, 벽담 등이 된다.

    청룡은 아름답고 깨끗하고, 현무는 습하고, 백호는 견고하고, 등사는 가늘고 길고, 구진은 돌출되고, 주작은 방음이 되지 않거나 벽에 자화(字畵)가 있다.

    목(木)이 6효와 합하면 초목이 벽에까지 뻗고 금(金)이 6효와 합하면 돌을 더욱 굳게 하고, 수(水)가 백호에 임하여 6효와 합하면 벽에 유리거울이 있고, 오화(午火)가 6효와 합하면 벽에 벽걸이 등이 있다. 토(土)가 구진에 임하여 발동하여 6효와 합하면 인테리어 개조 등이 있다.

    세효를 극하면 자신의 몸에 좋지 않은 영향이 있고 세효를 생합(生合)하면 벽이 마음을 편하게 한다. 구진이 백호에 임하여 세효를 극하면 벽이 무너져 생명을 위협할 근심이 있다. 현무에 임하여 처재를 극하면 도적이 담장을 넘어서 집에 들어온다. 응효에 임하여 세효를 충극(沖克)하면 이웃의 담장이 자신에게 영향을 준다.

6효가 어느 효(爻)와 생극충합(生克沖合)이 발생했는지를 보고 어떤 사람, 어떤 일이 유리한지, 불리한지를 판단한다.

제10절_ 지붕

지붕은 6효로 판단하고 합(合)을 만나면 지붕 위에 물건이 있거나 천장 위에 매단 물건이 있다. 월파(月破)는 지붕에 틈새가 생기거나 지붕에 누수가 있다. 공망(空亡)은 천장이 열리거나 지붕이 움푹 들어가거나 지붕이 투명하다.

토금(土金)은 기와가 되고 목(木)은 대들보가 된다. 세효를 생합(生合)하면 길하고 세효를 충극(沖克)하면 흉하다. 왕상(旺相)은 견고하고 휴수(休囚)는 파패(破敗)하거나 견고하지 않다.

세효 혹은 세효의 원신이 6효에 임하면 대부분 지붕 풍수의 영향에 의해 머리에 질병이 있다. 재고(財庫)가 현무에 임하면 물탱크의 영향이고 등사에 임하면 관도(管道)의 영향이고 구진에 임하면 투출한 물체의 영향이다. 인목(寅木)이 사화(巳火)에 임하고 등사를 더하면 뾰족하게 생긴 물체의 영향을 받거나 혹은 길고 가는 물체의 영향을 받는다. 자수(子水)·묘목(卯木)·유금(酉金)에 백호를 더하면 대부분 원형 물체의 영향을 받는다. 술토(戌土)·미토(未土)에 등사를 더하면 이상하고 괴이한 물체의 영향을 받는다.

6효가 합(合)을 만나면 지붕 위에 쌓인 물건이 많다. 청룡에 임하면 장식물이 되고, 주작이 임하여 자손 묘고를 더하면 새 집·벌집이 된다. 구진에 임하면 작은 집이나 건축물이 되고, 등사에 임하면 지저분한 물건이 되며, 백호에 임하면 단단한 물체가 된다. 백호에 구진이 더해지면 기와와 같은 종류다. 구진에 현무를 더하면 건축 쓰레기 등이 된다.

  6효가 발동되어 처재에 불리한 경우에는 지붕이 재운과 아내에게 영향을 준다. 자손에 불리한 경우 자녀에게 영향을 준다. 관귀에 불리하면 남편의 직장 관운 등에 영향을 준다.

예문 1

辰月 庚戌일(공망: 寅卯) 북경의 한 여성이 자신의 별장 상황을 물어보더니, 한 채를 팔고 싶다고 말했다.

수산건(水山蹇)—풍산점(風山漸)

螣蛇		子孫子水 ‖	妻財卯木
勾陳		父母戌土 ∣	
朱雀		兄弟申金 ‖	世
靑龍		兄弟申金 ∣	
玄武	伏妻財卯木	官鬼午火 ‖	
白虎		父母辰土 ‖	應

[판단]

부모가 양현하니, 별장이 두 채 있을 것이다. 부모 술토(戌土)는 구진이 임하고 구진은 낡은 것이다. 부모 진토(辰土)는 초효(初爻)에 있고 초효(初爻)는 사물의 시작이라서 새로운 것이다. 그래서 별장들 중의 하나는 낡은 것이고 또 하나는 새로운 것이다.

용신이 양현하니 반드시 의미 있는 것을 용신으로 한다. 부모 술토(戌土)가 월파(月破)를 당하여 현재 팔고 싶은 것은 낡은 것이다. 용신이 월파(月破)를 당하니 집에 파손된 부분이 있다. 일월(日月)

은 하늘과 같으니 지붕을 대표하여 지붕 위에 파손된 곳이 있다. 또 6효가 독발(獨發)하고, 6효는 지붕이고, 독발(獨發)은 성질·원인 등을 나타낸다. 수(水) 독발(獨發)은 지붕 누수다. 하지만 일진(日辰) 술토(戌土)가 또 실파(實破)되어 복구가 잘되었다.

> **피드백**
>
> 여기까지 예측하자 이 여자는 흥분하며 바로 남편한테 전화하여 "괘에서 이런 세세한 정보까지 볼 수 있다니 놀랍고 기가 막힌다."라고 말했다.

제11절_ 침대

　침대는 일반적으로 효위(爻位)로 논한다. 3효는 침대가 되고, 음(陰)을 만나도 침대가 되지만 융통성 있게 논해야 한다. 등사에 임하면 침대가 되는데 해수(亥水)·축토(丑土)·묘목(卯木)을 만나면 대부분 침대로 논한다.

　3효는 용신을 결합하여 참고로 판단한다. 등사와 공망에 임하면 수면이 좋지 않거나 악몽이 공포스럽다. 동정(動靜)의 변화와 육친 등으로 꿈의 내용을 판단한다.

　3효는 유독 대부분 질병과 혼인을 판단할 때 사용한다. 백호에 임하거나 관귀가 세효를 극하면 질병과 재앙이 많다. 현무 도화에 임하면 바람을 피운다.

　청룡에 임하고 왕상하여 세효를 생하면 침대의 위치가 좋거나 편안하고 신체 건강에 유리하다. 세효를 극하면 신체에 불리하고 수면 시간이 길어져 병이 생긴다.

　처재가 세효를 생합(生合)하면 부부관계가 좋다. 세효가 공망(空亡)이면 부부가 같은 침대를 사용하지 않는다. 세효가 3효에 있는데 남자 입장에서 처재가 공망이고 생을 받지 못하면 아내가 같이 있고 싶어 하지 않는다. 여자 입장에서 관귀 공망은 남편이 같이 있고 싶지 않아 한다.

　처재 관귀가 와서 생하는데 세효가 3효에 임하여 동하여 공망으로 화하거나 퇴신으로 화하면 남녀의 상황에 따라 자신이 회피한다. 남자 입장에서 동하여 처재로 화하거나 여자 입장에서 동하여 관귀로 화하는데 청룡, 현무가 임하면 동상이몽으로 부부 간의 감정이 좋지 않아 바람이 난다.
　주작이 3효에 있으면 부부가 침대에서 서로 할 이야기가 많다. 공망(空亡)이면 서로 말을 하지 않는다.
　주작에 등사가 가미되면 잠꼬대 같은 소리를 한다. 백호에 주작이 가미되면 다투고 싸운다. 목(木)이 청룡, 주작으로 관귀가 동(動)하면 침대에서 담배를 피우다가 화재가 나게 한다.

　구진에 임하여 입묘하면 게을러서 잠자리에서 일어나지 않거나 늦잠 자는 것을 좋아한다. 세효가 입묘하면 자기 자신이고, 남자 입장에서 처재가 입묘하면 아내가 되고, 여자 입장에서 관귀가 입묘하면 남편이 된다.

　반음(反吟)에 등사가 임하고 역마가 3효에 임하면 몸을 뒤척이면서 주로 잠을 이루지 못한다.
　주작이 금(金)을 만나 자손에 임하면 침대에서 아이가 우는 소리가 난다.

  자손이 등사에 임하여 3효에서 발동하여 관귀로 화(化)하거나 입묘(入墓)하면 주로 아이가 놀라서 두려워한다.

  세효가 입묘하면 가위에 눌린다. 세효가 현무에 임하여 동하고 3효에서 화되어 설기되거나 혹은 타효가 발동하여 특별히 처재를 만나 설기하면 경우 남자는 꿈에 유정(遺精)[13]이 일어난다.

  세효가 입묘하는데 3효에 부모가 있는 경우 이불을 덮고 자는 상(象)이다. 세효가 5효에 있으면 이불을 뒤집어쓰고 잔다. 묘고 부모가 공망에 임하면 이불을 엄밀하게 덮지 않았다. 형제가 임하여 충출(沖出)하면 팔다리가 밖으로 노출된다. 팔다리는 괘(卦)의 내외(內外)로 분별한다.

  세효가 3효에서 백호에 임하고 공망이면 혈액 공급이 부족하거나 빈혈 등이 있다. 화(火)가 공망에 임하면 혈액순환 때문에 가슴이 떨린다. 동하여 화하여 공파(空破)되거나 초효에 입묘하면 침대에서 떨어져 다치거나 혹은 골절로 인하여 침대에 누워 있다.
  3효가 현무에 임하거나 6효에 근거하거나 오행이 공파(空破) 등

---

13) 성교를 하지 않고 무의식 중에 정액이 몸 밖으로 나오는 일. 자다가 꿈을 꾸면서 사정하는 것은 생리적 현상이나 그 이외의 것은 병적 증상이다. 흔히 몸이 허약할 때 일어난다.

이 될 경우 광선·성욕·습랭 등이 된다. 수(水)에 현무가 더해지면 습랭이 많다. 화(火)가 공망(空亡)에 임하면 광선(빛)이 부족하다. 도화가 현무에 임하면 남녀가 서로 떳떳지 못한 일이 생긴다. 생극충합(生克冲合)은 각자 뜻이 있다.

> **예문 1**
>
> 未月 丙寅일(공망: 戌亥) 여자가 거주하고 있는 집의 풍수를 예측하였다.
>
> **수산건(水山蹇)—곤위지(坤爲地)**
>
> | | | | |
> |---|---|---|---|
> | 靑龍 | | 子孫子水 ‖ | |
> | 玄武 | | 父母戌土 ⚊╳⚊ | 子孫亥水 |
> | 白虎 | | 兄弟申金 ‖ 世 | |
> | 螣蛇 | | 兄弟申金 ⚊╳⚊ | 妻財卯木 |
> | 勾陳 | 伏妻財卯木 | 官鬼午火 ‖ | |
> | 朱雀 | | 父母辰土 ‖ 應 | |

[판단]

부모 술토(戌土)가 발동하여 세효를 생하지만 공망이 공망으로 화하여 세효를 생하는 힘이 부족하다. 그래서 사는 집 풍수가 자신에게 크게 도움이 되지 않는다. 술토(戌土)는 서북이니 주로 서북쪽의 집이 자신에게 영향을 준다.

세효가 암동하여 백호에 임하여 이 집에 거주하면 성질이 좋지 않고 쉽게 화를 낸다. 3효 형제 신금(申金)이 등사에 임하여 처재로 화하고, 3효는 침대가 되고 등사는 꿈을 나타내어 이 집에 있으면 꿈을 많이 꾼다. 처재는 돈이니 돈을 줍는 꿈을 자주 꾼다.

부모는 세효의 원신으로 원신은 정신을 나타내는데, 공망(空亡)이 되어 몸이 피로하거나 정신이 없다.

피 드 백

실제로 판단한 바와 같이 집이 서북쪽에 있기에 꿈이 많고 돈 줍는 꿈을 자주 꾼다.

제12절_ 화장실

　화장실은 4효로 판단하거나 현무가 임한 효로 판단하고 육친은 형제효로 본다. 월파(月破)·공망(空亡)·충합(沖合) 등에 따라 융통성 있게 판단할 필요가 있다.

　현무가 속한 효가 발동하여 2효와 합을 하면 탁한 기운이 집 안으로 들어온다. 어떤 육친을 극하는지를 보고 어느 방면에 불리한지를 판단한다. 부모를 극하는 경우 부모나 어른에게 불리하다. 자손을 극하면 자녀에게 불리하다. 처를 극하면 아내·재운 등에 불리하다. 여자가 와서 예측한 경우 관운을 극하면 관운 혹은 남편 등이 불리하다. 세효를 극하면 자신의 신체 등에 불리하다.

　현무에 속한 효가 공절(空絶)되면 화장실이 없고 응효에 임한 효가 세효를 극하면 이웃의 화장실이 자신에게 영향을 준다. 지세하여 응효를 극하면 자신의 화장실이 이웃에게 영향을 준다.

예문 1

卯月 癸酉일(공망: 戌亥) 어느 기자가 와서 사는 집의 풍수를 예측했다.

화천대유(火天大有)─화택규(火澤睽)

白虎	官鬼巳火	│	應	
螣蛇	父母未土	‖		
勾陳	兄弟酉金	│		
朱雀	父母辰土	✕	世	父母丑土
靑龍	妻財寅木	│		
玄武	子孫子水	│		

[판단]

부모는 집인데 일이 와서 합(合)한다. 상(上)이 하(下)와 합하니 다층집이다.

부모 진토(辰土)가 주작에 임하여 독발하여 부모 축토(丑土)로 화하고, 부모가 주작이니 문장(文章)이 된다. 그래서 입주한 후 글 쓰는 일은 퇴보하는 느낌이 있다.

3효는 문이고 진토(辰土)는 수(水)의 묘고(墓庫)다. 수(水)가 현무에 임하면 화장실이고 묘고(墓庫)가 문(門)에 있으니 문에 들어서자마자 화장실이 있다. 또 3효가 4효와 합하니 4효는 화장실이니 역시 문에 들어서자마자 화장실이 있음을 표시한다.

2효 처재가 청룡에 임하고 월의 도움을 얻어 왕상(旺相)하다. 처재는 음식과 재운이 되고, 2효는 주방이고 청룡도 음식이니 주방의 풍수는 나쁘지 않고 재운도 나쁘지 않다. 하지만 처재가 월에 임하여 세효를 극하고 세효가 3효에 있고 토(土)이니 3효는 위(胃)이고, 토(土)도 위(胃)이니 입맛이 없다.

피드백

이상의 판단은 실제로 완전히 부합하였다.

양택풍수(陽宅風水)의 실전 사례

예문 1

甲申年 庚午月 庚辰日(공망: 申酉) 어떤 분이 거주하고 있는 집의 풍수를 예측하였다.

화택규(火澤睽)−화뢰서합(火雷噬嗑)

螣蛇		父母巳火	∣
勾陳	伏妻財子水	兄弟未土	∥
朱雀		子孫酉金	∣ 世
靑龍		兄弟丑土	∥
玄武		官鬼卯木	⚊✕ 官鬼寅木
白虎		父母巳火	∣ 應

[판단]

　관귀 묘목(卯木)이 2효에서 독발(獨發)하고 2효는 집(宅)이고 관귀 발동(發動)은 불안한 상(象)이다. 풍수가 좋지 않아 자신에게 영향을 준다. 자손이 지세(持世)하고 관귀가 퇴신으로 화하니 직장, 사업에 불리하다. 올해 태세(太歲)가 관귀를 절(絶)하니 불리하다. 관귀 묘목(卯木)이 양효(陽爻)에 임하여 발동(發動)하고 양(陽)은 과거를 의미하니 직장을 이미 그만두었다는 것을 설명하고 있다. 실제로 두 달 전에 직장을 그만두었다.

독발한 묘목(卯木)은 처재 자수(子水)의 사지(死地)다. 처재 자수(子水)는 괘(卦)에 없고 월파로 입묘되어 재운이 좋지 않다.

세효에 자손이 지세하고 공망이니 기분이 좋지 않다. 자손은 즐거움을 의미하니 기분이 더욱 좋지 않다. 금(金)이 공망(空亡)이면 소리가 나고 주작에 임하면 음성이 되니 말하는 것을 좋아하는 정보가 분명히 있다. 하지만 일(日)에 합주(合住)를 당하고 또 월(月)의 극(克)을 당하기에 과묵하여 말하기를 좋아하지 않는다.

피드백

실제 상황도 바로 그렇다.

> **예문 2**
>
> 午月 癸未일(공망: 申酉) 여자가 집의 풍수를 예측하였다.
>
> ### 뇌풍항(雷風恒)-뇌산소과(雷山小過)
>
> | | | | |
> |---|---|---|---|
> | 白虎 | 妻財戌土 ‖ 應 | | |
> | 螣蛇 | 官鬼申金 ‖ | | |
> | 勾陳 | 子孫午火 | | | |
> | 朱雀 | 官鬼酉金 | 世 | |
> | 青龍 伏兄弟寅木 | 父母亥水 ✕ | | 子孫午火 |
> | 玄武 | 妻財丑土 ‖ | | |

[판단]

　부모 해수(亥水)가 2효에서 청룡이 임하여 독발(獨發)하였다. 2효는 집(宅)이고 부모도 집이다. 동(動)하여 화(化)한 것은 월건이니 왕상(旺相)하다. 왕상(旺相)은 새로운 것이고 청룡도 새로운 것이니 거주하는 집은 새로운 것이다. 동(動)하여 오화(午火)로 화한 것은 과거 몇 년 앞으로 추론해 판단할 수 있다. 즉 임오(2002)년에 해당한다. 집은 2002년에 산 것이다. 부모 해수(亥水)가 발동(發動)하니 해월(亥月)에 산 것이다.

> 피드백
>
> 2002년 11월(亥月)에 집을 샀다.

　일진 계미(癸未)가 초효를 충(沖)하여 축토(丑土)를 암동(暗動)한다. 초효에 임한 토(土)는 지반이 되니, 다음 해인 계미년에 인테리어 공사를 한 집이다. 부모 해수(亥水)가 발동(發動)하니 동(動)하여 합(合)을 만나니 정월에 인테리어한 것이 마땅했다.

> 피드백
>
> 2003년 정월 초팔(初八)일에 공사를 시작했다.

　독발(獨發)한 효는 세효와 관귀의 병지(病地)이고 자손의 절지(絶地)다. 그래서 이 집은 모든 가족에 불리하다. 5효는 한 집안의 가장이다. 5효 관귀 신금(申金) 남편을 월(月)이 극(克)하고, 해수(亥水)를 본 것은 병지(病地)다. 또 초효 축토(丑土)에 입묘하니 남편이 병(病)에 걸려 입원했다는 표시다. 세효가 공망(空亡)이고 또 이신법(移神法)에 의해 등사가 임하여 더하면 즉 주작에 등사를 가하니 관재구설이나 놀라움으로 불안하다. 처재 축토(丑土)에 입묘하니 이는 입원할 징조나 기미다. 동효(動爻)가 자손 오화(午火)를 극절(克絶)하고 자손이 구진에 임하고 구진은 발에 걸려 넘어짐을 의미하니 아이가 엎어져 다치는 것을 방지해야 한다.

> **피드백**
>
> 남편은 뇌출혈로 입원했고 자신은 총받이에 맞아 기절해서 입원했고 아들은 친구들에게 앞이마를 걷어차여 다쳤다.

예문 3

丁亥년 壬寅월 戊子일(공망: 午未) 남자가 새로 구입한 집의 풍수를 예측하였다.

수풍정(水風井)-택풍대과(澤風大過)

朱雀		父母子水	‖	
青龍		妻財戌土	∣ 世	
玄武	伏子孫午火	官鬼申金	╫	父母亥水
白虎		官鬼酉金	∣	
螣蛇	伏兄弟寅木	父母亥水	∣ 應	
勾陳		妻財丑土	‖	

[판단]

세효가 청룡에 임하고 5효에 있다. 5효는 관리자가 되고 청룡은 공무원이 되니 본인은 관직을 맡고 있다. 공공 부문에서 일한다.

하지만 관귀 신금(申金)이 4효에서 현무에 임하여 독발하여 월파(月破)당하고 부모 해수(亥水)로 화(化)하였다. 4효는 화장실인데 현무가 임하여 화장실 정보를 더욱더 나타낸다. 그래서 화장실 풍수가 좋지 않다. 신금(申金)은 수(水)의 장생지이고 또 유금(酉金)으로 이래(移來)하면 백호다. 백호는 도로·관도(管道)의 정보다. 월파(月破)는 화장실의 관도가 파손되어 관운에 영향을 준다. 부모로 화하여 설기(泄氣)되면 관도(管道)에서 공기가 샌다.

부모 해수(亥水)가 2효에 있고 응효가 임하였다. 부모는 집이고 2효도 또 집을 의미하니 집은 다른 사람 것이다. 관귀가 발동(發動)하고 또 유혼괘(遊魂卦)로 화(化)하니 일자리가 반드시 바뀔 것이다. 신월(申月)은 실파(實破)가 되고 변효(變爻) 해수(亥水) 때문에 신월(申月) 혹은 해월(亥月)에 직장이 바뀔 것이다.

피드백

본인은 어떤 지도자의 비서다. 이 집은 예전에 그 비서가 거주했던 집이다. 이 집에서 10년을 거주했는데도 승진을 하지 못했는데 을유(乙酉)년에 바로 이사하자마자 승진하였다. 왜냐하면 상대방이 방을 비워주자 정부가 그에게 이 집에 거주하라고 했기 때문이다. 반면 서남쪽 화장실의 한 관도에 큰 구멍이 나서 이미 보수했다.

후에 그해 해월(亥月)에 상급자가 직장을 옮기자 그도 북경으로 따라갔다.

예문 4

卯月 癸丑일(공망: 寅卯) 여자가 살고 있는 집의 풍수를 예측하였다.

화풍정(火風鼎)―뇌수해(雷水解)

白虎		兄弟巳火	✕	子孫戌土
螣蛇		子孫未土 ‖ 應		
勾陳		妻財酉金 ǀ		
朱雀		妻財酉金	✕	兄弟午火
青龍		官鬼亥水 ǀ 世		
玄武	伏父母卯木	子孫丑土 ‖		

[판단]

세효가 2효에 있고 2효는 집(宅)이니 집은 자신의 것이다.

2효가 청룡에 임하고 청룡은 음식이고 2효는 주방이다. 그래서 주방의 정보가 비교적 더 정확하다.

3효 처재 유금(酉金)이 발동하여 청룡에 임한 효(爻)를 생한다. 처재는 음식이고 주작에 임하여 먹고 마시는 것을 의미한다. 또 4효 처재 유금(酉金) 구진으로 옮겨가고 구진은 건축이니, 이것은 화로(가스레인지)와 주방의 정보다. 또 구진은 수리하고 만든 것을 의미하니 주방을 변경하였다.

세효 원신 유금(酉金)이 월파(月破)를 당하고 화(火)에 회두극(回頭克)을 당한다. 3효는 심장이고 화(火)도 심장이니 심장이 좋지 않다. 6효 사화(巳火)가 동하여 극하고 6효는 머리이고 화(火)는 눈이다. 이궁(離宮)에 있어 이것은 또 눈을 뜻하니 눈이 좋지 않다.

　원신은 금(金)이고 금(金)은 골격인데 월파(月破)를 당하니 골절의 정보이다. 2효·3효는 다리인데 세효는 2효에서 일(日)의 극(克)을 당한다. 또 원신이 3효에서 월의 충(沖)과 화(火)의 극상을 당한다. 그래서 다리에 골절이 있다.

　부모 묘목(卯木)은 괘에 없어 복장(伏藏)은 침대에 누워 있는 상이다. 월파된 효(爻) 유금(酉金)이 극(克)하고 금(金)은 골격이고 파(破)는 파열이니 이것도 골절의 상(象)이다.

　처재 유금(酉金)이 월파(月破)되고 동하여 회두극(回頭克)으로 화하고 또 형제에게 극을 당한다. 처재는 재이니 재물운이 좋지 않다.

> **피드백**
>
> 실제로 부뚜막을 고친 후 자신과 모친이 다리에 골절이 있었다. 원래 재운이 좋지 않았다. 눈에서 피로를 느끼고 심박수가 일정하지 않다.

해결 방법: 팔괘경을 설치한다. 팔괘경은 금속이고 원형은 유금(酉金)이다. 그래서 처재 유금(酉金)을 사용하여 실파(實破)가 되게 한다. 설치한 후 눈의 피로와 심박 수의 불일치 문제가 많이 개선되었다.

예문 5

丁亥년 癸卯월 己亥일(공망: 辰巳) 남자가 주택풍수를 예측하였다.

산지박(山地剝)

勾陳		妻財寅木	∣	
朱雀	伏兄弟申金	子孫子水	∥	世
靑龍		父母戌土	∥	
玄武		妻財卯木	∥	
白虎		官鬼巳火	∥	應
螣蛇		父母未土	∥	

[판단]

 이 괘는 관귀 사화(巳火)가 백호에 임하여 2효에서 암동하고 있다. 자손 자수(子水)를 절하고 2효는 또 태위(胎位)이기 때문에 자녀 출산에 불리하다. 처재가 양현하고 월이 돕고 일이 생하여 재물운은 괜찮다. 하지만 사화(巳火)가 암동(暗動)하여 설기(泄氣)하니 돈을 저축하지 못한다.

 관귀 사화(巳火)가 백호에 임하고 백호는 사망의 의미이고, 2효는 주택 근처이니 근처에 해골 무덤이 있다. 2효 역시 집(宅)이고 관귀가 동(動)하여 불안하니 유령이 출현한다.

> **피드백**
>
> 실제로 결혼한 지 17년이 되었는데도 아이가 생기지 않았다. 재물운은 좋으나 돈은 저축하지 못했다. 근처에 무덤이 있고 자주 귀신을 본다.

예문 6

癸未년 癸亥월 乙未일(공망: 辰巳) 남자가 주택풍수를 예측하였다.

수천수(水天需)—수산건(水山蹇)

玄武		妻財子水 ‖		
白虎		兄弟戌土		
螣蛇		子孫申金 ‖	世	
勾陳		兄弟辰土		
朱雀	伏父母巳火	官鬼寅木 ✕		父母午火
靑龍		妻財子水 ✕	應	兄弟辰土

[판단]

　월(月)이 2효와 합(合)하고 2효는 집(宅)이고 일월(日月)은 높은데 높은 곳에서 합(合)하니 다층집이다. 2효 부모 사화(巳火)가 복장 되었다. 부모도 주택이고 복장(伏藏)은 지면 아래 혹은 보이지 않는 곳이니 지하실이다. 하지만 공망(空亡)이니 지하실이 없다.

　2효 인목(寅木)이 동(動)하여 부모로 화하고 인목(寅木)은 1998년(戊寅)에 해당한다. 그래서 1998년에 지은 다층집이다. 처재 자수(子水)가 진토(辰土)로 화(化)하여 회두극(回頭克)하고 진토(辰土)는 공망(空亡)이고 2000년(庚辰)에 출공(出空)하여 재(財)를 극하여 이해에 재운이 좋지 않았다. 2002년(壬午)에 처재 자수(子水)가 묘고(墓庫)를 충출(沖出)하니 이해에 재운이 좋아지기 시작했다. 2004년(甲申)에 삼합(三合) 재국(財局)이 되어 재운의 새로운 시작이 되었다.

처재 자수(子水)가 응효(應爻)에 임하고 응(應)은 처(妻)의 위치이고 화공(化空)하여 입묘(入墓)되고 일(日)의 극(克)을 당하니 결혼증명서를 대표하는 부모가 공망(空亡)이고 괘에 없어 혼인이 늦다. 무자년(戊子年)은 처재 자수(子水)가 출현하고 진월(辰月)은 출공(出空)이 되어 이루어진다.

피드백

과연 2008년 진월(辰月)에 결혼하였다. 기타도 실제와 부합하였다.

> **예문 7**
>
> 亥월 癸巳일(공망: 午未) 남자가 어떤 집의 풍수를 예측했다.
>
> **화천대유(火天大有)−천뢰무망(天雷无妄)**
>
> | | | | | |
> |---|---|---|---|---|
> | 白虎 | 官鬼巳火 | ∣ | 應 | |
> | 螣蛇 | 父母未土 | ∥ | | 兄弟申金 |
> | 勾陳 | 兄弟酉金 | ∣ | | |
> | 朱雀 | 父母辰土 | ✕ | 世 | 父母辰土 |
> | 靑龍 | 妻財寅木 | ✕ | | 妻財寅木 |
> | 玄武 | 子孫子水 | ∣ | | |

[판단]

 2효 인목(寅木)이 월(月)과 서로 합(合)하고 2효는 집(宅)이고 월(月)은 높은 곳인데 2효와 합하니 다층집이다. 부모는 토(土)이고 토(土)는 5의 수(數)이니 집은 5층에 있다. 부모 미토(未土)가 5효에서 공망(空亡)이고 5효는 도로이고 공망(空亡)은 도로변 아님을 표시하니 도로에서 거리가 멀다. 6효 사화(巳火)는 월파(月破)되고 6효는 벽이니 벽에 틈새가 있다. 일진(日辰)이 실파(實破)되어 보수를 진행하였다.

 내괘(內卦)가 복음(伏吟)이고 처재가 2효에서 세효(世爻)를 극하고 세효가 주작에 임하고 주작은 구설이니 풍수가 좋지 않아 부부 감정에 영향을 주어 시비와 구설이 끊이지 않는다.

세효(世爻)인 진토(辰土)가 3효에서 극(克)을 당하고 3효 토(土)는 위(胃)이고 주작은 염증이니 위염(胃炎)이 있다. 세효(世爻)의 기신(忌神)이 2효에 있고 2효는 장(腸)이니 장염(腸炎)이 있다.

원신이 화(火)로 심장인데 월(月)의 극(克)을 당하니 심장이 좋지 않다. 사화(巳火) 원신이 6효에서 극(克)을 당하고 6효는 머리이고 백호가 임하고 백호는 혈이다. 또한 건궁(乾宮)에 있어 머리를 의미하고 월(月)에 충파(沖破)를 당하고 월(月)은 높은 곳을 의미하기 때문에 고혈압이 있다.

처재 인목(寅木)이 월(月)의 생을 얻어 왕상하여 비록 재물은 좋지만 내괘(內卦)가 복음(伏吟)이라 돈 때문에 항상 기분이 좋지 않다.

피 드 백
역시 그랬다.

예문 8

癸未년 癸亥월 甲寅일(공망: 子丑) 여자가 거주하고 있는 집의 풍수를 예측하였다.

풍산점(風山漸)→손위풍(巽爲風)

玄武		官鬼卯木	｜ 應
白虎	伏妻財子水	父母巳火	｜
螣蛇		兄弟未土	‖
勾陳		子孫申金	｜ 世
朱雀		父母午火	⚋ 妻財亥水
靑龍		兄弟辰土	‖

[판단]

부모 오화(午火)가 2효에 있고 주작에 임하여 독발(獨發)하였다. 이것이 바로 이 괘(卦) 정보의 초점이다. 2효는 집 · 주방이고 부모도 집인데 화(火)가 주작에 임하여 주방이 된다. 그런데 독발(獨發)하여 괘가 육충(六沖)괘로 변한 것이다. 또 세효를 극하니 그래서 주방의 풍수가 집의 전체 풍수에 영향을 주었다.

부모인 오화(午火)가 독발(獨發)하여 세효(世爻)를 극하고 또 자손효를 극하고 동시에 또 관귀의 사지(死地)이기 때문에 이 주방은 집안의 모든 사람에게 좋지 않은 영향을 준다. 세효(世爻)인 자손은 월의 해수(亥水)가 병지(病地)이니 극(克)을 받아 몸이 좋지 않다. 또 관귀 묘목(卯木)이 6효에서 사지(死地)를 보고 독발(獨發)은 사지(死地)를 가장 두려워한다. 6효는 천(天-하늘)을 나타내어 사지(死地)를 보면 승천(升)의 정보이니 남편과 사별할 가능성이 있다.

세효인 자손 신금(申金)이 3효에서 2효의 극(克)을 당한다. 3효는 위(胃)이고 2효는 장(腸)·자궁이고 자손은 생식기를 의미한다. 화(火)와 주작은 염증을 의미하기 때문에 아이가 장(腸)과 위(胃)가 좋지 않고 본인에게는 부인과 계통의 질환이 있다.

피드백

실제로 아이가 위장이 좋지 않고 본인에게는 부인과 계통의 질환이 있으며 남편은 사망하였다.

예문 9

癸未年 甲子月 庚申日(공망: 子丑) 여자가 주택풍수를 예측하였다.

풍수환(風水渙)─천택리(天澤履)

螣蛇		父母卯木 丨	
勾陳		兄弟巳火 丨 世	
朱雀	伏妻財酉金	子孫未土 ‖	兄弟午火
靑龍	伏官鬼亥水	兄弟午火 ‖	
玄武		子孫辰土 丨 應	
白虎		父母寅木 ‖	兄弟巳火

[판단]

　부모는 집인데 부모 인목(寅木)이 월의 생을 얻어 왕상(旺相)하고 발동(發動)하여 세효(世爻)를 생한다. 집의 풍수가 자신에게 좋은 작용이 있다. 세효(世爻)가 5효에 있고 5효는 존위(尊位)를 나타내니 사회적 지위가 높다. 처재 신금(申金)이 일(日)에 임하여 세효(世爻)를 합하니 이 집에 거주하면 재물운이 좋고 큰 재물을 얻는다. 적게는 몇백만 위안이고 많게는 몇천만 위안이다.

피드백

　비슷하다.

부모가 2개인데 하나는 초효(初爻)에 있고 하나는 6효에 있다. 초효는 지(地), 6효는 천(天), 상하(上下)에서 부모가 세효(世爻)를 생하니 "위아래 집이 다 나의 것이다."라는 상(象)이다. 거주한 집은 별장과 비슷한 집이다.

> **피드백**
>
> 집 가운데 또 집이 있다.

관귀 해수(亥水)가 월의 도움과 일의 도움을 얻는다. 비록 복장(伏藏)하지만, 부모 인목(寅木)이 합하여 세효(世爻)를 생하니 집의 풍수가 부부관계에 좋다. 부부 화목하고 게다가 남편의 운기도 나쁘지 않다. 관귀가 청룡에 임하고 청룡은 주로 귀(貴)하니 남편은 관직을 맡고 있다.

> **피드백**
>
> 맞다. 내 남편은 정부 관원이다.

부모는 월(月)을 얻어 생(生)하지만 초효 부모 인목(寅木)이 백호에 임하고 변효(變爻)와 일진(日辰)이 삼형(三刑)을 이룬다. 6효 부모와 초효 부모는 모두 자손 미토(未土)에 입묘한다. 그래서 이 집은 부모에게 불리하다. 태세(太歲)를 괘(卦)에 적용하면 입묘(入墓)하여 올해에는 유독 불리하다.

> **피 드 백**
>
> 내 아버지는 올해에 이미 돌아가셨고 어머니도 병에 걸렸다.

부모 입묘(入墓)는 신월(申月)이 충출(沖出)의 극을 당하는 응기이다. 그래서 양력 8월에 돌아가셨죠? 묘목(卯木)이 6효에 있어 6효는 머리가 된다. 등사에 임하고 백호를 빌리면(借) 모세혈관이 된다. 입묘(入墓)는 막힘을 의미하니 어머님은 뇌출혈일 것이다.

> **피 드 백**
>
> 내 부친은 8월 24일에 돌아가셨고 모친은 뇌출혈 진단을 받았다.

4효는 명치이고 세효(世爻)는 구진에 임하니 더부룩하다. 세효 원신이 4효에서 입묘(入墓)하니 당신 본인은 명치가 답답하다. 4효에 자손 미토(未土)가 있다. 4효는 유방이고 자손도 유방이 되는데 주작이 임하여 염증·유선염을 의미한다. 초효(初爻) 원신 인목(寅木)이 백호에 임하여 입묘(入墓)하고 백호는 혈(血)이 된다. 목(木)은 풍한·아픔과 가려움이니 다리에 혈액순환이 잘되지 않고 다리에 풍한이 있어 자주 통증이 있다. 6효 원신은 머리이고 입묘(入墓)도 머리이니 머리가 자주 혼미하다.

> **피 드 백**
>
> 위의 질병이 모두 있다.

예문 10

癸未년 辛酉월 壬子일(공망: 寅卯) 내가 비대면 수업을 하는 기간에 한 수강생 친구가 예측하였다.

풍수환(風水渙)-천수송(天水訟)

白虎		父母卯木	❘	
螣蛇		兄弟巳火	❘	世
勾陳	伏妻財酉金	子孫未土	❙❙	兄弟午火
朱雀	伏官鬼亥水	兄弟午火	❙❙	
靑龍		子孫辰土	❘	應
玄武		父母寅木	❙❙	

[판단]

내가 판단했다. "당신은 집 문제에 대해서 질문하는 겁니까?" 상대방은 놀라며 대답했다. "맞아요, 제가 알려드리지 않았는데 어떻게 알았어요?" 뒤돌아서서 다른 수강생에게 "선생님 실력이 대단하군요!"라고 말했다.

내가 계속 판단했다. "당신이 사는 집은 명당이지요. 발재가 천만 위안이 넘는 집이지만 이 집에서 살면 재테크를 배워야 해요. 재물이 빨리 왔다가 빨리 가요." 상대방이 "맞습니다. 원래 이 집 주인은 여기 들어와서 천만 위안이 넘는 돈을 벌었지만 도박으로 돈을 잃자 빚을 갚기 위해 저한테 집을 팔았어요. 지금 800만 위안이 넘습니다."라고 말했다.

나는 계속 "이 집 근처에 도로가 있는데 곧은 것이 아니라 굽이굽이 집을 에워싸고 있지요?"라고 물었다. 상대방은 "네, 순환도로입니다."라고 긍정적으로 대답했다.

[판단]
주택 근처의 북쪽에 수조가 있다. 목욕과 관련된 것 같은데 최근에 인테리어를 했을 것이다.

> **피드백**
>
> 수영장인데 방금 인테리어했어요.

[판단]
현기증이 있으며 산소가 조금 부족하다. 가슴이 답답하고 숨이 턱없이 부족하다. 때로는 숨이 막히기도 한다.

> **피드백**
>
> 맞아요. 가끔 어지러워서 바닥에 쓰러지곤 해요. 호흡곤란으로 한밤중에도 깨어나요.

[판단]

잠꼬대하는 버릇은 있지만 좋은 일이다. 잠꼬대만 하면 발재가 되고, 잠꼬대를 안 하면, 오히려 재물운이 나빠진다.

> **피 드 백**
>
> 정말 이상해요! 당신 말이 맞아요. 그렇습니다. 말을 하지 않으면 의식을 하지 못할 텐데 어떻게 잠꼬대와 재물운이 연결되죠? 육효예측이 진짜 신기하네요, 이런 것까지 다 알 수 있다니.

이 같은 결과가 나오자 그는 아내의 몸이 어떤지 다시 물었다. 나는 옆 수강생에게 "네가 한번 예측을 연습해봐. 애인의 병이 어떤지." 라고 말했다.

그 수강생은 잠시 괘를 보고는 다음과 같이 말했다. "아내는 병이 없이 건강합니다." 나는 그 수강생에게 "잘못 판단했어요. 그 사람의 아내가 아픈데 어떻게 건강이 좋다고 말할 수 있나요? 어떻게 본 것입니까?"라고 물었다.

수강생은 "용신 재효(財爻)가 왕상(旺相)하고, 그것을 극하는 것이 없잖아요?"라고 답했다. 내가 "그냥 제가 판단하였습니다."라고 말하고서는 뒤돌아서서 괘를 얻은 사람에게 "당신의 아내에게는 유선증식과 부속기염이 있습니까?"라고 묻자. "맞아요. 제 아내는 유방에 종기가 있습니다. 배도 자꾸 아파요."라고 대답하였다. 수강생은 이렇게 판단하는 이유를 이해하지 못하여 묻는다.

이 괘는 이렇게 판단했다. 초효(初爻)는 걱정과 한 사람의 심리상태를 대표한다. 초효에 임한 부모효가 공망이고 부모는 집이다. 공망(空亡)은 근심이 된다. 또 자손 미토(未土)가 독발(獨發)하고 구진에 임하고 구진은 집 건축이니 이 괘는 집 문제로 인하여 문의하였다.

재효(財爻)가 월의 도움을 얻고 또 동효(動爻) 자손이 생조를 얻어 왕상하고 형제 사화(巳火)가 지세(持世)하고 사화(巳火)는 재효(財爻)의 장생지(長生地)다. 기신(忌神)이 재(財)의 장생지(長生地)이니 재물이 빨리 들어오고 빨리 나간다. 외괘(外卦) 5수(數)와 내괘(內卦) 6수(數)가 합하여 11수(數) 그래서 발재가 천만 위안이 넘었다. 5효는 도로인데 세효가 거기에 임에 그가 거주한 곳이 도로 근처다. 등사가 임하고 등사는 구불구불함을 나타내니 그래서 도로는 순환도로다.

2효 자손(子孫) 진토(辰土)가 거기에 임하고 2효는 택효(宅爻)이고 진토(辰土)는 수고(水庫)이고, 월건(月建)에 목욕을 보아 집 근처에 목욕탕과 비슷한 수조가 있다. 내괘(內卦)는 감(坎)이고 감

(坎)은 북(北)이다. 그래서 집의 북쪽에 있다. 청룡이 임하고 청룡은 인테리어의 상이니 그래서 인테리어를 한 적이 있다.

신체를 볼 때 세효(世爻)로 본다. 원신 묘목(卯木)이 6효에 있고 월파공망(月破空亡)으로 인하여 세효(世爻)를 생하는 힘이 약하다. 6효는 머리이고 충(沖)은 머리를 흔들리는 것이니 어지러움의 상(象)이다. 그래서 현기증과 같은 질병이 있다.

또 4효가 발동하여 원신이 입묘하고 4효는 명치를 나타낸다. 입묘(入墓)는 용신을 생하기가 어렵고 구진에 임하니 구진은 답답함을 나타내기에 명치가 답답하고 호흡이 곤란하며 숨이 올라오지 않는다.

세효가 등사에 임하고 등사는 꿈이고 세효와 3효는 오행이 같다. 3효가 주작에 임하여 암동하고 주작은 말을 하는 것이고 3효는 침대이고 암동(暗動)은 분명하게 말하지 않음을 나타낸다. 그래서 이는 잠꼬대를 의미한다. 3효는 비록 형제효(兄弟爻)이지만 형(兄)이 동(動)하여 자(子)를 생하고 자(子)가 동(動)하여 재(財)를 생하니 그래서 잠꼬대를 하기만 하면 발재한다.

그 사람 아내의 몸 상태를 볼 때는 재효(財爻)를 본다. 4효 자손이 동(動)하여 형제 오화(午火)로 화출하고 동효(動爻)와 합(合)을 한다. 이것은 탐합망생(貪合忘生)을 나타내어 생(生)하지 못하니 병이 있다. 4효는 가슴이고 재(財)는 음식 혹은 젖이라고 이해할 수 있다. 자손이 원신이니 이것은 유방이라고도 할 수 있다. 구진에 임하고 구진은 붓다이니 유방 비대증을 의미한다. 3효가 암동하여 자손 미토(未土)와 합하고 3효 오화(午火)는 자손 태지(胎地)이니 자손은 아이를 의미한다. 태지(胎地)는 임신의 장소이고 또 3효는 자궁과 골반이고 주작에 임하고 주작은 염증이니 그래서 부속기염(附件炎)[14]이다.

---

[14] 어떤 기관(器官)에 딸려 있는 기관에 생기는 염증. 주로 자궁의 부속기관에 생기는 염증을 이른다.

예문 11

癸未년 辛酉월 辛亥일(공망: 寅卯) 대면 수업반의 한 수강생이 그 자리에서 자기 누나 집의 풍수에 대해 문의하였다.

풍화가인(風火家人)

螣蛇		兄弟卯木	ㅣ	
勾陳		子孫巳火	ㅣ	應
朱雀		妻財未土	‖	
靑龍	伏官鬼酉金	父母亥水	ㅣ	
玄武		妻財丑土	‖	世
白虎		兄弟卯木	ㅣ	

[판단]

나는 "누나가 사는 집은 새집이고 2001년에 지은 것이다. 집 근처 어떤 길의 풍수가 좋지 않아서 당신 누나가 이사 들어간 후 매형과 불화가 심해서 자주 다툰다. 매형은 항상 출장을 다녀서 집에 없다. 또 집은 질이 좋지 않아 벽과 바닥에 금이 갔다."라고 하였다. 역시 응험했다.

이 괘는 이렇게 봤다. 부모 해수(亥水)는 집, 일(日)에 임하고, 또 청룡에 임하고 청룡은 새것이다. 그래서 새로운 집이다. 5효 자손 사화(巳火)가 구진에 임하여 암동(暗動)하고 구진은 집을 짓는 것이다. 사화(巳火)는 2001년(辛巳)에 해당하여 이해에 집을 지은 것이다.

　5효는 도로, 자손도 도로, 화(火)가 임하여 암동(暗動)하여 관귀 유금을 극(克)한다. 관귀 유금(酉金)은 매형이고, 화(火)는 화를 내는 것을 의미하니 집 근처의 도로가 좋지 않기 때문에 두 사람 사이에 자주 갈등이 생긴다. 관귀가 괘(卦)에 없어 매형은 일 때문에 자주 집에 없다.

　6효는 벽, 초효(初爻)는 마루, 공망월파(空亡月破)이기 때문에 균열이 생겨 틈새가 생겼다.

예문 12

癸未년 辛酉월 辛亥일(공망: 寅卯) 대면 수업 중 수강생이 자신의 형이 살고 있는 집의 풍수에 대해 문의하였다.

지수사(地水師)– 뇌천대장(雷天大壯)

螣蛇	父母酉金	‖ 應	
勾陳	兄弟亥水	‖	
朱雀	官鬼丑土	⚋	妻財午火
青龍	妻財午火	⚋ 世	官鬼辰土
玄武	官鬼辰土	∣	
白虎	子孫寅木	⚋	兄弟子水

[판단 및 피드백]

나는 "당신 형의 집은 독채로 주변에 이웃이 없고 집보다 마당이 낮고 근처에 강이 하나 있고, 강이 길과 평행하게 이어져 있다. 바로 길과 맞닿아 있다. 이 강이 풍수에 영향을 미친다. 재물운이 나빠서 부부 사이가 나쁘고 당신 형은 집에 가고 싶어 하지 않는다. 낳은 아이는 장난치고 소란을 피우며 말을 듣지 않는다."라고 하였다. "역시 판단한 그대로다."

이 괘는 이렇게 본 것이다.

부모는 집, 초효(初爻) 자손 인목(寅木)이 발동(發動)하고 부모가 절(絶)에 임하여 독채가 된다. 초효(初爻)는 이웃이고 공망(空亡)이기 때문에 이웃이 없다. 감궁괘(坎宮卦)인 감(坎)은 낮다. 그래서 마당은 집보다 낮다.

5효에 형제 해수(亥水)가 임하여 5효는 도로이고, 수(水)가 금(金)의 생을 득하여 강(河)이 된다. 월건(月建) 유금(酉金)이 그것을 생하니 그래서 강을 의미한다. 도로와 강이 동효위(同爻位)이기 때문에 강이 도로와 근접해 흐른다. 괘(卦)에 재효(財爻)가 휴수(休囚)하고 극(克)을 당해서 재운은 좋지 않다. 5효 해수(亥水)가 일진(日辰)에 임하여 병기(並起-나란히 일어서니)하고 재효(財爻) 오화(午火)를 극하고 재(財)는 형수가 되어 두 사람 관계가 좋지 않아 자주 다툰다.

2효 관귀는 형제를 극하는 오행이고 2효는 집인데 그것을 극하니 형은 집에 들어가기 싫어한다. 자손 인목(寅木)은 자식으로 백호에 임하여 발동(發動)하고 백호는 개구쟁이며 소란을 피우는 것이다. 그래서 장난이 심하고 말을 듣지 않는다.

예문 13

癸未년 癸亥월 己卯일(공망: 申酉) 남자가 직장에서 제공해준 집의 풍수가 어떤지 물었다.

진위뢰(震爲雷)-택뢰수(澤雷隨)

勾陳	妻財戌土	‖	世	
朱雀	官鬼申金	⚊		官鬼酉金
靑龍	子孫午火	⚊		
玄武	妻財辰土	‖	應	
白虎	兄弟寅木	‖		
螣蛇	父母子水	⚊		

[판단]

2효 형제 인목(寅木)과 월(月)이 합(合)하여 위아래가 서로 합(合)하니 다층집이다. 부모 자수(子水)가 초효에 있고, 초효(初爻)는 지층(地層)이고 자수(子水)는 일(一)을 나타내니 그래서 집은 단층이다. 육충괘(六沖卦)라 풍수의 기(氣)를 모으지 못한다. 관귀 신금(申金)이 주작에 임하고 5효에서 독발(獨發)하니 불안한 상(象)을 나타내어 집의 풍수가 좋지 않다.

처재가 비록 양현(兩現)하지만 월(月)의 생이 없고 일(日)이 와서 극하니 재물운이 좋지 않다. 형제에 임한 일(日)이 와서 6효의 세효 술토(戌土) 재를 극합(克合)하고 6효는 머리가 되니 채무 때문에 고개를 들 수가 없다. 5효 관귀가 발동(發動)하고 5효는 폐이고 금(金)도 폐·호흡기이고 관귀는 질병이고 주작은 염증이니 기관지염이 있다. 금이 공망(空亡)이니 소리가 나거나 기침을 자주 한다. 5효는 또 도로를 의미하고 금(金)은 거마(車馬)이니 차 사고를 조심해야 한다. 진괘(震卦)이니 진(震)은 발인데 기신(忌神)에 백호가 임한 2효에서 극(克)하니 발과 다리를 다치는 것을 조심해야 한다.

피드백

실제로 매일 채권자에게 쫓기고 있다. 호흡기가 좋지 않고 오토바이를 타다가 다리를 다쳤다.

예문 14

丁丑년 己酉월 乙亥일(공망: 申酉) 남자가 주택풍수를 예측하였다.

지화명이(地火明夷)

玄武		父母酉金	‖
白虎		兄弟亥水	‖
螣蛇		官鬼丑土	‖ 世
勾陳	伏妻財午火	兄弟亥水	ǀ
朱雀		官鬼丑土	‖
靑龍		子孫卯木	ǀ 應

[판단]

　부모를 용신으로 본다. 동시에 2효도 겸하여 본다. 괘중에 화(火)가 보이지 않고, 부모 유금(酉金)이 현무에 임하고 현무는 암암리와 어두움이고, 화(火)는 광명이니, 현재 살고 있는 집은 빛이 잘 들어오지 않고 태양을 거의 볼 수 없다.

　2효 관귀 축토(丑土)가 5효의 형제 해수(亥水)를 극하고, 2효는 집(宅)이고, 5효는 사람이니 이 집에 살면 사람한테 불리하다. 관귀가 지세(持世)하고 등사에 임하여 관귀는 걱정이 되고 등사는 안절부절못한다. 이 집에 거주하면 사람이 자주 심란하고 불안정하게 된다. 관귀가 2효에서 주작에 임하고 주작은 구설이니 이 집에 살면 관재구설을 면하기 힘들다.

처재 오화(午火)가 휴수(休囚)하고 괘(卦)에 없고 비신(飛神)이 그것을 절(絶)하니 집안에 아내가 보이지 않고, 아내가 가출했다. 처재가 오화(午火)에 임하니 일은 오월(午月)에 발생한 것이다.

지화명이(地火明夷)는 감궁(坎宮)이고 감(坎)은 수(水)이니 소변・혈액을 나타낸다. 처재가 3효에서 복장되고 비신(飛神)이 그것을 극하고 일진(日辰)도 극(克)하며 3효는 자궁의 효위(爻位)이니 아내에게는 월경불순이라는 부인과 질환이 있다.

또 "집을 철거한다고 하는데 언제 철거할지"를 물었는데 부모효로 본다. 부모 유금(酉金)이 공망(空亡)이고 6효에 임하고 6효는 도태(淘汰)이고, 공망(空亡)은 사라짐을 의미하여 1999년에 충실(沖實)일 때 철거된다.

> **피드백**
>
> 집 주변은 높은 건물들이 가로막고 있다. 온종일 태양 빛을 보지 못한다. 부부 싸움이 잦았다. 석 달 전 아내가 화가 나서 친정에 갔다가 아직 돌아오지 않았다. 아내를 데리러 처가에 몇 번 갔다가 장인에게 쫓겨났다. 아내는 확실히 생리불순이었다. 그 후 역시 1999년에 집이 철거됐다.

예문 15

乙酉년 戊寅월 壬申일(공망: 戌亥) 남자가 딸의 질병을 예측하였다.

화수미제(火水未濟)-화택규(火澤睽)

白虎		兄弟巳火	｜	應	
螣蛇		子孫未土	‖		
勾陳		妻財酉金	｜		
朱雀	伏官鬼亥水	兄弟午火	‖	世	
青龍		子孫辰土	｜		
玄武		父母寅木	╳		兄弟巳火

[판단]

자손을 용신으로 본다. 괘에 자손이 양현(兩現)하여 기신(忌神)의 묘고(墓庫)인 자손 미토(未土)가 용신이다. 용신이 5효에서 등사에 임하고 5효는 도로이고, 등사는 괴이·불안함을 나타내니 외출하는 것을 무서워한다. 자손이 미토(未土)이니, 계미년(癸未年)에 해당하여 2003년에 병에 걸린 것이다.

기신(忌神)이 초효(初爻)에 현무가 임하여 독발(獨發)한다. 현무는 음기이고 초효(初爻)는 이웃·주택 부근을 나타내고, 부모 인목(寅木)이 동(動)하여 복장된 해수(亥水)와 합한다. 수(水)는 강물·우물이고, 초효(初爻) 또한 우물이 되니 근처에 우물이 있다. 해수

(亥水)가 공망(空亡)이라 오랫동안 방치하고 사용하지 않는 우물이다. 인목(寅木)은 동북(東北)에 해당하니 우물이 동북쪽에 있다. 인목(寅木)이 해수(亥水)와 합하니 우물 옆에 나무도 있다.

내괘(內卦)가 감(坎)이니 북방(北方)이다. 자손 진토(辰土)가 2효에 있고 2효는 주택 부근이며 진토(辰土)는 관귀의 묘고(墓庫)다. 관귀는 질병을 의미하고 신불(神佛)을 의미한다. 신불(神佛) 묘고(墓庫)는 무덤·사원(寺院)이 되고 청룡에 임하니 사원(寺院)이 된다. 근처에 사원·절이 있다.

피드백

실제로 2003년 5월에 병에 걸려 차 타는 것도 무서워서 밖에 나갈 수 없고 공부도 할 수 없었다. 약을 먹어도 소용이 없었다. 집 근처의 동북쪽에는 버려진 우물이 하나 있고 그 옆에는 감나무가 몇 그루 있으며, 북쪽과 동북쪽에는 사원·절이 있다.

예문 16

卯月 辛亥일(공망: 寅卯) 여자가 주택풍수를 예측하였다.

산택손(山澤損)─산지박(山地剝)

螣蛇		官鬼寅木	ㅣ	應
勾陳		妻財子水	‖	
朱雀		兄弟戌土	‖	
靑龍	伏子孫申金	兄弟丑土	‖	世
玄武		官鬼卯木	⚊	父母巳火
白虎		父母巳火	⚊	兄弟未土

[판단]

관귀 묘목(卯木)이 2효에서 발동(發動)하고 2효는 집이니 가택이 불안해질 징조다. 그러나 부모 사화(巳火)의 발동(發動)이 있어, 연속적으로 상생되었다. 부모가 세효를 생하여 풍수는 기본적으로 크게 나쁘지 않다.

2효는 주택 부근이고 관귀 묘목(卯木)이 공망(空亡)이고 현무에 임하여 세효를 극한다. 목(木)은 수목이고 공망(空亡)은 사라짐이니 근처에 나무가 있었는데 베어버린 흔적이 있다. 현무는 번민과 우울을 나타내고 공목(空木)이 세효(世爻)를 극하니 나무를 벤 후부터 우울해질 수 있다.

응효에 관귀 인목(寅木)이 월의 도움을 얻고 일(日)이 생(生)하여 왕상(旺相)하니 남편의 운기는 괜찮다. 자손 신금(申金)이 괘에 없고 부모 사화(巳火)가 발동(發動)하여 백호에 임하여 자손을 극한다. 그래서 아이 몸이 좋지 않다. 자손이 복장된 효가 3효에 있고 3효는 침대이니 정신이 없어 자주 많이 자고 싶어 한다.

피드백

　17년째 이 집에 살고 있었다. 남편은 관운이 좋았다. 자신은 한동안 기분이 우울했다. 근처에 나무를 많이 심었는데 자라면 베고 베면 또 심었다. 그 후 또 베었다. 아이가 정신이 좋지 않아서 힘이 없다.

예문 17

甲申年 乙亥月 壬辰일(공망: 午未) 여자가 오피스텔풍수를 예측하였다.

택지췌(澤地萃)—택뢰수(澤雷隨)

白虎	父母未土	‖		
螣蛇	兄弟酉金	∣	應	
勾陳	子孫亥水	∣		
朱雀	妻財卯木	‖		
青龍	官鬼巳火	‖	世	
玄武	父母未土	⚍		子孫子水

[판단]

　세효 관귀 사화(巳火)가 2효에서 월파(月破)를 당하고 2효는 주택 및 인근이고, 사화(巳火)는 동남(東南)에 대응하고, 관귀(官鬼)는 시체를 의미한다. 또 부모 미토(未土)는 초효(初爻)에서 독발(獨發)하고 초효(初爻)는 근처·이웃이고, 현무에 임하여 음기·습함을 의미한다. 6효 육친과 동일하다. 그래서 육신(六神) 백호를 빌려올 수 있다. 백호에 현무를 더하면 사망의 음기이고 부모는 무덤이고 미토(未土)는 서남쪽을 의미하니 서남쪽에 무덤이 있다. 게다가 근처가 습하다.

세효 관귀 사화(巳火)가 월파(月破)되고 관귀는 남편을 뜻한다. 이 집은 혼인에 불리하다.

> **피드백**
>
> 　실제로 서남, 동남, 남쪽에 무덤이 있었다. 옆집에는 습기가 많았다. 늘 혼자였고 연인은 없었다.

예문 18

戊子년 乙卯월 壬申일(공망: 戌亥) 여자가 아들의 대학 진학이 어떤지 예측하였다.

화뢰서합(火雷噬嗑)−뇌택귀매(雷澤歸妹)

白虎	子孫巳火	⚊		妻財戌土
螣蛇	妻財未土	⚋	世	
勾陳	官鬼酉金	⚊		
朱雀	妻財辰土	⚋		
靑龍	兄弟寅木	⚊	應	兄弟卯木
玄武	父母子水	⚊		

[판단]

 관귀를 용신으로 본다. 관귀가 일(日)의 도움을 얻어 본래 왕상(旺相)하다. 형제와 자손이 동시에 발동(發動)하여 좋지 않다. 고인이 "자손과 형제가 동시에 동하면, 과거에 낙방한다."[15]라고 하였다. 그래서 아들이 반드시 공부를 못하니 대학에 진학하기 힘들다.

 자손 사화(巳火)가 발동(發動)하여 백호에 임하고 부모 자수(子水)를 절(絶)한다. 백호는 완고하고 비열하고 부모를 절(絶)하니 공

---

15) 子兄同動, 名落孫山

부를 거부한다.

　형제 인목(寅木)이 2효에 임하고 청룡이 발동하고 청룡은 새로운 것이다. 2효는 집(宅)이고 발동(發動)은 변동이니 새로 이사하는 정보다. 목(木)은 나무이고 월(月)의 도움을 얻어 진신(進神)으로 화하니 한 그루나 몇 그루는 아니다. 그래서 새로 이사한 지 얼마 안 되었고 동쪽에 숲이 있을 것이다. 풍수의 변화가 아이에게 영향을 주어 공부하는 것을 좋아하지 않는다.

피드백

역시 이사한 지 얼마 안 되었고 동쪽과 동남쪽에 숲이 있었다. 이사 온 후부터 아이가 공부하기 싫어해서 학업 성적이 떨어졌다.

예문 19

壬午년 己酉월 丁亥일(공망: 午未) 남자가 재물운을 예측하였다.

산지박(山地剝)→지수사(地水師)

青龍		妻財寅木	⚊		兄弟酉金
玄武	伏兄弟申金	子孫子水	⚋	世	
白虎		父母戌土	⚋		
螣蛇		妻財卯木	⚋		
勾陳		官鬼巳火	⚊	應	父母辰土
朱雀		父母未土	⚋		

[판단]

　일반적으로 처재를 용신으로 판단한다. 괘에 처재가 양현(兩現)하여 발동한 효 처재 인목(寅木)이 용신이다. 비록 일(日)의 생(生)이 있지만, 월(月)이 극(克)하고 동(動)하여 회두극(回頭克)하니 재물운이 좋지 않다. 6효는 일의 끝과 마지막 단계를 의미하니 그래서 돈이 자주 손에 거의 들어왔다가 안 된다고 판단했다.

피드백

　재물운이 좋지 않다. 영업을 할 때 늘 거의 될 것 같다가 안 되었다고 한다.

세효 자손 자수(子水)가 5효 현무에 임하고 5효는 존위(尊位)다. 수(水)는 지혜이고 현무는 기민과 심계(心計)이고 자수(子水)는 재(財)를 생하는 육친이다. 그래서 그의 두뇌는 총명하고 심계가 있고 영업을 잘하여 관리를 할 줄 안다. 하지만 운기가 좋지 않다.

　2효 관귀 사화(巳火)가 구진에 임하여 발동(發動)하고 세효를 절(絶)한다. 2효는 집(宅)이고 구진은 집·건축·개조이니 재물운과 풍수는 어느 정도 관련되어 있다. 사화(巳火)는 2001(辛巳)년에 해당하니 집의 보수 공사로 돈을 낭비했다. 사화(巳火)는 주로 화(火)와 관련되어 있는 공사다. 마땅히 난방과 같은 수선공사여야 한다.

피드백

난방공사다.

　초효(初爻)는 이웃이고 또 지층(地層)을 의미하고 부모 미토(未土)는 초효(初爻)에 공망(空亡)이고 부모는 건축이다. 그래서 집의 1층에는 사는 사람이 없어 빈집이다.

피드백

1층에 거주하는 사람이 없다.

　3효 처재가 공망(空亡)이고 3효는 침대이고 월파(月破)는 균열·

틈새를 의미한다. 묘목(卯木)은 동(東)에 해당하니 침대의 동쪽에 틈새가 있다.

피드백

맞다. 틈새가 있다. 설마 이것이 재운에 영향을 주나요? 어떻게 처리하나요?

답

콩가루로 풀칠하여 평평하게 한다.

예문 20

戊子년 乙卯월 癸酉일(공망: 戌亥) 남자가 혼인을 예측하였다.

수지비(水地比)—곤위지(坤爲地)

白虎	妻財子水	‖	應	
螣蛇	兄弟戌土	✕		妻財亥水
勾陳	子孫申金	‖		
朱雀	官鬼卯木	‖	世	
靑龍	父母巳火	‖		
玄武	兄弟未土	‖		

[판단]

처재를 용신으로 본다. 처재 자수(子水)가 응효에 임하고 응(應)은 부처(夫妻)의 효위(爻位)다. 일(日)의 생을 얻어 왕상(旺相)하다. 용신이 정위(正位)에 있어 처자(妻子)는 여전히 처자(妻子)이니 이혼하지 않았다. 하지만 6효에 임하고 6효는 퇴직의 효(爻)이니 아내는 장식품일 뿐이다.

형제 술토(戌土)가 발동(發動)하여 처재 해수(亥水)로 화하니 남들과 공동으로 아내를 공유한다. 처재 자수(子水)는 일(日) 유금(酉金)에서 목욕(沐浴)이다. 그래서 아내는 바람이 났다. 술토(戌土)는 월(月)의 합(合)이 있는데 이 일은 오래전의 일이다. 동(動)하여 합(合)을 만나니 1999년에 일어난 일이니 즉 기묘년(己卯年)이다.

> **피드백**
>
> 맞다. 1999년에 일어난 일이다.

술토(戌土)가 재(財)로 변하여 세효(世爻)와 합하고 세효는 3효에서 암동(暗動)하여 술토(戌土)와 합한다. 3효는 침대이고 육친 전환법을 이용하여 내(我)가 극하는 것은 재(財)다. 아내가 밖에 애인을 두고 있지만, 당신에게도 애인이 있을 것이다. 술토(戌土)는 세효(世爻)로 토지를 비옥하게 하는 땅이다. 그래서 상대방의 나이는 당신보다 훨씬 적을 것이다.

> **피드백**
>
> 20살 아래다.

형제 술토(戌土)가 발동하여 처재를 극하니 이는 이혼의 정보다. 그러나 공(空)이 공(空)으로 변하고 또 세효(世爻)가 암동하여 형제 술토(戌土)를 합주하여 처재를 극하지 못하게 한다. 그래서 마음속에 갈등이 있다는 뜻이다. 한편으로는 이혼하고 싶고 또 한편으로는 이혼하고 싶지 않다. 세효가 암동하여 기신 형제를 합하는 것은 일(日)에서 자손이 충하여 일으키는 것이다. 자손은 자식을 대표한다. 그래서 이혼하고 싶지 않은 주요 원인은 아이 문제를 고려했기 때문이다.

> **피드백**
>
> 확실히 그렇다.

용신이 6효에서 극(克)을 당하고 6효는 조상의 묘이고 형제 술토(戌土)가 공(空)에서 공(空)으로 변하고 관귀 묘목(卯木)을 합하고 극(克)한다. 관귀(官鬼)는 시체 그래서 술토(戌土)는 조상의 묘지를 대표한다. 조상의 묘지 풍수가 혼인에 어느 정도 영향을 준다. 술토(戌土)는 서북이고 토(土) 공(空)은 구덩이다. 공(空)이 공(空)으로 변한 것은 구덩 안에 구덩이 있다. 그래서 조상 무덤은 서북쪽에 있고 흙구덩이 있다. 게다가 구덩이 안에 구덩이가 있다. 등사에 임하고 등사는 얇고 긴 상(象)이다. 술토(戌土)는 화고(火庫)이고 화(火)는 전기다. 그래서 고압선 변전기를 설치해서 생긴 구덩이 아닐까 싶다.

> **피드백**
>
> 맞다. 서북쪽에 있었고 고압선 탑을 만들 때 구덩이를 판 것이다.

5효 공망(空亡)은 교량이니 근처에 교량이 있다. 6효는 수(水)로 응효에 임하고 응효는 다른 곳이니 수(水)와 묘지와는 거리가 멀다.

> **피 드 백**
>
> 철교다. 물이 멀리 떨어져 있다.

예문 21

戊子年 丙辰月 丙戌日(공망: 午未) 남자가 주택풍수를 예측하였다.

천뢰무망(天雷无妄)–천화동인(天火同人)

青龍	妻財戌土	｜		
玄武	官鬼申金	｜		
白虎	子孫午火	｜	世	
螣蛇	妻財辰土	╳		父母亥水
勾陳	兄弟寅木	‖		
朱雀	父母子水	｜	應	

[판단]

 부모 자수(子水)는 집으로 응효(應爻)에 임하고 응(應)은 타인이니 집은 다른 사람의 것이다. 자신이 세 들어 산 것이다. 부모 자수(子水)는 휴수(休囚)하고 일월(日月)이 극(克)하니 낡은 집이다.

 세효가 화(火)에 임하여 공망(空亡)이다. 세효는 주거지를 의미한다. 화(火)는 광선과 빛을 의미하고 공(空)은 부족함이고 일(日)에 입묘(入墓)하니 가려져서 광선이 부족함을 표시한다.

 세효 오화(午火)가 4효에서 공망(空亡)이고 재(財)가 등사에 임하여 독발하고 독발(獨發)은 성질이다. 등사는 불안이고 공망(空亡)도 마음이 불안함을 나타낸다. 그래서 이 집에서 살면 마음이 불안하다. 세효에 백호가 임하고 백호는 혈(血)이고 화(火)는 심장이니 심장에 혈액이 잘 공급되지 않는다.

관귀 신금(申金)이 일월(日月)의 생을 얻어 왕상하여 직장과 사업은 착오가 없이 좋다. 처재는 월의 도움을 얻는데 일(日)이 충(沖)하여 재운은 좋지만 안정되지 못하다.

피드백

모든 것이 역시 괘에 나타난 정보와 같다.

예문 22

戊子년 丙辰월 庚子일(공망: 辰巳) 여자가 주택풍수를 예측하였다.

풍택중부(風澤中孚)—수택절(水澤節)

螣蛇		官鬼卯木 ✕	妻財子水
勾陳	伏妻財子水	父母巳火 ∣	
朱雀		兄弟未土 ∥	世
靑龍	伏子孫申金	兄弟丑土 ∥	
玄武		官鬼卯木 ∣	
白虎		父母巳火 ∣	應

[판단]

관귀 묘목(卯木)이 등사에 임하여 독발하여 세효를 극한다. 관귀는 신귀(神鬼)·유령(幽靈)·귀혼(鬼魂)을 나타내고 등사는 불안·괴이함을 나타낸다. 여기에 현무를 가미하면 음기(陰氣)가 되고 유혼괘(遊魂卦)도 불안을 의미한다. 그래서 이 집에 살면 마음이 불안하고 편히 잠들지 못한다. 세효(世爻)가 관귀 묘고(墓庫)이니 몸에 음기가 들어온다.

6효는 머리이고 묘목(卯木)은 세효의 사지(死地)다. 어떤 에너지가 자신의 생명에 영향을 준다. 등사가 목(木)의 귀신(鬼)이니 목매

죽은 영혼이 폐를 끼친다.

세효 원신 부모 사화(巳火)가 응효에 있고 공망(空亡)이다. 원신은 내적인 마음과 사유(思維)를 의미하고 공망(空亡)은 불안·초조를 나타낸다. 부모는 집이고 초효는 근처나 부근이 되고 공망(空亡)은 없음을 표시한다. 사화(巳火)는 동남이니 동남 방향에 원래 집이 있었는데 없어졌다. 그래서 자기장이 변이를 일으켜 유령 같은 것이 자신을 방해하는 것을 초래한 것이다.

> **피드백**
>
> 실제로 동남 방향의 집이 철거되면서 주차장으로 개조했다. 본인은 잠을 이룰 수 없어 수면제로 유지하고 있었는데 시간이 지나다 보니 한 때 갑자기 죽고 싶은 생각까지 생겼다.

예문 23

丁亥년 癸丑월 丁未일(공망: 寅卯) 여자가 주택풍수를 예측하였다.

수천수(水天需)-지천태(地天泰)

青龍	妻財子水	‖	
玄武	兄弟戌土	㇒	妻財亥水
白虎	子孫申金	‖ 世	
螣蛇	兄弟辰土	ǀ	
勾陳 伏父母巳火	官鬼寅木	ǀ	
朱雀	妻財子水	ǀ 應	

[판단]

괘에 처재 자수(子水)가 양현(兩現)하고 월의 합을 득하여 기(氣)가 있다. 단 일월(日月)이 재(財)를 극하고 처재가 휴수(休囚)하고 형제 술토(戌土)가 독발(獨發)하여 처재 해수(亥水)로 화한다. 이것은 외채(外債) 즉 돈을 빌린다는 의미다. 즉 재운이 좋지 않아 채무에 시달릴 것이다.

형제 술토(戌土)가 5효에서 발동하여 세효를 생한다. 5효는 도로이고 세효를 생하고 세효는 집이니 집에 가는 길을 의미한다. 형제는 문이고 세효가 또 4효에 임하고 4효는 문이며 처재의 기신이 3

효에 임한다. 3효도 문이다. 이처럼 문의 위치가 좋지 않아 풍수의 기장이 정상 아님을 초래하였다. 술토(戌土)가 독발(獨發)하여 현무에 임하니 현관을 암시한다. 술(戌)은 서북(西北)이니 현관은 서북(西北)쪽에 있다.

2효 관귀 인목(寅木)이 공망(空亡)이고 일(日)에 입묘(入墓)한다. 2효는 주택 근처이고, 목(木)은 나무이고 공망(空亡)은 부족함이다. 구진에 임하여 구진은 개조이니 나무를 다듬은 적이 있다. 인목(寅木)은 동북(東北)이니 동북쪽의 나무를 다듬은 적이 있다는 것을 설명한다. 관귀는 남편이니 남편의 몸에 영향을 준다.

> **피드백**
>
> 실제로 현관(玄關)이 서북(西北)에 있고, 재운이 좋지 않아 외채가 있다. 동북쪽에 나무 두 그루를 다듬은 적이 있다. 남편의 건강이 좋지 않다.

예문 24

乙酉년 庚辰월 壬午일(공망: 申酉) 남자가 주택풍수를 예측하였다.

풍천소축(風天小畜)-천뢰무망(天雷无妄)

白虎		兄弟卯木	｜		
螣蛇		子孫巳火	｜		
勾陳		妻財未土	⚋	應	子孫午火
朱雀	伏官鬼酉金	妻財辰土	✕		妻財辰土
青龍		兄弟寅木	✕		兄弟寅木
玄武		父母子水	｜	世	

[판단]

세효 자수(子水)가 월(月)의 극(克)을 당하고 동효(動爻)가 와서 극(克)한다. 일(日)의 오화(午火)가 충(沖)하니 일파(日破)되었다. 화(火)는 심장이니 심장이 좋지 않다. 괘(卦)가 손궁(巽宮)에 있고 손(巽)은 풍한(風寒)이고 세효 부모 자수(子水)가 현무에 임하고 현무도 역시 풍한(風寒)이니 집에 한기가 심하다. 여기에 거주하면 감기에 쉽게 걸린다.

2효 형제 인목(寅木)이 청룡에 임하여 발동하고 세효의 병지(病地)다. 2효는 주방(灶)이고 청룡은 음식이다. 그래서 주방이 좋지 않아 몸에 영향을 준다.

 응효의 처재 미토(未土)가 회두생(回頭生)으로 화하니 이웃의 재운이 좋다. 반면 세효가 처재 진토(辰土)에 입묘(入墓)하니 본인은 재물에 얽매인다. 내괘가 복음(伏吟)이니 재물운이 좋지 않다.

화해(化解)

 검은색 신발을 신는다. 주방 동북쪽에 뾰족한 돌을 놓는다. 뾰족한 돌은 신금(申金)인데 인목(寅木)을 충거(沖去)하고 세효를 생한다. 그래서 해결할 수 있다.

피 드 백

 이웃의 재운은 좋았다. 자신의 월급은 적었다. 협심증이 있었고 감기에 자주 걸렸다. 화해한 후 협심증과 감기가 다 나았다. 스스로 한 달 휴가를 내서 쉬었다가 출근했는데 놀랍게도 회사는 그에게 위로금을 주는 한편, 돈도 빌려줬다.

예문 25

戊子年 甲寅月 己卯日(공망: 申酉) 여자가 주택풍수를 예측하였다.

천산둔(天山遯)-화산려(火山旅)

勾陳		父母戌土	ㅣ		
朱雀		兄弟申金	ㅐ	應	父母未土
靑龍		官鬼午火	ㅣ		
玄武		兄弟申金	ㅣ		
白虎	伏妻財寅木	官鬼午火	‖	世	
螣蛇	伏子孫子水	父母辰土	‖		

[판단]

관귀 오화(午火)가 지세(持世)하고 2효에 있다. 관귀는 공가(公家)·공공(公共)을 나타낸다. 그래서 공동주택이다. 처재가 일월(日月)의 도움을 얻고 세효 아래 복장(伏藏)되어 재물운이 괜찮다.

형제 신금(申金)이 주작에 임하고 5효에서 독발(獨發)하여 부모로 화한다. 독발(獨發)은 풍수의 좋고 나쁨의 관건이다. 5효는 도로이고 월(月)의 충(沖)은 십자로(十字路)가 된다. 월(月)이 괘에 들어가고 2효에서 복장(伏藏)이 되었다. 2효는 집이고 복장(伏藏)이니 보이지 않으니 집의 뒤쪽이라고 할 수 있다. 그래서 집의 뒤편에 십자로(十字路)가 있다고 판단할 수 있다. 이 도로가 풍수 자기장에 영향을 준다.

 형제가 주작에 임하니 구설(口舌)이 있고 부모로 화하여 부모는 관재구설이 된다. 외괘(外卦) 형제 신금(申金)은 본궁(本宮)이 형제다. 5효는 존위(尊位)의 위치이고 양(陽)은 남자이니 그래서 오빠와의 사이에 관재구설이 있다.

 신금(申金)은 세효의 병지(病地)다. 5효는 가슴이고 주작은 음식·염증이다. 부모 미토(未土)로 화출함은 처재의 묘고(墓庫)다. 처재는 음식이고 묘고(墓庫)는 식도이기 때문에 식도에 염증이 있다. 세효는 2효에서 병지(病地)를 보고 2효는 장(腸)·항문 또는 자궁을 의미한다. 그래서 이러한 방면에 좋지 않다.

피드백

 실제로 이 집은 공동주택이다. 집 뒤편에 십자로(十字路)가 있다. 재운은 괜찮았다. 항문·식도·허리가 좋지 않고 부인과 질환이 있다. 오빠와의 관계가 좋지 않다. 왜냐하면 토지 유산 때문에 소송을 벌이고 있기 때문이다.

예문 26

壬午년 丙午월 己巳일(공망: 戌亥) 일본 남자가 주택풍수를 예측하였다.

진위뢰(震爲雷)–지천태(地天泰)

勾陳	妻財戌土	‖	世	
朱雀	官鬼申金	‖		
青龍	子孫午火	✕		妻財丑土
玄武	妻財辰土	‖	應	妻財辰土
白虎	兄弟寅木	‖		兄弟寅木
螣蛇	父母子水	∣		

[판단]

1. 5효는 도로, 자손도 도로, 자손이 일(日)에 임하여 5효와 합한다. 그래서 길에 길을 더한다. 근처에 길 위에 떠받쳐 올린 교량이 있다. 내괘(內卦) 형제 인목(寅木)이 백호에 임하여 복음(伏吟)이다. 백호는 도로이고 2효와 5효 일(日)에서 자손이 삼형(三刑)이 되어 집안 사람들이 이 교량에서 사고를 당할 수 있다.

[답] 집 건너편에는 농업용 도랑이 있는데, 나는 그 위에 길이 2.5m, 폭 80cm의 다리를 혼자서 놓았다. 그런데 좀 낡았다. 큰아들이 1학년 때 자전거를 타다가 다리에서 한 번 떨

어졌다. 나중에 시멘트로 다리의 가장자리를 만들었는데 지금은 담장이 있는 마당 같다.

2. 재효가 왕상(旺相)하니 집에 수입이 많다. 하지만 세효의 처재 술토(戌土)가 공(空)이니 자신의 돈이 모이지 않는다. 응효의 처재 진토(辰土)가 와서 충실(沖實)하니 아내에 의해 생활비에 조금 보탬이 되었다. 게다가 세효가 응효의 재효에 입묘(入墓)한다. 그래서 자신은 아내 말을 듣는다.

[답] 내가 번 돈은 적지 않다. 하지만 돈 쓰기를 좋아한다. 아내는 나보다 수입이 많다. 그래서 우리 집에 큰일이 있을 때는 아내의 말을 들을 필요가 있다.

3. 초효(初爻) 부모는 월파(月破)되고 등사에 임한다. 등사는 벌레이고 부모는 집이 된다. 월파(月破)는 파손이고 오화(午火)에 충파(沖破)당하고 오(午)는 말(馬)이다. 일본의 집은 대부분 나무로 만들어졌고 초효는 지기(地基)이기 때문에 집의 지반이 흰개미에게 물어뜯길 가능성이 있다.

[답] 우리 집 옆의 하수구 뚜껑은 나무로 만들어져 있다. 흰개미에게 많이 뜯기고, 우리 집에서도 흰개미가 발견됐지만, 다행히 살충제를 사용해서 심하지는 않다.

4. 자손 오화(午火)가 청룡에 임하여 발동하여 세효의 재를 생한

다. 청룡은 오락이니 자신은 돈을 쉽게 버는데 남들에게는 노는 것 같이 보인다. 관귀가 주작에 임하고 주작은 말을 의미하니 입만 움직이면 돈을 번다.
[답] 나는 개인 기공 학교를 운영하여 돈을 번다.

5. 처재 진토(辰土)가 현무에 임하여 3효에 있고 복음(伏吟)이다. 2효 형제가 백호가 임하여 극을 당한다. 현무는 은밀한 부위이고 3효 재(財)는 아내다. 백호는 질병이니 아내가 부인과 질환이 있다. 하지만 재(財)가 왕(旺)하여 그렇게 심하지는 않다.
[답] 아내에게 물어봐야겠다.

예문 27

壬午년 丙午월 己巳일(공망: 戌亥) 남자가 주택풍수를 예측하였다.

뇌화풍(雷火豐)─천화동인(天火同人)

勾陳	官鬼戌土	∥		官鬼戌土
朱雀	父母申金	∥	世	父母申金
靑龍	妻財午火	∣		
玄武	兄弟亥水	∣		
白虎	官鬼丑土	∥	應	
螣蛇	子孫卯木	∣		

[판단]

1. 세효 부모 신금(申金)은 집인데 일(日)과 합(合)을 한다. 즉 일(日)과 합(合)은 쌓여서 증가함을 나타내니 거주하는 곳이 다층집이다.

[답] 거주하는 것은 다층집으로 4층에 거주한다(金은 4다.).

2. 2효는 택효(宅爻)로 세효를 생하니 이 집에 살면 안락하고 편안하다. 화(火)가 일월(日月)에 임하여 2효를 생하면 집에 광선이 충분하다.

[답] 햇볕이 잘 들어와서 좋고 환경도 괜찮다.

3. 5효는 도로이고 복음(伏吟)이고 또 일(日)에 합(合)이 있어 근처 도로가 교차해 있다. 금(金)에 임하여 철도가 있다.
[답] 교통이 편리하다. 철도도 있고 고속도로도 있다.

4. 초효(初爻) 목(木)이 등사에 임하여 가느다란 풀이 된다. 관귀 술토(戌土)가 구진에 임하여 구진은 건축이 되고 1효 묘목(卯木)과 합한다. 1효는 지면이 되고 합(合)은 연접이니 부근에 넓은 면적의 잔디밭(초지)이 있다.
[답] 부근에 녹지공원이 있다. 걸어서 8분 걸린다.

5. 처재가 구진에 임한 효에 입묘한다. 구진에 속한 효(爻)가 원신 자손과 합주(合住)한다. 경제적 형편이 빠듯한데 이것은 집을 구매한 것이 주요 원인이다.
[답] 집을 살 때 대출을 받았다. 지금도 모두 상환하지 못했다.

6. 외괘(外卦)가 복음(伏吟)으로 주작에 임하고 금(金)과 주작은 주로 음성(聲音)이다. 복음(伏吟)은 반복의 상(象)이 있다. 자신은 잔소리하기를 좋아한다.
[답] 내가 성격이 급해서 말 참견을 많이 한다.

7. 세효는 금(金)이고 5효에 있어 주로 폐(肺)이니, 호흡 계통이 좋지 않다. 주작에 임하니 소리가 되니 기침하는 습관이 있다.

[답] 저는 긴장하거나 무서울 때 기침을 한다. 저는 옛날에 담배를 많이 피웠다. 결국 기침 때문에 담배를 피우지 않았다.

8. 6효는 공(空)이니 세효를 생하지 않고 6효는 머리이니 기억력이 좋지 않다. 재효가 6효에 입묘(入墓)한다. 재(財)는 아내가 되니 아내가 머리를 어지러워한다. 원신 묘목(卯木)이 6효의 합을 당하여 반주(絆住)되었다. 재(財)를 생하지 않으니 혈액순환이 원활하지 않다.
[답] 내 기억력은 좋지 않다. 아내는 철분이 부족하여 빈혈이 있다.

9. 초효 자손은 아이이고 동효에 합주(合住) 당하고 합(合)은 반(絆)이니 아이를 늦게 낳는다.
[답] 결혼한 후 몇 년이 되었는데 지금까지 아이가 없어요. 육효는 진짜로 사람을 놀라게 한다.

예문 28

癸未년 甲寅월 辛亥일(공망: 寅卯) 여자가 부친이 아파서 옛날 집에 가서 살고 싶다는 얘기를 하면서 옛날집 풍수가 부친의 질병에 어떤 영향을 미치는지를 물었다.

화산려(火山旅)-화풍정(火風鼎)

螣蛇		兄弟巳火	ㅣ	
勾陳		子孫未土	‖	
朱雀		妻財酉金	ㅣ 應	
靑龍	伏官鬼亥水	妻財申金	ㅣ	
玄武		兄弟午火	⚋	官鬼亥水
白虎	伏父母卯木	子孫辰土	‖ 世	

[판단]

 이 괘는 집이 부친에게 어떤 영향을 미치는지를 예측한 것이지만 사실 부친의 질병에 대한 예측과 동일하다. 그래서 부친의 길흉을 먼저 우선으로 보고 그다음에 2효 택효(宅爻)와 응효(應爻)의 용신에 대한 작용을 봐야 한다. 그래서 부모효(父母爻)를 집으로 봐서는 안 된다. 왜냐하면 부친을 부모효(父母爻)로 보았기 때문이다. 만약 집을 부모효(父母爻)로 보면 집이 부친에게 어떤 영향을 미치는지 판단할 수 없다.

이러한 정황에서는 세응(世應)의 상황을 본다. 세효는 현재 거주하는 곳이고, 응효는 가고 싶은 옛날 집이다. 2효는 집(宅)이니 이것도 본다. 동시에 동효(動爻)가 부모효(父母爻)에 어떤 작용을 하는지를 봐야 한다.

　　괘(卦)로 그녀 부친의 길흉을 보려면 부모효(父母爻)를 용신으로 한다. 부모 묘목(卯木)이 월의 도움과 일의 생을 얻어 용신이 왕상(旺相)하다. 괘(卦)에 동효(動爻) 오화(午火)가 용신을 극하지 않는다. 용신 묘목(卯木)이 비록 복장(伏藏)되고 공망(空亡)이지만 쇠왕(衰旺)의 근거로 좋지 않다고 판단하면 안 된다. 이 괘는 1개의 효가 독발(獨發)하였다. 1개 효(爻)의 독발(獨發)은 상(象)을 위주로 판단한다.

　　응(應)은 부모를 극(克)하니 가는 곳이 부친한테 불리하다. 형제 오화(午火)가 2효에서 독발하고 용신의 사지(死地)이니 이 괘는 매우 흉하다. 목처(木處)는 사지(死地)다. 그녀 부친이 필히 목(木)과 상관된 질병을 얻은 것이다. 목(木)은 간담(肝膽)이고, 사지(死地)는 대부분 암이다. 담 쪽에는 암이 적다. 그래서 간암이라고 판단한다. 기신(忌神)은 금(金)이고, 금(金)은 폐이니, 폐에까지 이전되는 것을 방지해야 한다. 그래서 나는 병원에서 요양하는 것이 좋다고 건의했다. 옛날 집에 가지 않는 것이 가장 좋다고 했다.

피드백

하지만 그녀의 아버지는 몸이 좋지 않고 예전에 살았던 곳이 그리웠는데 그곳에 살면 기분이 좋아질 것 같아 돌아가 살았다. 그녀는 아버지가 간암에 걸린 것을 이미 알고 있었다. 아버지를 돌려보내지 않으면 혹시나 돌아가실 때 후회될까 하는 생각이 들었다. 결국 그녀의 아버지는 진월(辰月)에 암세포가 퍼지면서 폐로 전이되어 세상을 떠났다.

예문 29

乙酉년 癸未월 壬寅일(공망: 辰巳) 남자가 주택풍수를 예측하였다.

천산둔(天山遯)

白虎	父母戌土	∣
螣蛇	兄弟申金	∣ 應
勾陳	官鬼午火	∣
朱雀	兄弟申金	∣
靑龍 伏妻財寅木	官鬼午火	∥ 世
玄武 伏子孫子水	父母辰土	∥

[판단]

풍수 판단의 경우 집은 부모와 2효로 본다. 길흉은 전체 괘의 조합 변화를 본다. 2효와 월(月)의 합은 다층집이 된다(실제로 2층). 2효는 일(日)의 생(生)을 얻어 왕상(旺相)하다. 청룡에 임하여 호화롭고 집은 기백이 있다.

초효(初爻) 부모 진토(辰土)가 공망(空亡)이다. 부모는 집이고 초효(初爻)는 근처이고 공(空)은 구멍이다. 아래에 복장된 자수(子水)이니 비신(飛神)이 공(空)이면 쉽게 나온다. 현무는 주로 습하다. 그래서 주택 부근에 샘이 솟는다(실제로 샘이 있다.).

부모 진토(辰土)는 공(空)이라 화(火)가 와서 생하는 것을 받지 못한다. 화(火)는 광명이고 또 현무에 임하여 어두움이니 그래서 집안에 빛이 부족하다(실제로도 빛이 부족하다.).

형제 신금(申金)이 양현(兩現)하여 암동(暗動)하니 재운이 좋지 않고 돈을 빨리 쓴다(응험).

형제가 주작에 임하여 암동하니 집안에 말다툼이 있다(실제로 돈 문제 때문에 아내와 시어머니 사이에 시비가 다툼이 있다.).

형제가 5효에서 암동(暗動)하고 5효는 도로이니 부근의 도로가 풍수 변화를 일으킨다. 등사에 임하고 등사는 만곡함을 나타내니 이 길은 구불구불하다(부근에 마침내 구불구불한 길이 있다.).

관왕(官旺)이 지세(持世)하니 이 집은 관직에 이롭다[실제로 자신의 어머니와 아내는 모두 현지의 정부 관원(官員)이다.].

예문 30

甲申년 辛未월 丁亥일(공망: 午未) 어느 레스토랑 점장이 집을 구매하여 살고 있는데 집의 풍수가 자신에게 유리한지, 더 높은 직위에 오를 수 있는지를 묻는다.

지천태(地天泰)—산천대축(山天大畜)

青龍		子孫酉金	∦	應	官鬼寅木
玄武		妻財亥水	∥		
白虎		兄弟丑土	∥		
螣蛇		兄弟辰土	│	世	
勾陳	伏父母巳火	官鬼寅木	│		
朱雀		妻財子水	│		

[판단]

이 사람의 목적은 직위가 높아지는 것이다. 그래서 관귀효(官鬼爻)를 중점적으로 봐야 한다.

이 괘(卦)의 관귀 인목(寅木)은 일(日)이 와서 생하지만 생(生) 중에 합(合)을 하고 있어 일(日)이 합(合)하여 반(絆)이 되어서 승진하기 어렵다. 동시에 자손 유금(酉金)이 독발(獨發)하고 동(動)하여 관귀를 극한다. 그래서 이 집을 사면 승진이 되지 않을뿐더러 일자리까지 잃어버린다.

자손 유금(酉金)이 응효에 임하여 발동(發動)하고 응(應)은 타인이니 타인에 의한 원인 때문에 직장을 잃는다.

　자손 유금(酉金)이 동하여 관귀를 극하는 동시에 또 관귀로 화출한다. 이것은 이곳에서 직장을 잃지만 다른 곳에서 일을 찾을 수 있다는 정보이다. 이 괘는 자손 유금(酉金)이 청룡에 임하여 세효를 합(合)하니 을유(乙酉)년에 또 좋은 일이 생긴다. 자손은 아이이고 청룡은 출산이고 음효(陰爻)가 임하여 여자아이다.

피드백

　이 괘는 병술(丙戌)년에 이르러서야 피드백되었다. 그는 나의 만류에도 불구하고 집을 사서 입주했다. 을유(乙酉)년에 여자아이가 태어났고 또 새로운 지도자가 와서 자신과 의견이 맞지 않아서 할 수 없이 일을 그만두게 되었다.

예문 31

丙戌년 己亥월 丙辰일(공망: 子丑) 일본에서 강의하는 기간에 많은 사람이 예측을 요구했다. 그중의 한 여자가 자신이 사는 집의 풍수가 어떤지 예측해달라고 했다.

산택손(山澤損)-화택규(火澤睽)

青龍		官鬼寅木	∣	應	
玄武		妻財子水	∥		
白虎		兄弟戌土	⚊̸		子孫酉金
螣蛇	伏子孫申金	兄弟丑土	∥	世	
勾陳		官鬼卯木	∣		
朱雀		父母巳火	∣		

[판단]

　우선 집 주위의 상황을 판단했다. 부모는 집이고 부모 사화(巳火)가 월파(月破)되어 이 집을 멀리서 보면 균열이 일어난 것과 같다(응험).

　부모가 휴수(休囚)하고 월(月)이 와서 극(克)하니 집이 그리 새것은 아니다. 술토(戌土)가 독발(獨發)하여 2효 구진과 합(合)하고 2효는 택효(宅爻)이고 구진은 건축물을 수리하여 만든다는 의미다. 부모 사화(巳火)가 동효 술토(戌土)에 입묘하고 입묘(入墓)는 충묘

(沖墓)에 응(應)한다. 2효의 합(合)도 충개(沖開)하면 응할 수 있다. 그래서 이 집은 이미 건축한 지 6년이 된 것이다. 2000년에 지은 것이 마땅하다(응험).

형제 술토(戌土)가 백호에 있고 백호는 주로 도로이고 부모가 이 효에 입묘하니 교통이 불편하다. 또한 도로가 비교적 협소하다. 형제 술토(戌土)가 일(日)의 충(沖)을 당하고 충(沖)은 교차로이니 그래서 부근에 교차된 도로가 있다(응험).

형제 술토(戌土)가 발동(發動)하여 2효 택효(宅爻)와 합(合)하고 위아래가 합(合)하니 거주한 집은 다층집이다(응험).

5효 자수(子水)가 공(空)하여 세(世)를 합하니 풍수예측에서 세(世)는 거주하는 곳으로 해석할 수 있기 때문에 거주하는 곳의 부근에 도랑이 있을 것이다. 하지만 공망(空亡)이니 평상시에는 물이 흐르지 않는다(응험).

형제가 지세(持世)하고 공(空)이며 등사가 임하여 공(空)하여 불안하다. 등사도 불안하다. 그래서 이곳에 거주하며 마음이 편안하지 않다. 3효는 침대이니 여기 있으면 잠을 이루지 못하는 불면증이 생긴다(응험).

부모가 화(火)에 임하여 입묘(入墓)하고 또 월파(月破)되어 화(火)는 광선이니 광선이 부족하다. 화(火)가 수(水)의 충파(沖破)를 당하니 집이 비교적 습하다(응험).

처재 자수(子水)가 공(空)하고 일에 입묘(入墓)하여 손에 쥔 돈이 비교적 부족하다. 형제가 독발(獨發)하여 재물운이 일반적이어서 돈이 있으면 낭비하기 때문에 돈을 모으지 못한다. 백호에 임하여 백호는 빠르다. 일(日)이 충(沖)하는데 충(沖)은 빠르게 움직이는 것이니 돈이 있으면 빨리 나간다(응험).

초효 부모는 세효의 원신(元神)이고 월파(月破)에 입묘(入墓)되어 세효를 생할 수 없다. 초효(初爻)는 발이 되는데 주작에 임하여 염증이 된다. 월파(月破)는 발에 껍질이 일어난다. 그래서 무좀이 있다(응험).

예문 32

壬午년 丙午월 庚午일(공망: 戌亥) 남자가 주택풍수를 예측하였다.

뇌택귀매(雷澤歸妹)

螣蛇		父母戌土	‖	應
勾陳		兄弟申金	‖	
朱雀	伏子孫亥水	官鬼午火	│	
靑龍		父母丑土	‖	世
玄武		妻財卯木	│	
白虎		官鬼巳火	│	

[판단]

1. 부모 축토(丑土)가 지세(持世)하고 일월(日月)과 동효(動爻)의 극(克)을 받지 않는다. 세효는 자신이고 지세(持世)는 보유의 의미이니 집은 자신의 사유 자산이다.
[답] 맞다.

2. 부모가 일월(日月)의 생(生)을 얻어 왕상(旺相)하니 대지 면적이 매우 크다.
[답] 맞다. 700평이 넘고 있다.

3. 부모가 청룡에 임하여 주위 환경이 매우 아름답다. 하지만 또

등사가 임하여 등사는 외진 곳이니 장소가 좀 외진 곳이다.
[답] 맞다. 주위 환경은 매우 좋은데, 시골이라서 그렇다.

4. 2효 묘목(卯木)이 극(克)을 받지 않아 부근의 나무가 울창하다.
[답] 동쪽 면은 모두 숲이다.

5. 응효의 부모 술토(戌土)가 공(空)이다. 그래서 부근에 빈집이 있다. 재(財)와 합하고 등사에 임하여 등사는 지저분하다. 그래서 인근에 아무렇게나 놓아둔 물건이 있을 것이다.
[답] 부근에 6대의 차를 넣을 수 있는 차고지가 있다. 다 지은 후에는 한번도 사용하지 않고 항상 비어 있다. 차고지 앞에는 빈 탱크통이 많이 놓여 있다.

6. 관귀가 왕(旺)하고 세효를 생하여 이곳은 사업 발전에 유리하고 풍수가 괜찮다.
[답] 우리는 안경을 제조한다. 안경 제조 공장은 중심부에 위치해 사업이 잘되고 있다.

7. 재(財)가 약(弱)하고 응(應)에 공망(空)이라 혼인이 늦다.
[답] 저는 현재 30세가 넘었는데 혼인하지 못했다.

예문 33

丙戌年 庚子월 癸巳일(공망: 午未) 일본의 한 남성이 자신의 재운이 좋지 않아 혹시 풍수 때문에 일어난 것인지를 물었다.

천풍구(天風姤)—풍천소축(風天小畜)

白虎	父母戌土	ㅣ		
螣蛇	兄弟申金	ㅣ		
勾陳	官鬼午火	✕	應	父母未土
朱雀	兄弟酉金	ㅣ		
靑龍 伏妻財寅木	子孫亥水	ㅣ		
玄武	父母丑土	✕✕	世	子孫子水

[판단]

비록 풍수에 대해서 문의하였지만 재운이 좋지 않아 질문을 한 것이니 괘의 변화가 재효(財爻)에 어떤 영향을 주는지 봐야 한다. 처재(妻財)에 불리한 곳은 풍수에 모병(毛病)이 있는 곳이다.

괘(卦)에 처재 인목(寅木)이 없고 비록 월(月)이 생(生)해주지만 2개의 동효(動爻)가 모두 재효(財爻)에 불리한 영향을 준다. 이는 풍수적으로 재물운에 영향을 준다는 뜻이기도 하지만 재물이 왕성하기 때문에 풍수의 영향이 중요한 것이 아니라 운 자체가 좋지 않은 것으로 보인다.

부모 축토(丑土)가 지세(持世)하고 부모는 집이니 집은 자신의 집이라고 설명한다. 부모 축토(丑土)가 월(月)과 합(合)하는데 아래 위로 합(合)하니 즉 합(合)은 중첩이니 거주하는 곳은 다층 구조의 집이다. 집이 자신의 것이기 때문에 자신은 다층집을 지을 리 없으니까 "다층 독채"일 것이다. 이러한 상황은 일본에서는 매우 보편적이다(실제로 2층 구조의 집이다.).

부모 축토(丑土)가 초효(初爻)에 있고 초효(初爻)는 발이 되고 도로를 걷는 것이고 부모효가 현무에 임하여 이신법(移神法)에 의해 초효(初爻)에 또 백호를 더하여 백호는 도로다. 그래서 집은 도로변에 있다.

부모가 현무에 임하여 집이 비교적 습하다(응험).
원신 화(火) 관귀가 공파(空破)되어 부모를 생하는 역량이 약하다. 화(火)는 광명(光明)이다. 그래서 집에 빛이 부족해 좋지 않다.

응효에 오화(午火)가 구진으로 임하고 공파(空破)되고 부모로 화한다. 구진은 건축이고 공파(空破)는 소실을 의미한다. 부모는 건축이니 그래서 맞은편 남쪽 면에 있는 건축물이 철거당하여 또 새로 지었다. 변효(變爻) 부모 미토(未土)가 공(空)이 되어 아직은 다 짓지 못했다(응험).

집이 길가에 임해 있고 상대방이 집을 짓고 있기 때문에 재물운에 지장이 있다. 2004년(甲申)과 2005년(乙酉)에 재가 극을 당하여 재운이 좋지 않았다(응험).

예문 34

壬午년 丙午월 己巳일(공망: 戌亥) 여자가 주택풍수를 예측하였다.

택화혁(澤火革)—택뢰수(澤雷隨)

勾陳		官鬼未土	‖		
朱雀		父母酉金	│		
靑龍		兄弟亥水	│ 世		
玄武	伏妻財午火	兄弟亥水	⚊		官鬼辰土
白虎		官鬼丑土	‖		
螣蛇		子孫卯木	│ 應		

[판단]

세효(世爻)는 소재지인데 세효 해수(亥水)가 공망(空亡)이라 대부분 집이 비어 있고 사람이 거의 살지 않는다.

피드백

맞습니다. 휴일과 평상시에 거의 집에 없다.

3효 형제 해수(亥水)가 발동(發動)하여 묘(墓)로 변하였다. 3효는 문이고 형제도 문이다. 그래서 문은 항상 굳게 잠겨 있다.

> **피드백**
>
> 평상시 집에 있을 때도 문을 잠가 놓는데 외출할 때는 더 세게 잠가 놓는다.

처재 오화(午火)가 일월(日月)의 도움을 얻어 왕상(旺相)하다. 수입은 적지 않지만 형제 해수(亥水)가 독발(獨發)하여 돈을 모을 수가 없다.

> **피드백**
>
> 매우 잘 맞아요.

부모 유금(酉金)이 5효에 있고 5효는 도로이니 집은 바로 도로와 인접해있다.

> **피드백**
>
> 우리 집은 마을구역의 바깥쪽에 있다. 집이 크지는 않지만 도로 바로 옆에 있다. 집은 철도 바로 옆에 있고 오가는 차가 매우 많다.

예문 35

壬午년 丙午월 庚午일(공망: 戌亥) 남자가 주택풍수를 예측하였다.

산풍고(山風蠱)

螣蛇		兄弟寅木 |	應
勾陳	伏子孫巳火	父母子水 ||	
朱雀		妻財戌土 ||	
青龍		官鬼酉金 |	世
玄武		父母亥水 |	
白虎		妻財丑土 ||	

[판단]

5효와 2효가 비화(比和)하여 효위(爻位)가 안정적이라 풍수적으로 봐서는 자신에게 영향을 주는 곳이 적다.

피드백

제 생각에도 그래요. 제가 초등학교 6학년 때 이사 왔어요. 고등학교 때부터 16년째 외지에서 살고 있습니다.

2효에 현무가 임하고 2효는 주택인데 현무는 어두움이니 집에 빛이 부족하다.

> **피 드 백**
>
> 부근에 고층 빌딩과 고층 주택이 많아서 집의 남쪽 10분의 2, 3 정도에만 햇빛이 비친다. 대부분의 방에는 햇빛이 비치지 않는다.

관귀 유금(酉金)이 지세(持世)하고 일월(日月)이 와서 극(克)하고 또 청룡이 임한다. 관귀는 걱정이고 휴수(休囚)는 주로 없음이고 청룡은 기쁨이다. 그래서 여기에 살면 마음이 후련하다.

> **피 드 백**
>
> 부모님과 저는 정신적으로나 육체적으로나 고민할 것이 없다. 주택에 마당이 있다. 통풍이 잘되고 천장이 높고 조용하다. 모두 이곳을 좋아해서 편하게 살 수 있다.

처재가 양현(兩現)하고 일월(日月)의 생을 얻어 왕상(旺相)하다. 그래서 이곳의 풍수는 재운에 좋다.

> **피 드 백**
>
> 우리가 이사 온 지 25년이 되었는데 그동안 아버지의 사업이 잘되었고 가족과 저는 모두 재물운이 좋았다. 이곳으로 이사 오기 전까지는 아버지의 회사가 버틸 수 없을 것 같았지만 막상 오니 장사가 잘되었다.

5효 부모 자수(子水)가 월파(月破)·일파(日破)되었다. 또 5효는 도로이고 구진에 임하여 공사 때문에 속도가 느리다. 그래서 집으로 가는 길에 공사 때문에 보행에 영향을 주거나 걷기 힘든 구간이 있을 것이다.

> **피드백**
>
> 맞아요. 있습니다. 집에서 150미터 떨어진 곳은 일방통행입니다. 그곳은 90도 가까이 굽어 있는데, 굽은 곳은 도로가 좁아져서 오토바이가 자주 넘어지곤 합니다.

예문 36

壬午年 丙午月 庚午日(공망: 戌亥) 남자가 주택풍수를 예측하였다.

지수사(地水師)—지택림(地澤臨)

螣蛇	父母酉金	‖	應	
勾陳	兄弟亥水	‖		
朱雀	官鬼丑土	‖		
靑龍	妻財午火	‖	世	
玄武	官鬼辰土	│		
白虎	子孫寅木	╫		妻財巳火

[판단]

부모 유금(酉金)이 일월(日月)의 극상(克傷)을 당하여 휴수(休囚)하다. 부모는 집인데 둥사에 임하여 협소함을 의미한다. 그래서 집은 넓지 않다.

피드백

맞다. 면적이 매우 작다. 60제곱미터밖에 안 된다.

자손 인목(寅木)이 독발(獨發)하여 부모가 처한 곳이 절지(絕地)되어 단독가구다.

> **피 드 백**
>
> 맞다.

　세효 처재 오화(午火)가 청룡에 임하여 일월(日月)의 도움을 얻어 왕상하다. 화(火)는 광선·빛이고 왕상(旺相)은 새로운 것이고 청룡도 새로운 것이고 세효는 자신이 있는 곳이다. 그래서 집은 새롭고 예쁘고 일조량이 충분하여 광선(光線)이 매우 좋다.

> **피 드 백**
>
> 집은 4년 전에 새로 지었다. 햇빛이 많이 들어온다.

　괘(卦)가 감궁(坎宮)에 있고 감(坎)은 지대가 낮고 함몰된 곳이니 이 구역은 전체가 움푹 패었다. 마치 분지에 있는 것과 같다. 하지만 부모 유금(酉金)이 6효에 있고 6효는 높은 곳이다. 당신의 집은 비교적 높은 곳에 있다. 감(坎)은 또 수(水)이니 부근에 물이 솟구쳐 나온다.

> **피 드 백**
>
> 주변의 지대가 낮고 물이 솟구친다. 우리 집이 높은 곳에 있다기보다는 지붕이 높고 주변 사람의 집보다 높다. 우리 집 성씨에는 '고(高)' 자가 있다.

처재 오화(午火)가 지세(持世)하고 일월(日月)의 도움을 얻고 초효(初爻) 자손 인목(寅木)이 발동(發動)하여 생(生)하고 동시에 처재 사화(巳火)로 화출하여 재효(財爻)가 좀 지나치게 왕(旺)하다. 오화(午火)는 또 올해 태세(太歲)에 입효(入爻)한다. 그래서 올해 재물운이 좋지 않다. 내년에 원신(元神)이 입묘(入墓)되어야 차츰 좋아진다.

피드백

　올해 인터넷 비즈니스를 시작하는데 돈이 많이 들어가 투자금도 아직 회수되지 않았다. 내년에 돈을 벌 수 있으면 하는 바람이다.

　관귀가 양현(兩現)하여 겸직을 하거나 두 가지 일에 종사한다.

피드백

　맞다.

　초효(初爻)가 발동(發動)하여 처재로 화하고, 초효(初爻)는 걱정거리이고 또 세효의 원신(元神)도 내적인 마음이다. 처재는 여자이니 외도를 하고 싶어 하는 뜻이다. 하지만 처재 오화(午火)가 지세(持世)하고 또 귀혼괘(歸魂卦)라서 그래도 마음속으로는 아내에게 신경이 쓰인다. 원신이 공망(空亡)인 해수(亥水)와 합하니 도둑 심보는 있지만, 도둑 담력은 없다.

피드백

맞다. 맞다. 아내가 최고니까!!! 나는 엄두도 내지 못한다.

> **예문 37**
>
> 壬午年 丙午月 己巳일(공망: 戌亥) 미혼인 남자가 주택풍수를 예측하였다.
>
> **이위화(離爲火)─택화혁(澤火革)**
>
> | 勾陳 | 兄弟巳火 | ⚊╳ | 世 | 子孫未土 |
> | 朱雀 | 子孫未土 | ⚋ | | 妻財酉金 |
> | 青龍 | 妻財酉金 | ⚊ | | |
> | 玄武 | 官鬼亥水 | ⚊ | 應 | |
> | 白虎 | 子孫丑土 | ⚋ | | |
> | 螣蛇 | 父母卯木 | ⚊ | | |

[판단]

　5효 자손 미토(未土)가 발동(發動)하여 2효 자손 축토(丑土)를 충한다. 5효는 도로이고 자손도 도로인데 축토(丑土)는 백호에 임한다. 백호는 도로를 의미하고 충(沖)은 교차의 뜻이니 부근에 교차로가 있다. 월(月)이 5효와 합(合)하고 합(合)은 평행을 나타내어 교차로 아니면 정자로(丁字路)다.

> **피드백**
>
> 이점은 아주 미묘(微妙)하다. 정확히 어떤 회사가 도로의 교차점에 있는데 우리 집은 회사 바로 옆에 있다.

일월(日月)이 처재를 극(克)하고 형제가 또 지세(持世)하지만 단 자손이 발동(發動)하여 재로 화하고 재를 생한다. 재운이 보통이고 매우 안 좋은 것은 아니다. 2효는 재고(財庫)이니 재물이 들어온다. 세효는 처재의 장생이고 발동하여 자손을 생하고 자손이 처재를 생한다. 그래서 노력하지 않으면 돈을 얻을 수 없다. 혼인시기는 비교적 늦다. 발재할 때에 여자 친구가 생길 것이다.

피드백

현재 재운은 보통이다. 빨리 발재하고 싶었다. 그래야 여자 친구를 만날 수 있으니까.

예문 38

壬午년 丙午월 己巳일(공망: 戌亥) 여자가 주택풍수를 예측하였다.

산화비(山火賁)-지택림(地澤臨)

勾陳		官鬼寅木	ㄨ	子孫酉金
朱雀		妻財子水	‖	
靑龍		兄弟戌土	‖ 應	
玄武	伏子孫申金	妻財亥水	ㄨ	兄弟丑土
白虎	伏父母午火	兄弟丑土	ㄨ	官鬼卯木
螣蛇		官鬼卯木	∣ 世	

[판단]

처재 해수(亥水)가 일월(日月)의 도움을 얻지 못하여 휴수(休囚)하고 동(動)하여 회두극(回頭克)으로 화하니 재물운이 좋지 않다.

피드백

우리 집은 집과 상점을 겸하고 있다. 돈을 전혀 벌지 못한다. 저 자신은 지금 실업급여로 생계를 유지하고 있다. 막 직장을 구해서 지금 재물운이 좋지 않다.

5효 처재 자수(子水)가 주작에 임하고 월파(月破)되고 처재는 세효의 원신이다. 5효는 오관(五官)[16]으로 수(水)는 목구멍이고 주작은 염증이기에 현재 목구멍이 좋지 않아 염증이 있다.

> **피드백**
>
> 현재 인후가 아프다. 몸이 안 좋을 때 얻은 괘다. 지금도 기침을 한다.

3효 처재 해수(亥水) 역시 원신이다. 공망(空亡)에 회두극(回頭克)을 당하고 3효는 신장이고 水도 신장이니 신장이 좋지 않다.

> **피드백**
>
> 진짜 경이롭다. 나는 지금까지 인터넷 상에서 내 신장이 좋지 않다는 것을 언급한 적이 없다. 놀랍게도 예측할 수 있다니! 나는 어릴 적 건강검진을 받을 때부터 몸이 안 좋았다. 매일 일찍 자는 것도 콩팥이 좋지 않았기 때문이지만 인공투석을 해야 할 정도는 아니었다. 원래 콩팥이 좋지 않은 것은 우리 집안의 유전병이라고 생각했다. 누나가 콩팥병으로 입원한 적이 있는데 지금 보니까 풍수와 관련되어 있는 것 같다.

그러나 풍수는 영원히 불변하는 것은 아니다. 사람의 운기와 같다. 주괘(主卦)가 육합(六合)이라 주택에 기(氣)가 모이고 택효(宅

---

16) 다섯 가지 감각기관. 눈, 귀, 코, 혀, 피부를 이른다.

爻) 2효가 발동(發動)하여 재(財)와 합하니 과거에 재물운이 좋았을 때도 있었다.

> **피드백**
>
> 지금 우리 가게는 돈 못 벌지만, 과거에 돈을 벌었던 적이 있다. 세 딸이 사립학교에 다닐 때도 비싼 학비를 냈다. 당시에 모아둔 돈도 있었고, 비용을 들여 휴일에 부모님께 해외여행을 보내드렸다. 하지만 부모님은 몇 년 후면 가게 문을 닫을 생각이라서 경영할 마음이 없었다.

관귀가 지세하고 도화에 임하고 양현(兩現)하였고 동효(動爻)가 또 화출(化出)하였다. 그래서 도화 운이 좋다.

> **피드백**
>
> 아주 좋았다.

예문 39

壬午년 丙午월 庚午일(공망: 戌亥) 남자가 주택풍수를 예측하였다.

이위화(離爲火)-천화동인(天火同人)

螣蛇	兄弟巳火	|	世	
勾陳	子孫未土	╳		妻財申金
朱雀	妻財酉金	|		
靑龍	官鬼亥水	|	應	
玄武	子孫丑土	||		
白虎	父母卯木	|		

[판단]

자손 미토(未土)가 구진에 임하여 독발(獨發)하였고 구진은 건축이고 자손은 평안함을 나타내니 이 집에 거주하면 거의 재앙이 없다.

피드백

맞다. 우리 집은 현재까지 재앙이 발생한 적이 없다.

부모 묘목(卯木)은 집이고 일월(日月)의 도움이 없고, 휴수(休囚)하여 동효(動爻)에 입묘(入墓)하여 집의 공간이 비교적 좁다.

> **피 드 백**
>
> 우리 집은 오피스텔이다. 두 아이의 방은 모두 매우 협소하다. 나 자신도 혼자서만 사용하는 방은 없다.

부모가 백호에 임하고 백호는 도로이니 집은 바로 도로 옆에 있다.

> **피 드 백**
>
> 대단하시네요! 맞아요! 우리 집은 국도의 바로 옆이에요. 남쪽 베란다 밑이 바로 국도입니다.

형제가 지세(持世)하고 왕상(旺相)하여 재물운이 일반적이지만 낭비하는 돈이 적지 않다.

> **피 드 백**
>
> 요즘 돈을 너무 낭비하여 아내도 나를 꾸짖었다.

예문 40

壬午년 乙巳월 辛丑일(공망: 辰巳) 남자가 주택풍수를 예측하였다.

수화기제(水火既濟)-뇌산소과(雷山小過)

螣蛇		兄弟子水	‖ 應	
勾陳		官鬼戌土	㇒	父母申金
朱雀		父母申金	㇒	妻財午火
靑龍	伏妻財午火	兄弟亥水	｜ 世	
玄武		官鬼丑土	‖	
白虎		子孫卯木	㇒	官鬼辰土

[판단]

부모 신금(申金)이 월(月)의 합(合)을 득하고 부모는 집이고 합(合)은 중첩이고 금(金)은 4수(數)인데 화(火)의 극(克)을 당하여 반으로 빼면 작은 2층이다.

피드백

맞다. 작은 2층이다.

2효 축토(丑土)는 부모의 묘고(墓庫)이고 2효는 집이고 부모는 차(車)이니 묘고(墓庫)는 차고(車庫)다. 그래서 차고 있는 집이다.

> **피 드 백**
>
> 맞다. 차고와 집은 일체로 되어 있다.

　자손 묘목(卯木)이 백호에 임하여 발동하여 처재를 생한다. 백호는 의료 혹은 의약과 관련 있는 수입이 된다. 초효(初爻)는 또 나에게 재부를 가져올 수 있는 고객이라고 할 수 있다. 동(動)하여 관귀로 화하고 관귀 술토(戌土)는 구진에 임하여 합주(合住)를 당하니 고객중에 어떤 분이 치료할 수 없는 질병으로 인해 사망했다.

> **피 드 백**
>
> 의료 판단의 관점에서 볼 때, 나는 체형 조절 치료를 한다. 환자들 중에는 80세 이상의 노인과 암 환자가 있었다. 오다가 안 오는 사람은 아마 사망하였을 것이다.

　3효가 월파(月破)되고 3효는 문이고 청룡에 임하여 새로운 것이니 문에 파손된 부분이 새롭게 생겼다.

> **피 드 백**
>
> 현재로서는 아직 발견하지 못했다.

　5효 관귀 술토(戌土)가 구진에 임하고 발동하여 처재를 입묘(入墓)하고 관귀는 수리하여 만드는 것이니 돈을 사용하여 수리한 적이 있는 집이다.

> **피드백**
>
> 지붕 위의 기왓장을 교체한 적이 있다. 돈을 좀 썼다.

처재가 왕상(旺相)하고 세효 아래 복장(伏藏)되었다. 세효는 월(月)에 임한 재한데 충파(沖破)를 당하여 매우 부유하지 않지만 그래도 돈을 천천히 모을 수 있었다.

> **피드백**
>
> 현재 영업은 현상을 유지하고 있다.

예문 41

壬午년 丙午월 己巳일(공망: 戌亥) 여자가 주택풍수를 예측하였다.

화뢰서합(火雷噬嗑)-진위뢰(震爲雷)

勾陳	子孫巳火	⚊╳	妻財戌土
朱雀	妻財未土	⚋ 世	
青龍	官鬼酉金	⚊	
玄武	妻財辰土	⚋	
白虎	兄弟寅木	⚋ 應	
螣蛇	父母子水	⚊	

[판단]

괘명((卦名)이 화뢰서합(火雷噬嗑)인데 "먹는다"라는 뜻이 있다. 처재가 지세(持世)하고 처재는 음식이다. 원신이 구진에 임하고 동하여 공망으로 변하였다. 그래서 세효의 처재를 생할 수 없다. 처재는 토(土)로 단 것을 나타내지만 단 음식 먹는 것을 좋아하지 않는다.

피 드 백

기본적으로 단 음식을 싫어한다. 단맛 식품도 먹기를 싫어한다. 하지만 초콜릿은 좋아한다.

응효는 2효에 임하고 응(應)은 타인이고 2효는 주택이다. 이것은 "응(應)이 날아서 집으로 들어가니"[17] 집은 세를 얻은 것이다.

피드백

맞다. 세를 얻은 것이다.

부모 자수(子水)가 월파(月破)되고 휴수(休囚)하니 집은 낡은 집이다.

피드백

맞다. 30년이 넘었다.

자손 사화(巳火)가 세효 바로 인근에서 발동하여 입묘한다. 세효는 자신의 소재지이고, 자손은 승려와 도사이며 그 묘고(墓庫)는 사당이 된다. 또 6효는 절 및 사당이니 주택 부근에 절이나 사당이 있다.

피드백

부근에 절과 사당이 여러 개 있다. 게다가 매달 절에서 강연회가 열린다.

---

17) 應飛入宅

세효가 5효에서 역마에 임하여 본인은 이동하는 것을 좋아한다. 그래서 주소가 자주 바뀔 것이다.

> **피드백**
>
> 나는 좀 게으르다. 그러나 걷기를 좋아하여 땀이 날 때까지 걷는다. 또 거주하는 곳을 옮기는 것을 좋아하여 지금까지 이미 여러 번 이사했다.

    처재가 양현(兩現)하고 일월(日月)이 생(生)한다. 그리고 원신이 발동(發動)하여 또 처재로 화하여 지나치게 왕(旺)하여 재물운이 좋지 않다.

> **피드백**
>
> 돈이 항상 모자랐다.

예문 42

(육효풍수를 검증하기 위해 일본인에게 인터넷을 통해 예측해주었다.) 壬午년 丙午월 庚午일(공망: 戌亥) 여자가 주택풍수를 예측하였다.

태위택(兌爲澤)-화천대유(火天大有)

螣蛇	父母未土	‖ 世	官鬼巳火
勾陳	兄弟酉金	∕	父母未土
朱雀	子孫亥水	∣	
靑龍	父母丑土	‖ 應	父母辰土
玄武	妻財卯木	∣	
白虎	官鬼巳火	∣	

[판단]

   2효 묘목(卯木)이 일월(日月)의 도움을 얻지 못하여 휴수(休囚)하다. 2효는 집(宅)이다. 그래서 집은 낡은 집이 된다.

피드백

   집은 목조건물이다. 이미 60년이 되었다. 기와가 모두 옛날의 무거운 기와다. 우물이 따로 있다.

2효가 현무에 임하고 현무는 어두움(暗)이다. 부모 미토(未土)에 입묘(入墓)한다. 부모는 집이고 미토(未土)는 6효에 있어 높다. 주변의 집들이 모두 높은 곳에 있다. 그래서 자신의 집은 주변의 집들에 의해 둘러싸였다. 매우 어둡고 햇볕도 잘 들어오지 않는다.

> **피 드 백**
>
> 맞다. 우리 집은 도시 중심에 있다. 요즘 주위에 고층 오피스텔이 점점 많아져서 우리 집으로 들어오는 빛에 영향을 준다.

부모 미토(未土)는 6효에서 지세(持世)하고 6효는 연장자가 된다. 미토(未土)는 처재의 묘고(墓庫)다. 옛날엔 대부분의 연장자는 돈이 많았다.

> **피 드 백**
>
> 우리 집은 할머니께서 지으셨다. 당시에 제과 공장도 있었고 땅도 많이 있는데 나중에 다 처분했다.

5효가 발동(發動)하여 2효를 충(沖)한다. 5효는 도로이니 큰 도로가 바로 옆에 있어 재물운에 영향을 준다.

> **피 드 백**
>
> 집 앞에는 버스가 다니는 구도로가 있는데 그 부근에 신칸센(新幹線)이 있다.

부모 축토(丑土)가 동(動)하여 진신(進神)으로 화한다. 청룡은 새로운 것이니 곧 새집을 짓고 이사가려고 하는 것 아닌가요?

피드백

집도 낡았고 또 지진도 두렵다. 게다가 주변에 다층집이 점점 증가하니 그런 생각을 하고 있다.

예문 43

午月 壬申日(공망: 戌亥) 여자가 주택풍수를 예측하였다.

천화동인(天火同人)―산천대축(山天大畜)

白虎	子孫戌土	ㅣ	應	
螣蛇	妻財申金	ㅅ		官鬼子水
勾陳	兄弟午火	ㅅ		子孫戌土
朱雀	官鬼亥水	ㅣ	世	
靑龍	子孫丑土	ㅐ		父母寅木
玄武	父母卯木	ㅣ		

[판단]

 2효 자손 축토(丑土)가 청룡에 임하고 발동하여 인목(寅木)으로 화한다. 청룡은 인테리어이고 토(土)가 목(木)으로 화함은 토목공정(土木工程)이 된다. 그래서 집을 멋있게 인테리어하려고 토목공사를 한 적이 있다.

피 드 백

 부모님은 50년 전에 단층집을 지었다. 또 15년 전에는 안쪽에 2층 건물을 지었다. 30년 전에 가까운 곳의 땅을 사서 3층 건물을 지었다. 10년 전에 다시 낡은 단층집과 2층 건물을 3층으로 증축하여 지금은 살기 좋다.

4효에 형제가 임하여 창문이 되고 오화(午火)는 왕상(旺相)하고 화(火)는 광명이니 빛이 충분하다.

피드백

우리 집의 창문은 매우 크다. 햇볕이 무척 잘 들어온다.

형제가 발동(發動)하여 자손을 생(生)한다. 자손이 발동(發動)하여 처재를 생한다. 처재가 발동(發動)하여 세효를 생한다. 처재가 일(日)에 임하여 왕상(旺相)하고 생생불식(生生不息)하니 재원이 끊이지 않고 재물운이 좋다. 하지만 세효는 공망(空亡)이고 처재의 생을 받지 못하여 현재 자신의 상황은 보통이다.

피드백

우리 집의 재부는 점점 증가한다. 하지만 내가 경영하는 가방 회사는 현재 좋지 않다.

세효가 수(水)에 임하고 공망(空亡)이고 원신의 생을 받지 못한다. 주작은 음식이고 수(水)는 물이니 본인은 물 마시는 것을 싫어한다.

피드백

물을 적게 마신다.

예문 44

丙戌년 庚寅월 辛未일(공망: 戌亥) 여자가 주택풍수를 예측하였다.

천택리(天澤履)─풍천소축(風天小畜)

螣蛇		兄弟戌土	∣	
勾陳	伏妻財子水	子孫申金	∣	世
朱雀		父母午火	⚊	兄弟未土
靑龍		兄弟丑土	⚋	兄弟辰土
玄武		官鬼卯木	∣	應
白虎		父母巳火	∣	

[판단]

부모는 집이고 세효는 주체이니 모두 같이 봐야 한다. 세효 자손 신금(申金)은 월파(月破)되고 자손은 즐거움인데 월파(月破)이니 즐겁지 않다. 이 집에 살면 자신이 즐겁지 않다.

세(世)가 월(月)의 관귀에 충파(沖破)당하고 귀(鬼)는 괘(卦)에서 2효에 임하고 2효는 부처(夫妻)의 효위(爻位)다. 그래서 자신의 남편 때문에 기분이 좋지 않다.

부모가 주작에 임하여 발동(發動)하여 세효를 극한다. 주작은 구설이고 변효(變爻) 형제와 합하니 더욱더 구설을 의미한다. 세효의 자손을 극하니 자주 다투어 기분이 좋지 않다. 세효가 구진에 임하고 구진은 붓는 것이니 마음속에 응어리가 있다.

4효는 창문인데 간효(間爻)도 더욱 그렇다. 일의 형제와 합하고 더욱이 변효(變爻)인 형제와 합한다. 부모는 집이니 집에 창문이 많다. 화(火)에 임하고 월(月)의 생을 얻고 화(火)는 광선이니 창문에 햇볕이 잘 들어온다.

처재 자수(子水)가 월의 도움을 얻지 못하고 일(日)이 극(克)한다. 형제가 또 괘(卦) 안에서 발동(發動)한다. 그래서 재물운이 좋지 않다. 재는 세효 아래 복장되어 자신이 돈을 중하게 여겨 함부로 돈을 쓰지 않게 한다. 3효는 문이고 재효(財爻)를 극합(克合)한다. 일(日)의 형제가 3효를 충(沖)한다. 그래서 자신의 집 대문과 맞은편 집 대문이 서로 마주 보고 있다. 일(日)의 형제는 괘(卦)에서 나온 것이 아니기 때문에 타인의 집 대문이다.

6효 형제는 벽·담벼락이고 등사에 임하고 공망이니 담벼락이 똑바로 되지 못하고 틈새가 있다.

자손이 5효에 임하고 부모 오화(午火)가 극하고 또 월파(月破)다. 5효는 도로다. 그래서 오월(午月)이나 신월(申月)에는 아이가 교통사고에 조심해야 한다. 교통사고나 파재의 일이 생긴다.

세효는 형제 묘(墓)에 들어가고 형제는 친구이고 입묘(入墓)는 미련이니 친구에게 열중한다.

　풍수에 조금 문제가 있어서 화해를 요청했다. 신(申)이 세(世)에 임하여 월파(月破)되고 또 입묘(入墓)한다. 파(破)는 불리하고 입묘(入墓)는 낮다. 신(申)은 서남(西南)에 응하니 서남쪽이 낮다는 뜻이다. 그래서 남쪽 방향의 마당에 돌 하나를 놓는다. 왜냐하면 금(金)은 돌이니 이것이 서남쪽의 기가 부족한 것을 보충하기 때문이다.

피드백

　유월(酉月)에 피드백이 왔다. 예전에는 남편과 별거하다가 화해한 후 다시 집에 찾아왔다. 신유월(申酉月)에는 성적 욕구가 점점 더 강해졌다. 오월(午月) 갑신일(甲申日)에 아들의 자전거는 큰 차에 눌려 부서졌지만, 아들은 무사하였다. 자신은 신월(申月)에 23만 위안의 투자 손실을 보았다. 다른 판단은 기본적으로 실제 상황에 부합했다.

예문 45

未月 癸卯일(공망: 辰巳) 여자가 주택풍수를 예측하였다.

택뢰수(澤雷隨)− 수산건(水山蹇)

白虎		妻財未土	‖	應	
螣蛇		官鬼酉金	│		
勾陳	伏子孫午火	父母亥水	⼳		官鬼申金
朱雀		妻財辰土	⼳	世	官鬼申金
靑龍		兄弟寅木	‖		
玄武		父母子水	⼳		妻財辰土

[판단]

처재 진토(辰土)가 지세(持世)하고 3효에서 공망(空)을 만나 동(動)하여 귀(鬼)로 화한다. 3효는 침대이고 공망(空亡)은 수면이 좋지 않음을 뜻하니 잠을 잘 자지 못한다. 귀(鬼)로 화한 것이 귀(鬼)를 보고 초효가 부모 현무에 임하여 동(動)하니 집안에 음기가 중중하다.

5효 관귀 유금(酉金)이 등사에 임하여 암동(暗動)한다. 등사는 불안·괴이, 5효는 도로, 금(金)은 소리다. 암동(暗動)은 겉으로 드러내지 않아 암암리에 있어 보이지 않는다. 4효 해수(亥水)가 동(動)하여 귀(鬼)로 화한다. 수(水)는 밤을 의미하니 밤이 되어야 나타난다. 종합적으로 밤에 방 안에 발걸음 소리가 들린다고 판단했다.

피드백

실제로 밤마다 항상 발걸음 소리가 들려서 너무 무서워 잠을 이룰 수 없었다. 시간이 길어지니까 불면증이 왔다.

예문 46

午月 丁亥일(공망: 午未) 남자가 주택풍수를 예측하였다.

풍택중부(風澤中孚)─수택절(水澤節)

靑龍		官鬼卯木	✕	妻財子水
玄武	伏妻財子水	父母巳火	|	
白虎		兄弟未土	||	世
螣蛇	伏子孫申金	兄弟丑土	||	
勾陳		官鬼卯木	|	
朱雀		父母巳火	|	應

[판단]

부모와 2효로 판단한다. 동시에 괘의 변화조합을 봐야 한다. 부모 사화(巳火)가 월(月)에 임하여 세(世)와 합한다. 그래서 거주하는 집은 다층집이다.

피드백

실제로 14층 오피스텔에 거주한다.

응(應)에 부모가 암동(暗動)하여 세(世)를 생한다. 부모는 집이고 응(應)은 타인이니 집은 세를 얻은 것이다(응험).

형제가 지세(持世)하고 공(空)이고 또 집(宅)이 세효(世爻)를 극하니 여기서 거주하면 마음이 불안하다(응험).

　재효(財爻) 자수(子水)가 월파(月破)되고 독발(獨發)한 묘목(卯木)의 사지(死地)가 되니 재물운이 좋지 않다(응험).

　부모 역시 5효에 있고 5효는 도로이니 집은 큰 도로 인근에 있다(응험).

　6효는 이웃이고 귀효(鬼爻)가 동(動)하여 세(世)를 극(克)하고 세(世)는 귀고(鬼庫)다. 그래서 자신에게 영향이 크고 휴식에 영향을 준다. 하지만 부모 사화(巳火)가 두 곳에서 암동(暗動)하니, 연속으로 상생(相生)되기 때문에 자신의 상해는 크지 않다.

　실제 상황을 살펴보면, 일주일 전에 한 이웃이 다층집에서 뛰어내려 자살했다. 그는 마음속으로 두려워했다. 그래서 집의 풍수에 대해서 물어본 것이다.

예문 47

寅月 庚寅일(공망: 午未) 여자가 주택풍수를 예측하였다.

수풍정(水風井)—택풍대과(澤風大過)

螣蛇		父母子水 ‖	
勾陳		妻財戌土 ∣	世
朱雀	伏子孫午火	官鬼申金 ⚊	父母亥水
青龍		官鬼酉金 ∣	
玄武	伏兄弟寅木	父母亥水 ∣	應
白虎		妻財丑土 ‖	

[판단]

부모는 집이고 부모 해수(亥水)가 응효(應爻)에 임하고 응(應)은 타인이니 집은 세를 얻은 것을 설명한다(실제로 집은 세를 얻은 것이다.).

일월(日月)이 부모효와 합(合)하니 살던 곳은 다층집이다(실제로 2층집이다.).

세효(世爻)는 자신이 소재하는 위치다. 원신(元神)이 복장(伏藏)하고 또 공(空)이니 세(世)를 생하지 못한다. 원신이 화(火)이니 광선이라 할 수 있다. 이는 곧 빛이 잘 들어오지 않음을 의미한다. 다시 2효 택효와 결합하고 현무에 임한다. 현무는 어두움이니 집안에 빛이 들어오지 않아서 어둡다(응험).

일월(日月)이 부모효와 합(合)하고 합(合)은 병렬(並列)이니 나란히 여러 집이 있다는 것을 설명한다. 2효는 집과 마당이 된다. 일월(日月)이 목(木)으로 2효와 합하니 마당에 화초와 나무가 많다(응험).

부모는 수(水)이고 또 현무에 임하고 2효에 있다. 수(水)와 현무는 모두 습기이다. 그래서 집이 비교적 습하다는 것을 의미한다. 형제는 문(門)이고 2효 부모와 합(合)하니 더욱 문을 뜻한다. 인목(寅木)은 동북이니 집의 문은 동북쪽에 있다(응험).

4효는 창문이고 월파(月破)와 일파(日破)이니 창문이 파손됨을 나타낸다. 주작은 음성 금(金)도 음성이니 목(木)의 충파(沖破)를 당하니 목(木)은 바람이니 창문이 파손되어 바람에 날려 소리가 난다(응험).

관귀가 주작에 임하여 동하여 부모로 화하니 관재구설이 된다. 창문에서 기가 빠지니 풍수 에너지장이 변화를 일으켜 관재를 일으킨다(실제로 토지 문제로 소송이 진행되고 있다.).

관(官)이 주작에 임하여 월파(月破)되니 부부 사이가 좋지 않아 자주 다툰다(응험).

세(世)의 술토(戌土)는 서북에 대응하고 재(財)는 음식이고 또 화고(火庫)가 있다. 구진은 건축이니 서북 방향에 지은 주방이 있을 것이다. 이는 풍수에서 매우 꺼리는 것이다. 과로음양(過路陰陽)에서는 이것을 사(砂-양)로 부른다. 팔택(八宅)에서는 이것을 화연건금(火煉乾金)이라 부른다. 그래서 재물운이 좋지 않다(피드백에는 주방이 서북쪽에 있다. 자신은 집에서 요리하여 배달시키면서 돈을 벌었지만 재물운은 좋지 않았다. 힘들게 일했는데 돈은 얼마 벌지 못했다.).

6효는 신위(神位)이고 등사에 임하고 일월(日月)이 병(病)이고 원신이 또 월파(月破)·일파(日破)되어 신위(神位)에 괴이한 현상이 발생한다(실제로 뱀이 신위에 몰래 들어가 감히 손도 대지 못했다.).

종합적 판단으로는 이 집은 풍수가 나쁘다. 재물운도 나쁘고 구설로 인해 부부 간에 불화를 일으키기 쉽다. 괘가 유혼괘로 변해서 자신은 이 집을 떠나 이사를 가고 싶어 했다. 예측과 실제가 정확히 들어맞았다.

예문 48

戌월 庚午일(공망: 戌亥) 여자가 주택풍수를 예측하였다.

뇌화풍(雷火豊)-화천대유(火天大有)

螣蛇	官鬼戌土	╫		妻財巳火
勾陳	父母申金	‖	世	
朱雀	妻財午火	│		
靑龍	兄弟亥水	│		
玄武	官鬼丑土	╫	應	子孫寅木
白虎	子孫卯木	│		

[판단]

 부모는 집이고 2효는 택효(宅爻)로 상(象)을 취하여 세(世)의 길흉 상황을 본다. 부모 신금(申金)이 월(月)의 생(生)과 일(日)의 극(克)을 당하여 쇠왕(衰旺)은 비슷하지만 2개의 토(土)가 동(動)하여 생(生)하니 바로 왕상(旺相)하게 되었다. 그래서 집이 크고 넓다.

 6효는 지붕인데 공망(空亡)이라 집의 천장은 움푹 패었다. 2효 토(土)가 동(動)하여 목(木)으로 변한다. 이것은 토목공사의 정보이니, 집을 수리한 적이 있음을 의미한다.

 부모가 5효에 임하고 5효는 도로이니 집은 도로변에 있다. 세효

(世爻)가 2효에 입묘(入墓)하고 2효는 집(宅)이니 자신은 외출을 하지 않는다. 묘고(墓庫)가 현무에 임하고 현무는 우울이니 자신이 자신을 가두어 기분이 좋지 않다.

세효(世爻) 원신이 6효에서 공(空)이니 세효(世爻)를 생하지 않는다. 등사에 임하고 등사는 꿈을 나타내어 휴식을 잘 취하지 못하여 많은 꿈을 꾼다. 6효는 머리이니 머리에 영향을 주어 두통을 일으킨다.

2효는 세효(世爻)의 원신으로 회두극(回頭克)을 당하고 현무에 임하고 2효는 자궁이고 현무는 말 못 할 사정이니 부인과 계통의 질환이 있는 것을 설명한다. 세(世)가 구진에 임하고 구진은 근종이다. 그래서 자궁에 근종이 있다. 병원 진료를 받을 것을 권고한다.

피 드 백

모든 게 판단하는 것과 같다. 권고를 받아들여 병원에 가서 검사를 받았다. 기축(己丑)일에 자궁근종을 발견하여 수술을 받았다.

예문 49

子월 丁酉일(공망: 辰巳) 여자가 주택풍수를 예측하였다.

산화비(山火賁)−간위산(艮爲山)

靑龍		官鬼寅木	∣	
玄武		妻財子水	∥	
白虎		兄弟戌土	∥	應
螣蛇	伏子孫申金	妻財亥水	∣	
勾陳	伏父母午火	兄弟丑土	∥	
朱雀		官鬼卯木	⚊╱	世　兄弟辰土

[판단]

　관귀가 지세(持世)하고 독발(獨發)한다. 귀(鬼)가 세(世)에 임하여 동(動)하니 마음이 불안하다. 집에 살면 반드시 마음이 편안하지 않고 기분이 좋지 않다. 귀(鬼)가 주작에 임하여 동(動)하여 관재구설이 된다. 2효 부모가 응효의 묘(墓)에 들어가고 응(應)은 타인이다. 2효가 집(宅)이니 집은 세를 얻은 것이다.

　세(世) 관귀가 동(動)하여 공(空)으로 화한다. 남편은 집을 자주 비운다. 자신은 독수공방한다. 귀(鬼)가 동(動)하여 형제를 극하니 형제에게 불리하다.

> **피드백**
>
> 실제로 자신이 소송에 휘말렸다. 집은 세를 얻은 것이다. 들어와 살자마자 뜻대로 되지 않았다. 오빠는 죽었고 자신은 소송에 걸렸으며 남편은 직장 때문에 자주 출장을 가서 집에 없다.

예문 50

巳월 戊申일(공망: 寅卯) 남자가 주택풍수를 예측하였다.

산화비(山火賁)─지산겸(地山謙)

朱雀		官鬼寅木	ㄨ	子孫酉金
靑龍		妻財子水	‖	
玄武		兄弟戌土	‖ 應	
白虎	伏子孫申金	妻財亥水	∣	
螣蛇	伏父母午火	兄弟丑土	‖	
勾陳		官鬼卯木	ㄨ 世	兄弟辰土

[판단]

풍수를 보는 것은 종합적인 판단이다. 부모가 복장(伏藏)했으나 단 월(月)의 비겁 도움이 있어 왕(旺)하다. 그래서 집은 작지 않다. 하지만 등사에 임하고 등사는 좁음을 나타낸다. 그래서 집안은 넓지 않다.

육합괘(六合卦)이니 일반적으로 다층집이 된다. 부모에 화(火)가 임하고 화(火)는 2수(數)이니 2층에 거주한다.

3효는 문(門)인데 인목(寅木)이 동(動)하여 합(合)한다. 인(寅)은 동북이니 그래서 문은 동북쪽에 있다.

세(世)는 자신인데 동(動)하여 술토(戌土)와 합(合)한다. 술(戌)은 서북이니 자신은 서북쪽의 방에 거주한다.

3효는 문(門)인데 월파(月破)되어 문에 틈새가 있어 바람이 새니 기(氣)가 샌다.

이 괘(卦)는 재(財)가 3효에 임하고 부모에 충파(沖破)를 당한다. 부모는 건축을 나타내니 문의 맞은편 건축물이 자신의 대문을 향하고 있다. 그래서 재물운에 영향을 준다. 재(財)가 비록 세(世)를 생하지만, 세(世)가 공(空)이고 형제로 화한다. 공(空)은 생(生)을 받지 못하여 재물이 적게 들어온다. 게다가 형제로 화출(化出)하니 돈이 들어오자마자 밖으로 나간다. 그래서 돈을 저축하지 못한다.

초효에 구진 묘목(卯木)이 동(動)하여 진토(辰土)로 화한다. 초효(初爻)는 지반이고 구진은 수리 공사이고 목(木)이 토(土)로 화하니 토목 공정이다. 그래서 지반을 개조하는 공사가 있었다. 총괄하여 말하면 이 주택의 풍수가 재물운에 영향을 주었다.

> **피 드 백**
>
> 실제로 2층에서 살고 돈을 벌지 못해 돈을 자주 빌리면서 생활했다.

> **예문 51**
>
> 申년 乙亥월 壬辰일(공망: 午未) 여자가 혼인에 대하여 주택풍수의 영향이 있는지 문의하였다.
>
> **천지비(天地否)−천뢰무망(天雷无妄)**
>
> | 白虎 | | 父母戌土 | ∣ | 應 | |
> | 螣蛇 | | 兄弟申金 | ∣ | | |
> | 勾陳 | | 官鬼午火 | ∣ | | |
> | 朱雀 | | 妻財卯木 | ∥ | 世 | |
> | 靑龍 | | 官鬼巳火 | ∥ | | |
> | 玄武 | 伏子孫子水 | 父母未土 | ∦ | | 子孫子水 |

[판단]

풍수괘를 보려면 종합적으로 판단해야 된다. 하지만 상대방은 혼인에 대한 영향을 질의하였다. 그래서 관귀를 중점적으로 보는 것이다. 이 괘는 관귀가 2효에서 월파(月破)되고 또 6효에 묘(墓)한다. 그래서 혼인이 좋지 않다. 풍수상의 영향이 매우 크다.

관이 비록 택효(宅爻)에 들어 있지만 월파(月破)되고 입묘(入墓)하여 반드시 이혼하는 정보다.

이 괘에 부모 미토(未土)가 독발(獨發)하고 재효인 세(世)가 입묘

(入墓)한다. 그래서 혼인 문제뿐만 아니라 재물운에도 영향을 주어 돈이 부족하다. 이 집에 거주하면 경제 사정이 빠듯해진다.

응효(應爻)가 암동(暗動)하여 세(世)의 재(財)와 합한다. 그래서 어떤 사람이 그녀에게 돈을 달라고 한다. 반드시 외채가 있다. 부모가 발동(發動)하여 집이 변화가 있다. 공(空)이 육충(六沖)으로 변하니 기가 흩어진다. 그래서 이 집에 오래 살지 못하고 이사할 것이다.

피드백

실제로 이미 이혼했고 병술년(丙戌年)에 회사 때문에 빚을 갚아야 해서 집을 담보로 빚을 갚았으니 자신은 이 집에서 나왔다.

예문 52

辰월 己亥일(공망: 辰巳) 남자가 주택풍수를 예측하였다.

산택손(山澤損)-뇌택귀매(雷澤歸妹)

勾陳	官鬼寅木	∤	應	兄弟戌土
朱雀	妻財子水	‖		
靑龍	兄弟戌土	∦		父母午火
玄武 伏子孫申金	兄弟丑土	‖	世	
白虎	官鬼卯木	ǀ		
螣蛇	父母巳火	ǀ		

[판단]

부모가 용신(用神)이고 동시에 2효도 본다. 2효는 관귀이고 관귀에는 정부·공가(公家)의 뜻이 있으니 집은 회사에서 얻은 숙소다.
4효가 발동(發動)하여 2효와 합(合)하니 상(上)이 하(下)와 합(合)하니 다층집이다.

부모 사화(巳火)가 공망(空亡)이니 아직 입주하지 않았다. 형제 술토(戌土)가 청룡에 임하여 발동(發動)하여 부모로 화출(化出)한다. 청룡은 인테리어이고 부모는 집이니 이미 인테리어한 집이다.

부모가 초효(初爻)에 있고 초효(初爻)는 1층이고 화(火)가 임하여 화(火)는 주로 2이니 집은 1층에 있지 않으면 2층에 있다.

　부모 화(火)가 공망(空亡)에 임하여 화(火)는 빛이니 햇빛이 부족하다. 3효는 문·침실이고 거기에 형제가 임하니 그 뜻이 더 강렬하다. 현무에 임하여 현무는 어둡다. 실내에 햇빛이 들어오지 않아서 어둡다.

　6효 관귀 인목(寅木)이 구진에 임하여 발동하고 3효 형제 축토(丑土)를 극한다. 인목(寅木)은 동북쪽에 해당한다. 구진은 돌출·토지의 뜻이고 2효 묘목(卯木)에 속한 백호를 빌려 백호 도로와 구진의 조합은 언덕이다. 동북쪽에 있는 언덕이 집안의 채광을 막은 것이다.

　5효가 2효를 생하여 불길하다. 관귀가 백호에 임하고 2효이니 관귀와 백호는 모두 질병의 뜻이다. 그래서 이 집은 사람한테 불리하니 이 집을 얻은 사람은 질병에 쉽게 걸린다.

　관귀 인목(寅木)이 6효에서 발동하여 세(世)를 극한다. 6효는 머리이고 목(木)은 통증이니 두통이 있을 것이다. 세(世)가 3효에서 극(克)을 당하고 자손이 복장되어 있다. 자손은 생식기이고 현무에 임하고 현무는 애매함을 나타내니 말 못 할 사정이 있다. 생식기에 문제가 있다.

초효(初爻) 부모가 암동(暗動)하고 초효(初爻)는 걱정거리다. 부모는 집이고 동(動)은 변화이니 집을 바꿀 생각이 있다.

> **피드백**
>
>   역시 직장에서 받은 집이다. 층수는 2층이며 창문이 북쪽을 향하고 있다. 북동쪽으로 흙 경사지가 있어 빛을 차단하고 있다. 집 인테리어를 마무리하자마자 갑자기 병이 났다. 스스로 풍수 때문이라고 생각해서 예측하러 나왔다. 본인은 두통이 있고, 생식기에 궤양이 생겨 짓물렀다.

예문 53

卯월 壬寅일(공망: 辰巳) 여자가 주택풍수를 예측하였다.

풍택중부(風澤中孚)─풍수환(風水渙)

白虎		官鬼卯木	ǀ		
螣蛇	伏妻財子水	父母巳火	ǀ		
勾陳		兄弟未土	ǁ	世	
朱雀	伏子孫申金	兄弟丑土	ǁ		
靑龍		官鬼卯木	ǀ		
玄武		父母巳火	⚡	應	官鬼寅木

[판단]

　일반적으로 주택풍수를 예측할 때 부모가 동(動)하여 세(世)를 생(生) 하는 것을 기뻐한다. 하지만 이 괘(卦)는 초효가 독발(獨發)한 상(象)으로 판단하면 부모 사화(巳火)가 절(絶)이니 세효가 불길하다. 만약 오행생극으로 판단하면 부모가 일월(日月)의 생(生)을 얻고 또 동(動)하여 회두생(回頭生)으로 화(化)한다. 괘(卦)에 2개의 목(木), 2개의 화(火)가 있다. 부모가 지나치게 왕(旺)하여 세(世)를 생함은 불길하다. 이것은 사물이 극에 달하면 반드시 반대된다는 뜻이다[物極必反].

　2효는 집(宅)이고 월(月)에 임하여 세(世)를 극(克)한다. 주택이 자신에게 불리하다. 2효는 목(木)으로 일월(日月)을 겸하여 보니 다층집이다. 2효는 마당, 목(木)은 나무이니 정원(마당)에 큰 나무가 있어 불리하다. 6효는 목(木)인데 일월(日月)이 괘(卦)로 들어온다. 6효는 이웃이니 이웃에 있는 나무도 자신의 주택풍수에 불리하다.

부모 사화(巳火)가 초효에 있고 지나치게 왕(旺)한데 세(世)를 생하니 좋지 않다. 초효는 발이니 걸어 다니는 물체가 되고 부모에 임하여 자동차이니 교통사고가 발생한다. 독발괘(獨發卦)에서 동(動)하여 치(値) 혹은 합(合)을 만나면 즉 갑신(甲申)년은 사화(巳火)와 합(合)하니 좋지 않다. 재효가 휴수(休囚)하고 사화(巳火)가 동(動)하여 그것을 절(絕)한다. 재물운이 좋지 않다.

부모 사화(巳火)가 공망(空亡)이니 집에 거주하는 사람이 적다. 또 응(應)에 있어 응(應)은 타인이니 집은 자신의 것이 아니며 세를 들어 얻은 것이다.

피드백

역시 위에서 판단한 그대로이다. 남편이 직접 회사를 경영하고 있지만 경영상황이 악화되어 대출을 많이 받았다. 집을 살 돈이 없어 세를 얻은 아파트에 살고 있다. 정원에는 큰 나무가 있고 북서쪽 이웃에도 큰 나무가 있다. 2004(甲申)년 자신이 교통사고를 당했지만 부상은 심각하지 않았다.

예문 54

戌月 乙未일(공망: 辰巳) 남자가 신축한 지 얼마 안 된 집의 풍수가 어떤지 하고 질의하였다.

화뢰서합(火雷噬嗑)

玄武	子孫巳火	l	
白虎	妻財未土	‖	世
螣蛇	官鬼酉金	l	
勾陳	妻財辰土	‖	
朱雀	兄弟寅木	‖	應
青龍	父母子水	l	

[판단]

　화뢰서합(火雷噬嗑)은 다투는 상(象)이다. 세효가 백호에 임하여 백호는 화를 내거나 성격이 좋지 않음을 나타낸다. 집을 수리한 후부터 자신은 쉽게 화를 낸다.

　자손 사화(巳火)가 현무(玄武)에 임하고 현무는 주로 도둑을 나타낸다. 월(月)에 입묘(入墓)하고 월(月)은 처재이니 주로 돈이다. 그래서 마음이 돈에 사로잡혀 있다. 괘 안의 진토(辰土)를 충파(沖破)하니 아이가 집에 있는 돈을 훔칠 것이다.

3효 진토(辰土)는 월파(月破)에 공망(空亡)이고 구진에 임한다. 3효는 문(門)이고 구진은 건축이고 공망(空亡)은 부족함이고 월파(月破)는 물건을 못 쓰게 됨을 나타낸다. 반드시 문 앞에 무엇인가 있었는데 수리할 때 버렸기 때문에 풍수에 변화가 생겨서 틀림없이 재물이 샌다.

피드백

원래 마석(磨石) 반 조각이 있었는데 쓸모없다고 해서 버렸다. 이전에는 10엔을 주어도 아이가 감히 쓰지 못했는데 지금은 아이가 뜻밖에도 몇백 엔을 훔쳐 PC방에 놀러 간다. 본인은 원래 성격이 무척 좋아서 여태껏 다른 사람 앞에서 얼굴을 붉힌 적이 없었다. 지금은 별다른 이유도 없이 다른 사람과 말다툼을 하고 자제를 할 수 없다.

찾을 수 있으면 그 마석을 찾아오고 찾지 못하면 하나를 사서 메워라. 왜냐하면 마석(磨石)은 금(金)이고 원형은 유금(酉金)이니 진토(辰土)와 합하면 파(破)되지 않기 때문이다.

나중에 버렸던 그 조각을 찾아내지 못해 새로 하나 사서 놓았는데 그 후 집안이 다시 평화로워졌다고 한다.

예문 55

戌月 戊寅일(공망: 申酉) 여자가 어머니 집의 주택풍수를 예측하였다.

수뢰둔(水雷屯)

朱雀		兄弟子水	‖	
青龍		官鬼戌土	｜	應
玄武		父母申金	‖	
白虎	伏妻財午火	官鬼辰土	‖	
螣蛇		子孫寅木	‖	世
勾陳		兄弟子水	｜	

[판단]

 자손이 2효에 임하여 지세(持世)하고 2효는 집(宅)이며 집은 자신이 관할하니 자신의 집이다. 자손은 평안이니 원래는 길상이지만 일(日)이 부모 신금(申金)을 충하는 것은 좋지 않다. 부모의 원신 진토(辰土)가 백호에 임하고 월파(月破)되었다. 모친이 거주하는 집의 주택풍수를 물었기에 모친의 길흉이 핵심이다.

 부모 신금(申金)이 역마에 임하고 충(沖)을 당한다. 역마는 외출하여 돌아다니는 상(象)이다. 그런데 충(沖)을 만나 놀라 기겁하는 것을 의미한다. 현무에 임하여 현무는 심정이 좋지 않음을 나타낸다. 형제가 월(月)의 극을 당하고 극(克)하는 신(神)이 5효에 들어가 있다. 5효는 도로, 진토(辰土)의 백호를 빌리면 백호는 상재(傷災)이니 형제는 교통사고를 조심해야 된다.

자손 인목(寅木)이 2효에 임하고 2효는 정원(마당)이며 목(木)은 나무이니 마당에 나무가 있다. 2효는 또 주택 부근을 의미하고 인목(寅木)은 동북에 해당한다. 등사에 임하여 길고 가늘고 부모효를 충(沖)하니 동북쪽에 길고 가는 물체가 풍수에 영향을 준다.

> **피드백**
>
> 실제로 집은 개인 재산이고 마당에 나무가 있으며 동북쪽에 휴대전화 금속 안테나가 있다. 부모님은 정상이 아닌 사람에게 차 안에서 여러 차례 구타당했다. 동생은 이번 달에 교통사고를 당했다.

예문 56

癸未년 庚申월 辛未일(공망: 戌亥) 남자가 주택풍수를 예측하였다.

지천태(地天泰)−지화명이(地火明夷)

螣蛇		子孫酉金	‖	應	
勾陳		妻財亥水	‖		
朱雀		兄弟丑土	‖		
青龍		兄弟辰土	│	世	
玄武	伏父母巳火	官鬼寅木	╳		兄弟丑土
白虎		妻財子水	│		

[판단]

 2효 관귀 인목(寅木)이 독발(獨發)하여 세효(世爻)를 극(克)한다. 2효는 집(宅)이고 관귀는 질병·재앙이고 세효를 극(克)하니 불길하다. 주택풍수가 좋지 않아 자신에게 영향을 준다.

 부모 사화(巳火)가 월(月)의 합(合)을 득하고 부모는 집인데 월(月)의 합(合)은 상(上) 하(下)가 서로 합하니 다층집이다. 2효는 주택 부근이고, 관귀가 동(動)하여 불안하다. 현무에 임하여 음의 나쁜 기(氣)가 된다. 관귀가 일(日)에 묘(墓)하고 묘고(墓庫)는 절·사당이니 여기에서 나온 것이다. 축토(丑土)로 화출하고 자손의 묘고(墓庫)이니 이것도 절·사당이 된다. 부근에 절·사당이 있는데 이

것이 자신의 집에 영향을 준다.

세효(世爻)가 3효에 있고 진토(辰土)에 임하여 극(克)을 당한다. 3효는 위(胃)가 되고 토(土)도 위(胃)를 의미한다. 청룡에 임하여 음식 방면이다. 그래서 입맛이 없다.

기신(忌神)이 2효에서 세효(世爻)의 토(土)를 극한다. 2효는 다리이고 토(土)는 피부이며 현무는 검은 것이니 피부에 검은 반점이 생길 것이다.

부모 사화(巳火)가 현무에 임하고 괘 안에 없다. 그래서 동거하는 여자가 있다. 처재 해수(亥水)가 공망(空亡)이고 일(日)의 극(克)을 당하고 관귀가 합(合)하니 오래가지 못한다. 다른 사람의 유혹에 빠져 가버린다.

처재는 재물운을 의미하기도 한다. 형제가 지세(持世)하고 처재 해수(亥水)는 공망(空亡)이고 월(月)이 생(生)하고 일(日)이 극(克)하니 재물운이 안정되지 않는다. 갑신(甲申)년 관귀 인목(寅木)을 충거(沖去)하고 처재가 장생을 얻고 합(合)하고 충개(沖開)를 당한다. 이해에 재물도 얻고 혼인도 한다.

을유(乙酉)년에 자손 유금(酉金)이 치(値)에 임하고 합(合)이 세효(世爻)에 도달하니 식구가 늘어난다.

> **피드백**
>
> 실제로 주택은 아파트다. 부근에 절·사당이 있다. 자신의 몸이 좋지 않아 위장병이 있다. 이곳으로 이사 온 후 다리에 검은색 종기가 생겼다. 원래 함께 살던 여자는 떠났고 2004년 재혼해 2005년 아이를 낳았다.

예문 57

丁亥년 乙巳월 辛亥일(공망: 寅卯) 여자가 주택풍수를 예측하였다.

화산려(火山旅) — 화지진(火地晉)

螣蛇		兄弟巳火	∣		
勾陳		子孫未土	∥		
朱雀		妻財酉金	∣	應	
青龍	伏官鬼亥水	妻財申金	⚊✕		父母卯木
玄武		兄弟午火	∥		
白虎	伏父母卯木	子孫辰土	∥	世	

[판단]

부모는 집으로 세효(世爻) 아래에 복장(伏藏)되어 집은 자신의 것이다. 처재 신금(申金)이 일월(日月)의 도움을 얻지 못하고 독발(獨發)하여 공(空)으로 화하니 재물운이 좋지 않다. 부모 묘목(卯木)이 공망(空亡)이고 신금(申金)이 독발(獨發)하여 부모를 절(絕)하니 이 집은 부모에게 불리하다.

자손 진토(辰土)가 백호에 임하고 청룡이 독발(獨發)하여 자손의 장생(長生)을 얻고 공(空)으로 화한다. 초효(初爻)는 어린 식구가 되고 자손은 아이가 된다. 백호는 주로 사망을 의미한다. 청룡은 출산을 의미하는데 공망(空亡)이니 잃는다는 뜻이 된다. 그래서 유산의 정보다.

> **피 드 백**
>
> 실제로 부친은 20년 전에, 모친은 4년 전에 각각 사망했다. 재물운은 좋지 않고 한 번 임신했지만 유산하였다.

예문 58

丙戌년 己亥월 丁巳일(공망: 子丑) 일본에서 강의하는 동안 일본의 한 남자가 예측 항목 없이 점을 쳤다.

지풍승(地風升)─지산겸(地山謙)

青龍		官鬼酉金	‖	
玄武		父母亥水	‖	
白虎	伏子孫午火	妻財丑土	‖ 世	
螣蛇		官鬼酉金	∣	
勾陳	伏兄弟寅木	父母亥水	✕	子孫午火
朱雀		妻財丑土	‖ 應	

[판단]

처재 축토(丑土)가 양현(兩現)하지만 모두 공망(空亡)이다. 그래서 지금 재물운이 좋지 않음을 의미한다. 지풍승괘로 세효와 응효가 비화(比和)하여 다툼과 경쟁이 매우 격렬하다.

피드백

맞다. 현재 재물운이 좋지 않다.

부모 해수(亥水)가 독발(獨發)하고 또 일(日)의 충(沖)을 당하지만 해수(亥水)가 월(月)의 도움을 얻어 왕상(旺相)한데 충(沖)을 만나니 더욱더 동(動)한다. 2효는 거주하는 곳이고 부모는 집이고 주거가 불안정하니 이사를 자주 한다.

> **피 드 백**
>
> 맞다. 몇 차례 이사를 했다.

부모 해수(亥水)가 오화(午火)로 화출(化出)하고 오화(午火)는 2002(壬午)년에 해당한다. 또 세효가 공망(空亡)이고 세효는 거주지이니 2003(癸未)년에 세효를 충실(沖實)하니 이 두 해에 모두 이사했다.

> **피 드 백**
>
> 완전히 정답이다.

2효는 주택 부근이고 수(水)가 임하여 발동(發動)하니 부근에 흐르는 물이 있다. 부근에 강이 있다.

> **피 드 백**
>
> 맞다.

자손 오화(午火)가 괘에 없고 화(火)는 광명인데 부모가 발동(發動)하여 그것을 절(絶)하니 광선이 좋지 않음을 설명한다.

> **피드백**
>
> 하나도 틀림이 없다.

세효는 자신이고 백호에 임한다. 백호는 장난이 심하다. 옛날에 개구쟁이지만 현재 세효가 공(空)이어서 반대로 판단한다. 지금은 많이 얌전해졌다.

> **피드백**
>
> 옛날에는 개구쟁이였지만 지금은 장난이 심하지 않다.

5효 부모 해수(亥水)가 월(月)의 도움을 얻어 왕상(旺相)하다. 일(日)이 충(沖)하니 암동(暗動)이다. 5효는 도로이고 수(水)는 비이니 비가 올 때 도로에 물이 많다. 자손 오화(午火)를 극하고 세효(世爻)를 생하지 못하여 집으로 가는 길에 영향을 준다. 현무에 임하고 현무는 어두움과 하수도이니 하수도가 막힌다.

> **피드백**
>
> 맞다.

예문 59

丙戌년 己亥월 戊申일(공망: 寅卯) 일본의 한 여자가 주택풍수를 예측하였다.

수산건(水山蹇)→천산둔(天山遯)

朱雀		子孫子水	‖		父母戌土
青龍		父母戌土	∣		
玄武		兄弟申金	‖	世	官鬼午火
白虎		兄弟申金	∣		
螣蛇	伏妻財卯木	官鬼午火	‖		
勾陳		父母辰土	‖	應	

[판단]

부모가 다현(多現)하니 밀집된 단지 내에 거주할 것이다. 처재 묘목(卯木)이 공망(空亡)이고 괘(卦)에 없다. 형제가 지세(持世)하고 발동(發動)하여 재(財)를 극(克)한다. 그래서 재물운이 좋지 않다.

6효 자수(子水)가 동(動)하여 회두극(回頭克)으로 화한다. 6효는 조상 무덤이 되고 변효(變爻)가 귀고(鬼庫)다. 관귀(官鬼)는 죽은 사람이 되고 묘고(墓庫)는 무덤이니 극(克)을 당하여 재(財)를 생할 수 없다. 그래서 조상 무덤이 손상되었기에 재물에 불리하다.

괘(卦)에 부모가 양현(兩現)하지만 일월(日月)의 도움이 없어 휴수(休囚)하다. 원신을 월(月)이 극(克)하고 동효(動爻)가 극(克)한다. 그래서 부모님의 몸이 좋지 않다.

> **피드백**
>
> 　실제로 단지 내에 거주한다. 이웃의 문과 우리 집 문이 맞대고 있다. 조상 산소의 비석이 태풍에 의해 훼손되었는데 수리할 돈이 없어 재물운이 좋지 않다. 부친은 췌장암에 걸렸고, 모친은 대장암(大腸癌)에 걸렸다.

예문 60

丙戌년 己亥월 乙卯일(공망: 子丑) 남자가 오피스텔 북쪽에 있는 절이 집의 풍수에 영향을 주는지 문의하였다.

천산둔(天山遯)-택지췌(澤地萃)

玄武		父母戌土	✕	父母未土
白虎		兄弟申金	┃ 應	
螣蛇		官鬼午火	┃	
勾陳		兄弟申金	✕	妻財卯木
朱雀	伏妻財寅木	官鬼午火	╎╎ 世	
靑龍	伏子孫子水	父母辰土	╎╎	

[판단]

　일반 상황에서는 가리키는 곳으로 판단을 한다. 응효는 가리키는 곳이다. 하지만 어떤 때에는 융통성 있게 판단해야 한다. 이 괘는 부모 술토가 6효에 있고 현무가 임하여 발동한다. 6효는 절이 되고 관귀 묘고(墓庫)도 역시 절·사당이 된다. 그래서 부모 술토(戌土)가 세효와 괘의 전체에 미치는 영향을 살펴본다.

　세효가 술토(戌土)에 입묘(入墓)하고 세효는 2효에 있고 2효는 택효다. 화(火)는 광선(光線)인데 입묘(入墓)하니 광선이 어둡다. 햇볕이 잘 들어오지 않는다.

부모 술토(戌土)가 6효에서 발동하여 현무에 임하여 자손을 극한다. 6효는 얼굴이고 토(土)는 피부이고 건궁(乾宮)은 머리가 된다. 자손은 아이인데 극(克)을 당하여 아이의 피부와 생김새에 영향을 받는다.

　괘에 형제가 발동(發動)하고 부모 술토(戌土)가 발동하여 돕지만 처재가 괘에 없어 재물운에 영향을 준다.

> **피드백**
>
> 　사실 북쪽과 서북쪽에는 햇볕이 잘 들어오지 않는다. 원래 아파트를 개발 사업을 벌이던 업주가 8년 전에 파산하였고 자신이 이사 온 후 재물운이 좋지 않았다. 또 아이를 낳았는데 얼굴에 점이 있었다.

예문 61

丙戌年 己亥월 丁卯일(공망: 戌亥) 여자가 주택풍수를 예측하였다.

천뢰무망(天雷无妄)- 풍천소축(風天小畜)

青龍	妻財戌土	Ⅰ		
玄武	官鬼申金	Ⅰ		
白虎	子孫午火	✕	世	妻財未土
螣蛇	妻財辰土	∥		妻財辰土
勾陳	兄弟寅木	∥		兄弟寅木
朱雀	父母子水	Ⅰ	應	

[판단]

　2효 형제 인목(寅木)이 월과 합(合)하여 즉 아래위로 합은 다층집이다. 2효의 목(木)이 목(木)으로 화(化)한 것도 다층집을 의미한다.

　2효가 목(木) 구진에 임하여 발동하고 구진은 수리하여 만드는 것이고 2효는 집인데 복음(伏吟)이니 여러 차례 수리한 집이 된다. 집을 자주 수리하면 재물운이 좋지 않다.

　4효는 창문이고 일(日)의 생(生)을 얻고 오화(午火)에 임하고 화(火)는 광선이니 창문에 빛이 많이 들어와 비교적 밝다. 자손에 임하여 재를 생하니 이곳의 풍수는 재물운에 유리하다.

2효는 정원(마당)이고 목(木)이 목(木)으로 화(化)한다. 월(月)이 생(生)하고 일(日)이 도움을 주어 왕상(旺相)하다. 그래서 정원(마당)에 나무가 많다. 목(木)이 많으면 재를 극하니 재물운이 불리하다.

5효 관귀 신금(申金)이 현무에 임하고 5효는 가장을 의미하는데 백호 자손에게 극(克)을 당한다. 백호는 사망이고 관귀는 귀혼(鬼魂)이다. 현무는 어두움이니 조상의 위패가 어두운 곳에 있다. 관귀(官鬼)는 또 직장을 뜻하기 때문에 조상의 위패가 놓인 자리가 직장에 좋지 않은 영향을 준다.

주괘(主卦)가 육충(六冲)이니 불안한 상(象)이다. 내괘(內卦)가 복음(伏吟)이니 집 전체의 에너지장이 조화를 이루지 못하여 사람들을 답답하게 하고 기분을 나쁘게 한다.

피드백

실제도 그랬다. 거주한 후부터 기분이 좋지 않았고 외로웠다. 부친은 돌아가셨고 동생은 실종되었으며 재물운도 좋지 않았다. 또한 직장까지 그만두었다.

예문 62

丙戌년 癸巳월 乙巳일(공망: 寅卯) 남자가 이사의 길흉을 문의하였다.

풍산점(風山漸)—산화비(山火賁)

玄武		官鬼卯木	∣ 應	
白虎	伏妻財子水	父母巳火	✕	妻財子水
螣蛇		兄弟未土	∥	
勾陳		子孫申金	∣ 世	
朱雀		父母午火	∥	
青龍		兄弟辰土	∦	官鬼卯木

[판단]

　부모는 집이고 세효(世爻)로 길흉을 판단한다. 부모가 발동(發動)하고 게다가 왕상(旺相)하여 상(象)이 좋아 이사를 갈 것이다. 하지만 세(世)가 일(日)의 합(合)을 당하고 동효(動爻)와 합(合)한다. 합(合)은 반주(絆住-묶임)를 의미하니 아마 이사하지 못할 것 같다. 부모가 세(世)를 극(克)하니 강요를 당하여 이사한다. 세효 원신(元神)은 처음의 생각이니 그의 내면세계를 의미한다. 동(動)하여 공(空)으로 화(化)하고 귀(鬼)로 화(化)한다. 기분이 좋지 않고 이사하기 싫다.

부모가 발동(發動)하여 세(世)를 극(克)하니 불길하다. 비록 원신(元神)이 동(動)하여 해결하지만, 부모가 5효에 있어 도로를 의미하고, 차량사고가 자신에게 영향을 주는 것을 조심해야 한다. 부모가 회두극(回頭克)으로 화하고 오월(午月)에 자(子)를 충거(沖去)하니 이때 조심해야 한다.

피드백

　　실제 집주인이 그에게 이사 갈 것을 강요했다. 자신은 이사를 하기 싫어서 한동안 미루고 있었는데 집주인이 그를 보내지 않았다. 오월(午月)에 차가 주차장에서 철근에 두 번 걸리긴 했지만 그 외엔 아무 일도 없었다.

예문 63

丙戌년 丁酉월 丙辰일(공망: 子丑) 여자가 언니의 재운을 예측하였다.

산화비(山火賁)-지뢰복(地雷複)

青龍		官鬼寅木	⁄		子孫酉金
玄武		妻財子水	‖		
白虎		兄弟戌土	‖	應	
螣蛇	伏子孫申金	妻財亥水	⁄		兄弟辰土
勾陳	伏父母午火	兄弟丑土	‖		
朱雀		官鬼卯木	∣	世	

[판단]

처재를 용신으로 본다. 처재 자수(子水)가 공망(空亡)에 일(日)의 극(克)을 당한다. 해수(亥水)가 발동(發動)하고 일(日)이 극(克)하고 회두극(回頭克)으로 화한다. 묘고(墓庫)로 화(化)하고 술토(戌土)가 암동(暗動)하여 극(克)하니 재운이 매우 좋지 않다.

관귀 인목(寅木)이 청룡에 임하여 발동(發動)한다. 청룡은 인테리어한 적이 있음을 나타내고 부모를 생(生)하는 것은 집을 인테리어한다는 것을 나타낸다. 해수(亥水)에 합주(合住)를 당하고 있어 사(巳)년은 그것을 충개(沖開)하는 응기다. 사(巳)년에 집을 인테리어한 적이 있다.

　인목(寅木)이 부모를 생(生)하고 동시에 3효 처재 해수(亥水)를 합한다. 관귀는 남자를 뜻한다. 6효에 있어 6효는 퇴직이다. 그래서 놀고먹는 남자가 그녀의 돈을 쓴다.

　비록 월건(月建)이 재(財)를 생하지만 단 일(日)이 극(克)하고 회두극(回頭克)하고 술토(戌土)가 암동(暗動)하여 극(克)한다. 극(克)은 많고 생(生)은 적어 들어온 것이 적고 나가는 것이 많으니 반드시 빚에 휘말릴 것이다.

　3효는 문(門)인데 동(動)하여 회두극(回頭克)으로 화한다. 묘(墓)로 화함은 문이 있는 곳에 풍수 문제가 있다. 등사에 임하고 등사는 얇고 길다란 상이다. 그래서 문 앞에 길고 얇은 물건이 있다. 진토(辰土)로 화출하는 문은 동남쪽에 있다.

　2효는 집·마당이고 토(土)가 공망(空亡)에 임하여 마당에 구덩이가 있다. 움푹 팬 곳이 있다.

　5효 처재 자수(子水)는 공(空)이고 5효는 가장 혹은 후계자가 된다. 즉　재운이 연장자와 봉양하고 임종을 지켜줄 사람이 없는 분에게 영향을 준다.

> **피 드 백**
>
> 실제로 1989년에 집을 다시 리모델링해서 지었더니 재운이 나빠졌다. 언니는 다른 사람으로 변하여 남자한테 돈을 쓰고 회사와 집에 있는 돈을 모두 써서 채무가 많았다. 게다가 부모님과 여동생의 돈도 빌려서 많이 썼다.

문은 남동쪽으로 뱀의 배처럼 굽어 있다. 입구의 자전거를 놓는 곳과 대문이 모두 움푹 패 있고 마당은 이곳보다 80cm나 높다.

예문 64

丙戌年 庚寅月 癸巳일(공망: 午未) 여자가 사는 집의 풍수가 혼인에 어떤 영향을 주는지 예측하였다.

뇌지예(雷地豫)

白虎		妻財戌土	‖	
螣蛇		官鬼申金	‖	
勾陳		子孫午火	∣	應
朱雀		兄弟卯木	‖	
青龍		子孫巳火	‖	
玄武	伏父母子水	妻財未土	‖	世

[판단]

　부모가 세효 아래에 복장되었다. 세효는 자신이고, 부모는 집이다. 그래서 집은 자신의 것이다. 부모 자수(子水)가 일월(日月)의 도움을 얻지 못하여 휴수(休囚)하다. 휴수(休囚)는 작은 것을 의미하니 집은 크지 않다.

　처재효가 월(月)의 극(克)과 일(日)의 생(生)을 받고 육합괘(六合卦)다. 그래서 이 집은 장풍취기(藏風聚氣)[18]가 되는 곳이다. 그러

---

18) 바람을 숨기고 기를 모으는 장소.

나 관귀 신금(申金)이 월파(月破)되고 세효가 공망(空亡)이라 관귀를 생하지 못한다. 관귀는 여자에게 남자 친구 혹은 남자라는 뜻이 된다. 그래서 풍수가 혼인에 영향을 준다.

우선 세효가 공망이면 마음속이 불안하고, 현무가 임하여 현무는 우울을 나타낸다. 그래서 이 집에 살면 마음이 편안하지 않고 근심하고 우울하며 밝지 않다.

자손은 세효의 원신이다. 원신은 내적인 마음이고 자손은 즐거움을 의미하는데 공망이 되어버렸다. 그래서 마음이 안정되지 않아 가만히 있지를 못한다. 세효(世爻)는 거주하는 곳을 뜻한다. 현무는 어두움이고 오화(午火)는 공망이 되었다. 세효를 생하지 못한다. 화(火)는 광선(光線)을 의미하는데 광선(光線)이 부족하다. 그래서 이곳은 매우 어둡고 햇빛이 들어오지 않는다.

오화(午火)는 남쪽에 대응한다. 일반적으로 북반구에서는 빛은 남쪽으로 내려온다. 공망이니 비치지 않는다는 것을 나타낸다. 왜 빛이 좋지 않을까? 혹시 창문을 안 열어서 그런가? 보통 불가능하다. 남쪽에 뭔가 막힌 것이 분명하다. 이런 걸 반추법이라고 하는데, 그 결과를 알고 당시 상황을 되풀이한다는 것이다. 이는 여러 해 동안 예측하고 깨달은 것이다. 판단된 정보는 괘에서 모두 근거를 찾지 않아도 되며 간접적인 판단을 해도 좋다. 응효가 구진에 임하고 구진은 건축이니 높은 건물이 틀림없이 빛을 차단할 것이다.

피드백

실제로 남쪽의 2층 건물이 그녀의 집을 가로막았다. 그리고 5효 신금(申金)의 취상(取象)을 본다. 5효는 도로이고 등사에 임하여 등사는 가늘고 긴 것, 커브길을 나타낸다. 신금(申金)은 서남을 대표하고 도로를 월파하니 고장이 났다. 일(日)과 합(合)하여 다시 보수했다. 왕상(旺相)은 높다는 의미이고 휴수(休囚)한 것이 극(克)을 받으면 낮다. 서남쪽에 내리막 커브 길이 있는데 도로면을 보수한 적이 있다.

피드백 및 화해

설명이 맞다. 나는 그녀에게 정원의 서남쪽에 큰 돌을 찾아 세우게 했다. 이것은 실파(實破)의 뜻을 취하는 것이다. 결국 한 달 뒤 그 사람이 짝을 찾게 되었다.

예문 65

丁亥년 甲辰월 辛未일(공망: 戌亥) 남자가 주택풍수를 예측하였다.

천지비(天地否)─택수곤(澤水困)

螣蛇	父母戌土	⚊✕	應	父母未土
勾陳	兄弟申金	⚊		
朱雀	官鬼午火	⚊		
靑龍	妻財卯木	⚋	世	
玄武	官鬼巳火	⚊✕		父母辰土
白虎	伏子孫子水 父母未土	⚋		

[판단]

부모 술토(戌土)가 발동(發動)하고 응효(應爻)에 임하여 세효(世爻)를 합(合)한다. 응(應)은 타인이고 부모는 집이니 집은 다른 사람의 것이며 자신이 세를 내어 얻어서 거주하는 것이다. 부모 술토(戌土)가 공망(空亡)이고 등사에 임한다. 공망(空亡)은 불안을 나타내고 등사도 불안을 의미한다. 세효를 합(合)하니 집은 자신이 불안을 느끼게 한다. 관귀가 2효에서 동(動)한다. 역시 사는 집이 불안하다는 의미다.

처재 묘목(卯木)이 지세(持世)하고 단 일월(日月)의 도움을 얻지 못하고 응효와 합(合)하여 반주(絆住)를 당한다. 그래서 재운이 좋지 않다. 처재가 청룡에 임하고 3효에 있다. 청룡은 색(色)이고 3효는 침대다. 그래서 여자를 대표하는데 인생의 반쪽을 찾지 못한다.

부모는 월파(月破)되고 동(動)하여 퇴신(退神)으로 화한다. 2효가 발동하여 부모로 화(化)한다. 다시 이사해 새로운 집을 찾을 생각이 있다.

피드백

실제로 그렇다.

예문 66

丁亥년 癸卯월 庚申일(공망: 子丑) 여자가 주택풍수를 예측하였다.

택풍대과(澤風大過)-건위천(乾爲天)

螣蛇		妻財未土	╳╳		妻財戌土
勾陳		官鬼酉金	∣		
朱雀	伏子孫午火	父母亥水	∣	世	
靑龍		官鬼酉金	∣		
玄武	伏兄弟寅木	父母亥水	∣		
白虎		妻財丑土	╳╳	應	父母子水

[판단]

응효가 발동(發動)하여 부모로 화(化)한다. 집은 다른 사람의 것이며 자신은 전세를 얻어 사는 것이다. 응효가 공망에서 공망으로 화한다. 이는 세입자가 나가 전세를 내놓은 집이다. 부모가 일(日)의 생(生)을 얻어 왕상(旺相)하여 집이 비교적 크다.

목(木)이 월건(月建)에 임하여 처재를 극(克)한다. 목(木)은 괘에 2효에 복장(伏藏)되어 있다. 2효는 정원(마당)이고 목(木)은 나무를 의미하니 마당에 있는 나무가 재운에 영향을 준다. 처재 축토(丑土)가 공망에서 공망으로 화하니 재운이 좋지 않다. 6효 처재 미토

(未土)가 동(動)하여 진신(進神)으로 화한다. 초효는 시작이고 6효는 이후이니 나중에 재운이 점점 좋아진다. 부모가 해수(亥水)가 지세(持世)하여 앞으로 자신만의 집이 생길 것이다.

피드백

실제로 집은 세를 얻은 것이며 재운이 좋지 않다.

예문 67

丁亥년 甲辰월 丙子일(공망: 申酉) 여자가 거주하는 집의 풍수를 예측하였다.

택뢰수(澤雷隨)―진위뢰(震爲雷)

青龍		妻財未土	‖	應	
玄武		官鬼酉金	⚊		官鬼申金
白虎	伏子孫午火	父母亥水	｜		
螣蛇		妻財辰土	‖	世	
勾陳		兄弟寅木	‖		
朱雀		父母子水	｜		

[판단]

관귀 유금(酉金)이 현무에 임하여 독발하여 세효를 합(合)한다. 관귀는 불안의 상(象)이고 현무는 음기이고 공망은 소리 혹은 기척을 의미한다. 세효가 3효에 있고 등사에 임한다. 등사는 불안·두려움이고 3효는 침대이니 두려워서 휴식을 잘 취하지 못한다.

자손 오화(午火)가 복장(伏藏)되어 일(日)에 극(克)을 당한다. 비효(飛爻)가 극(克)하고 독발(獨發)은 자손의 사지(死地)다. 그래서 아이에게 불리하다.

2효 인목(寅木)이 구진에 임하고 2효는 집(宅)이고 구진은 오래된 것을 나타내니 집은 낡았다.

> **피드백**
>
> 실제로 집이 낡았다. 이사 오자마자 아기가 경련을 일으켰다. 저녁에는 집안에서 사람이 말하는 것 같은 소리가 들린다.

예문 68

丙戌년 辛卯월 辛酉일(공망: 子丑) 남자가 살 집을 구하는데 1층이 좋은지 아니면 5층이 좋은지를 물었다. 거리가 멀어 방문하지 못해 대신해서 괘를 냈다.

택뢰수(澤雷隨)─택산함(澤山咸)

螣蛇		妻財未土	‖ 應	
勾陳		官鬼酉金	｜	
朱雀	伏子孫午火	父母亥水	｜	
靑龍		妻財辰土	⚋ 世	官鬼申金
玄武		兄弟寅木	‖	
白虎		父母子水	⚊	妻財辰土

[판단]

세효를 위주로 판단한다. 처재 진토(辰土)가 지세(持世)하여 본래 길하다. 그러나 월(月)이 극(克)하고 일(日)의 도움이 없어 휴수(休囚)하다. 1층은 수(水)로 세효를 생하지 않고 오히려 기신을 생한다. 5층에는 토(土)로 세효를 돕기도 하고 처재와 관귀를 모두 돕는 작용이 있다. 그래서 5층을 선택해서 구매하는 것이 좋다.

일(日)은 관귀인데 세효와 합(合)한다. 또 세효가 청룡에 임하여 발동하여 관귀로 화(化)하고 관(官)과 서로 보고 있어 이 집은 관직에 유리하다. 주변 환경을 분석하면 5효 관귀 유금(酉金)은 월파(月破)되고 일(日)이 실파(實破)한다. 5효는 도로이고 세효가 발동(發動)하여 또 합파(合破)한다. 월파(月破)는 도로 파손을 의미하고 실파(實破)·합파(合破)는 수리가 되었다는 의미다. 그래서 부근의 도로가 좋지 않아서 여러 번 보수했다.

초효 부모 자수(子水)는 금(金)의 생(生)을 얻고 초효는 이웃 혹은 부근을 의미하고 금생수(金生水)는 흐르는 물을 나타낸다. 그래서 부근에 강이 있다. 자수(子水)가 삼합국(三合局)을 이루어 그 지점에서는 강이 합쳐진다.

부모 자수(子水)가 백호에 임하고 초효(初爻)의 수(水)가 백호를 보아 인근에 다리 혹은 교량이 있다. 공망(空亡)은 허공에 떠 있는 교각을 의미한다. 백호는 도로를 의미하고 삼합국(三合局)이 진토(辰土)로 화출하니 주로 동남이 된다. 그래서 동남쪽에 사거리가 있다.

일(日)의 유금(酉金)이 괘의 부모를 생하고 부모는 집이니 집을 짓는다. 유금이 괘에서 구진에 임하고 월파(月破)되고 또 실파(實破)되었다. 원래 집은 철거당하여 또 새로 지은 것이라고 설명할 수 있다.

피드백

이상의 판단은 전부 응험(應驗)하였다.

예문 69

丙戌년 壬辰월 戊辰일(공망: 戌亥) 남자가 자신의 집이 신체에 영향을 주는지를 문의하였다.

산지박(山地剝)—산수몽(山水蒙)

朱雀		妻財寅木	∣		
靑龍	伏兄弟申金	子孫子水	∥	世	
玄武		父母戌土	∥		
白虎		妻財卯木	∥		
螣蛇		官鬼巳火	⤼	應	父母辰土
勾陳		父母未土	∥		

[판단]

　세효를 용신으로 본다. 괘는 건궁(乾宮)에 있어 머리를 의미한다. 세효가 일월(日月)에 입묘(入墓)하니 머리가 혼미하다. 등사에 속한 효가 독발(獨發)하였다. 독발(獨發)은 성질을 뜻한다. 등사는 기억을 잃어버린다는 의미이고 수(水)는 지혜를 뜻한다. 세효에 앉은 수(水)를 절(絶)하니 기억력이 좋지 않다.

피드백

맞다. 기억력이 급격히 떨어졌다.

2효는 다리이고 등사는 경련이니 다리를 떤다 의미다. 외괘(外卦)는 간(艮)이고 간(艮)은 팔·손을 의미한다. 사화(巳火)에 절(絕)을 당하니 손도 떨리는 것을 나타낸다.

> **피드백**
>
> 맞다. 주로 손발을 떤다. 평상시는 보이지는 않는데 긴장이 풀리기만 하면 떨린다.

세효가 간괘(艮卦)에 있고 간(艮)은 동북이니 당신은 동북 방향의 방에 있을 것이다. 사화(巳火)에 절(絕)을 당하고 화(火)는 2의 수(數)이니 2층에 거주하는 것을 피해야 한다. 만약 2층에 살면 병(病)이 더 심해질 것이다.

> **피드백**
>
> 맞다. 바로 2층의 동북쪽 모서리에 산다.

사화(巳火)가 등사에 임하여 세효를 절(絕)한다. 사화(巳火)는 화(火)이고 등사는 가늘고 긴 의미이고 2효는 주택 부근을 나타낸다. 이는 바로 주택 부근에 크고 높은 굴뚝이 있음을 나타낸다. 동(動)하여 치(値)를 만나거나 합(合)을 만나면 동남쪽이나 서남쪽에 있게 된다.

> **피드백**
>
> 서남 방향에 몇십 미터 높은 굴뚝이 있다.

 5효는 맏이를 의미하는데 세효가 5효에 있으니 당신은 집에서 맏이다.

> **피드백**
>
> 맞다.

 일월(日月)과 변효(變爻)에 3개의 진토(辰土)가 있다. 진토(辰土)는 수고(水庫)다. 모든 것이 세효에 불리하다. 부근에 수조가 많아서 신체에 불리하다.

> **피드백**
>
> 차가운 연못이다. 집의 동남쪽, 남쪽, 서남쪽에 모두 수조가 있다. 이사를 해야 한다. 이곳은 거주하기에 적합하지 않다.

예문 70

丙戌년 辛卯월 壬寅일(공망: 辰巳) 여자가 주택풍수를 예측하였다.

풍택중부(風澤中孚)-풍수환(風水渙)

白虎		官鬼卯木	∣		
螣蛇	伏妻財子水	父母巳火	∣		
勾陳		兄弟未土	∥	世	
朱雀	伏子孫申金	兄弟丑土	∥		
青龍		官鬼卯木	∣		
玄武		父母巳火	╳	應	官鬼寅木

[판단]

　세효는 자신의 소재지이고 부모는 집인데, 비록 세효가 일월(日月)의 극상(剋傷)을 당하지만 부모효가 독발(獨發)하여 세효(世爻)를 생(生)한다. 본래는 길하지만, 사화(巳火)가 공망(空亡)이다. 그래서 길(吉)한 가운데 흉(凶)이 숨어 있다. 이곳은 풍수의 길지라고 할 수 없다.

　갑신(甲申)년에 사화(巳火)에 합(合)을 당해 세효를 생할 수 없다. 마땅히 이해에 흉사가 발생할 것이다. 사화(巳火)가 초효(初爻)에 있고 초효(初爻)는 걸어다니는 것이고 사화(巳火)가 역마에 임한다. 유년 자손 신금(申金)은 도로이니 자동차 사고가 우려된다.

처재 자수(子水)가 괘(卦)에 없고 일월(日月)의 도움이 없고 사화(巳火)가 독발(獨發)하여 그것을 절(絶)하니 재물운이 좋지 않다. 초효 사화(巳火)가 응효에 임하여 인목(寅木)으로 화한다. 초효(初爻)는 이웃이고 응효(應爻)도 이웃이다. 목(木)은 나무를 의미한다. 이웃의 큰 나무가 방해된다.

현무가 독발하여 관귀로 화한다. 본인에게는 쉽게 혼외정이 생긴다.

피드백

실제로 본인은 2004년에 차량 사고가 발생하였고 재운도 좋지 않았다. 이웃에는 큰 나무가 있었다. 본인은 정해(丁亥)년에 혼외정이 생겼다.

예문 71

丙戌년 庚寅월 甲子일(공망: 戌亥) 여자가 주택풍수를 예측하였다.

지산겸(地山謙)

玄武		兄弟酉金 ‖	
白虎		子孫亥水 ‖	世
螣蛇		父母丑土 ‖	
勾陳		兄弟申金 ∣	
朱雀	伏妻財卯木	官鬼午火 ‖	應
靑龍		父母辰土 ‖	

[판단]

　관귀 오화(午火)가 주작에 임하여 2효에서 암동(暗動)한다. 2효는 집(宅)이고 관귀는 불안이고 주작은 구설이고 응효에 앉았다. 응효는 남편이고 관귀도 남편을 표시한다. 부부관계를 할 때 긴장되고 구설이 끊이지 않는다.

　처재 묘목(卯木)이 괘에 없고 비록 월(月)의 도움을 얻고 일(日)이 생(生)하니 길하지만 비효(飛爻)가 암동(暗動)하고 처재의 사지(死地)다. 또 세효 자손이 공망(空亡)이라 돈이 부족하다.

세효 자손 해수(亥水)가 공망(空亡)이라 기분이 좋지 않고 마음이 공허하다. 자손은 아이를 의미하고 공망(空亡)이니 아이가 없다.

　부모를 월(月)이 극(克)하고 일(日)의 도움이 없어 휴수(休囚)하다. 그래서 낡은 집이다. 3효는 문이고 형제 신금(申金)이 월파(月破)를 당하여 문이 파손되었다.

피드백

실제 상황도 그렇다.

예문 72

丙戌년 庚寅월 癸未일(공망: 申酉) 여자가 주택풍수를 예측하였다.

곤위지(坤爲地)-뇌지예(雷地豫)

白虎	子孫酉金 ‖	世	
螣蛇	妻財亥水 ‖		
勾陳	兄弟丑土 ⚋		父母午火
朱雀	官鬼卯木	應	
靑龍	父母巳火 ‖		
玄武	兄弟未土 ‖		

[판단]

　형제 축토(丑土)가 구진에 임하여 독발(獨發)하고 처재 해수(亥水)를 극하고 세효를 입묘(入墓)시킨다. 곤괘(坤卦)는 토(土)이고 구진은 부풀어 오르고 크고 높다. 토효(土爻)가 임하여 발동(發動)하니 언덕·흙더미가 있어서 주택풍수에 영향을 준다.

　축토(丑土)는 동북에 대응하니 흙더미는 동북 방향에 있다. 세효는 자신의 소재지이고 확대해석하면 집이 된다. 6효에 있으니 지붕이나 옥상을 의미한다. 입묘(入墓)는 바로 흙더미에 눌러짐을 나타낸다. 세효가 공망이고 입묘(入墓)하니 재를 생할 수가 없다. 그래서 재운이 좋지 않다.

피 드 백

실제로 동북쪽에 고지(高地)가 있는데 지붕처럼 높다. 집에 햇빛이 들어오지 못하고 재운도 좋지 않다.

예문 73

乙酉년 丁亥월 乙巳일(공망: 寅卯) 여자가 집안의 길흉을 예측하였다.

뇌천대장(雷天大壯)

玄武	兄弟戌土	‖	
白虎	子孫申金	‖	
螣蛇	父母午火	∣	世
勾陳	兄弟辰土	∣	
朱雀	官鬼寅木	∣	
靑龍	妻財子水	∣	應

[판단]

2효 관귀 인목(寅木)이 공망(空亡)이고 관귀는 남편을 대표하고 또 세효의 원신(元神)이다. 원신은 생각·사유이고 2효는 집(宅)이고 공망(空亡)은 떠난다는 뜻이다. 그래서 남편과 자신은 자주 집을 비운다.

관귀 인목(寅木)이 2효에서 공망(空亡)이니 수(水)의 생(生)을 받지 못한다. 수(水)는 주로 한밤중을 의미하고 2효는 집이니 늦은 밤 집에서 편안하게 쉬지 않고 남편은 밤을 새우는 것을 좋아한다. 수(水)는 또 소변을 의미하는데 내분비 계통이 좋지 않아서 당뇨병이 있다. 원신이 초효에 있고 청룡이 임했다. 초효는 발을 의미하고 청룡은 간지러움을 의미하니 남편에게는 무좀이 있다.

관귀 인목(寅木)이 공망(空亡)에 주작이 임하여 세효를 생할 수 없다. 주작이 세효를 생할 수 없고 공망(空亡)은 없어졌다는 의미다. 목(木) 공(空)은 담(膽)을 의미하고 2효도 담(膽)이니 담낭 절제 수술을 받는다.

자손 신금(申金)은 5효에 백호가 임하고 백호는 질병을 나타내는데 기신 사화(巳火)가 일(日)에 임하여 합(合)한다. 일(日)의 합(合)은 반주(絆住-묶임)이고 화(火)는 눈을 의미하니 눈이 좋지 않아서 안경을 쓴다. 월(月)의 해수(亥水)는 자손의 병지(病地)다. 수(水)는 목구멍이고 병지(病地)는 질병을 의미한다. 5효가 오관(五官)[19]을 의미하니 인후가 좋지 않다. 월(月)의 해수(亥水)를 괘(卦)에서 효(爻)의 위치를 찾을 때 자수(子水)를 대신해 사용할 수 없다. 초효에 임하여 아들 역시 무좀이 있다.

종합해보면 2효 목(木)이 주작에 임하여 꽃을 의미한다. 일(日)의 화(火)를 봐도 꽃을 의미한다. 2효에 있으니 집안에서 꽃을 키운다. 하지만 공망(空亡)이어서 원래 집안에 꽃을 잘 키웠는데 지금

---

19) 시각 · 청각 · 미각 · 후각 · 촉각

은 키우지 않아서 기장(氣場)에 영향을 준다.

> **피드백**
>
> 판단 역시 음험(應驗)하였다.

예문 74

丙戌년 丙申월 丁酉일(공망: 辰巳) 남자가 중개소의 소개를 받은 집의 풍수가 어떤지 문의하였다.

택산함(澤山咸)-천산둔(天山遯)

青龍		父母未土	⚋ 應	父母戌土
玄武		兄弟酉金	⚊	
白虎		子孫亥水	⚊	
螣蛇		兄弟申金	⚊ 世	
勾陳	伏妻財卯木	官鬼午火	⚋	
朱雀		父母辰土	⚋	

[판단]

부모 미토(未土)가 청룡에 임하고 독발(獨發)하여 세효를 생한다. 응효는 타인이고 부모는 집이니 타인의 집이다. 청룡은 기쁨이고 또 처재의 묘고(墓庫)이고 세효를 생하니 집이 자신의 손에 들어오면 경사스럽고 좋은 일이 생긴다. 이 집의 풍수가 좋다는 것을 의미한다.

피드백

조언을 듣고서 술월(戌月)에 이사하여 들어가 살았다. 이 집이 만족스럽고 주변 환경도 좋아 수입이 20% 늘었다. 사업 실적도 좋아져서 회사 부문 평가에서 10개월 만에 25위에서 3위로 올라섰다. 자신도 회사 내 위상이 높아졌다.

> **예문 75**
>
> 乙酉년 己丑월 丁未일(공망: 寅卯) 여자가 이웃에서 현재 집을 짓고 있는데 풍수에 영향을 주는지 문의하였다.

태위택(兌爲澤) — 산천대축(山天大畜)

靑龍	父母未土	ㅼ 世		妻財寅木
玄武	兄弟酉金	ㅓ		子孫子水
白虎	子孫亥水	ㅓ		父母戌土
螣蛇	父母丑土	ㅼ	應	父母辰土
勾陳	妻財卯木	ㅣ		
朱雀	官鬼巳火	ㅣ		

[판단]

세효는 자신이고 응효는 이웃이다. 응효에 부모 축토(丑土)가 발동(發動)한다. 부모는 집이고 축토(丑土)는 동북에 대응한다. 그래서 이웃이 동북쪽에 집을 짓는다. 동(動)하여 세효 부모를 충(沖)하니 이웃에 짓는 집이 자신의 집 풍수에 영향을 준다.

자손 해수(亥水)가 백호에 임하여 회두극(回頭克)으로 화한다. 원신이 응효에 입묘(入墓)한다. 원신은 생각·내적 마음세계를 의미한다. 묘고(墓庫)는 통제이니 아이의 성격이 이웃의 집 때문에 영향을 받는다. 백호는 주로 화가 남을 나타내니 성격이 나쁘게 변하여 난폭해진다.

처재 묘목(卯木)이 휴수(休囚)하고 일월(日月)의 도움을 얻지 못하고 일(日)에 입묘(入墓)하고 공망(空亡)에 임한다. 그래서 재물운도 나빠졌다. 세효 부모 미토(未土)가 월파(月破)되고 동(動)하여 공망(空亡)으로 화한다. 또 6효 부모는 토지·집이고 6효는 내놓거나 탈락함을 의미하고 공(空)은 잃는다는 뜻이다. 토지와 집이 자신의 것이지만 오래 거주하지 못한다.

> **피드백**
>
> 사실 이웃은 북동쪽에 집을 짓고 있었다. 집을 지은 뒤 아들은 성격이 난폭해졌고 14년 동안 운영하던 식당도 문을 닫았고 게다가 땅과 집도 팔아야 했다.

예문 76

乙酉년 壬午월 辛酉일(공망: 子丑) 여자가 친정집의 풍수를 예측하였다.

손위풍(巽爲風)—풍뢰익(風雷益)

螣蛇	兄弟卯木	∣	世	
勾陳	子孫巳火	∣		
朱雀	妻財未土	∥		
青龍	官鬼酉金	⚊	應	妻財辰土
玄武	父母亥水	⚊		兄弟寅木
白虎	妻財丑土	⚋		父母子水

[판단]

초효가 백호에 임하여 자수(子水)로 화출(化出)한다. 초효 자수(子水)에 백호의 조합은 교량을 의미한다. 부근에 교량이 있다.

2효는 집(宅)과 주택 부근을 의미하고 부모 해수(亥水)가 일(日)의 생(生)을 득한다. 수(水)가 금(金)의 생(生)을 득하면 하류를 의미한다. 그래서 부근에 하류(河流)가 있다.

부모 해수(亥水)가 동(動)하여 합(合)으로 화한다. 인해합(寅亥合)은 다층집이 된다. 초효가 공망(空亡)이라 지하실이 있다.

초효는 또 지기(地基)를 의미하는데 공(空)이 공(空)으로 화(化)하고 화(化)하여 파(破)를 당한다. 그래서 지기(地基)가 손괴되었다.

백호는 도로이고 세효 묘고(墓庫)는 거주지가 되는데 백호에 속한 효가 세효 묘고를 충(沖)한다. 그래서 집을 충(沖)하는 도로가 있다. 월의 오화(午火)는 자손이니 도로를 의미한다. 부모 자수(子水)를 충파(沖破)한다. 부모는 집을 의미한다. 이것 역시 집을 충(沖)하는 도로가 있음을 나타낸다.

2효가 현무에 임하고 발동(發動)하여 화(火)를 극(克)한다. 현무는 어두움을, 화(火)는 광명(光明)을 의미하니 집의 광선(光線)이 좋지 않다.

인목(寅木)이 2효에서 합(合)으로 들어오고 2효는 정원(마당)이고 목(木)은 나무이니 정원(마당)에 나무가 많다.

세효가 6효에 있고 6효는 외진 곳을 의미한다. 또 일(日)의 충(沖)을 당하고 역마가 이루어져 본인은 타지로 외출했다.

피 드 백

실제도 그렇다.

예문 77

乙酉년 壬午월 丙寅일(공망: 戌亥) 남자가 주택풍수를 예측하였다.

천풍구(天風姤)─간위산(艮爲山)

青龍		父母戌土	ㅣ		
玄武		兄弟申金	ㅒ		子孫子水
白虎		官鬼午火	ㅒ	應	父母戌土
螣蛇		兄弟酉金	ㅣ		
勾陳	伏妻財寅木	子孫亥水	ㅒ		官鬼午火
朱雀		父母丑土	‖	世	

[판단]

　응효가 동(動)하여 부모로 화하고 세효 부모를 생한다. 집은 자신의 것이 아니고 이전 세입자가 나가 자신이 거주하게 된 것이다.

　2효 자손은 일월(日月)의 도움을 얻지 못하여 휴수(休囚)하고 공망(空亡)이 관귀로 화(化)한다. 그래서 집은 자손이 대를 잇는 데 불리하다.

　관귀가 동(動)하여 공망(空亡)으로 화한다. 이 집에 거주하면 관직을 잃는 일이 생긴다.

세효가 주작에 임(臨)하고 2효가 동(動)하여 관귀로 화한다. 그래서 구설이 많다.

일(日)의 인목(寅木)은 외계(外界-외부)인데 2효 택효(宅爻)와 합하니 담벼락 밖의 나무 가지가 마당으로 뻗어 들어온다.

4효는 대문으로 삼합국(三合局)을 한다. 하지만 술토(戌土)가 공망(空亡)이 된다. 그래서 대문을 나가면 정자(丁字)의 도로가 있다.

> **피드백**
>
> 실제로 이전 세입자가 나가 내준 집이다. 재운이 좋지 않았고 관직 있었다가 잃었다. 지금까지 아이가 없다.

예문 78

乙酉년 壬午월 己巳일(공망: 戌亥) 여자가 주택풍수를 예측하였다.

뇌산소과(雷山小過)-진위뢰(震爲雷)

勾陳		父母戌土 ‖		
朱雀		兄弟申金 ‖		
靑龍	伏子孫亥水	官鬼午火 │	世	
玄武		兄弟申金 ✗		父母辰土
白虎	伏妻財卯木	官鬼午火 ‖		
螣蛇		父母辰土 ‖	應	子孫子水

[판단]

처재 묘목(卯木)이 괘에 없고 일월(日月)의 도움이 없고 휴수(休囚)하다. 형제가 현무에 임하여 발동(發動)한다. 그래서 이 집의 풍수는 좋지 않다. 돈을 사취당하는 일이 발생한다.

피드백

부친은 친구에게 사기를 당하여 빚을 진 후 자살하였다.

응효의 부모는 화하여 파(破)를 당하고 관귀가 양현(兩現)하고 일월(日月)의 도움을 얻어 지나치게 왕(旺)하여 혼인이 좋지 않다.

피 드 백

임오년(壬午年)에 이혼했다.

부모 진토(辰土)가 등사에 임하여 발동(發動)한다. 그래서 관재수를 조심해야 한다.

피 드 백

입주한 후 관재가 생겼다.

예문 79

癸未년 庚申월 戊辰일(공망: 戌亥) 내가 허베이(河北)의 랑팡(廊坊)에 가서 고찰할 때 현지의 역경학회 부회장인 왕진위(王金宇) 선생이 내가 왔다는 소식을 듣고 만나보고 싶다고 해서 흔쾌히 수락했다. 만나서 한담을 하고 난 후 왕진위 선생이 괘를 얻었다. 그의 집 풍수를 구측했다.

택풍대과(澤風大過)-뇌택귀매(雷澤歸妹)

朱雀		妻財未土 ‖		
靑龍		官鬼酉金 ⚊		官鬼申金
玄武	伏子孫午火	父母亥水 ⚊	世	
白虎		官鬼酉金 ⚊		妻財丑土
螣蛇	伏兄弟寅木	父母亥水 ⚊		
勾陳		妻財丑土 ‖	應	子孫巳火

[판단]

부모를 용신으로 본다. 겸하여 2효도 본다. 2효 부모 해수(亥水)가 월건의 생부(生扶)를 받고 5효 관귀가 동(動)하여 부모를 생한다. 내괘(內卦)가 사유축(巳酉丑) 삼합(三合) 관국(官局)이라 또 부모를 생한다. 그래서 매우 왕상(旺相)하다. 왕(旺)은 크다는 의미다. 그래서 그의 집이 매우 크다고 판단했다. 하지만 2효는 공망이라 사람의 효위인 5효의 생(生)을 얻지 못한다. 그래서 실내에 사람이 적어 텅텅 비었다.

부모 해수(亥水)가 지세(持世)한 것은 집은 이미 손에 들어왔다는 것이다. 부모는 수속인데 공망(空亡)이니, 수속을 아직 다 마치지 못했다는 의미다. 그래서 아직 집문서를 취급하지 못했다.

세효가 일진(日辰)에 입묘(入墓)하고 일진은 처재이다. 그래서 재물로 인하여 곤경에 처했다. 세효가 부모에 임하여 입묘한다. 부모는 집이니 필히 집 문제 때문에 금전 문제가 생긴다. 일(日)은 현재가 되니 그래서 그가 집을 살 때 돈을 빌려서 샀다. 지금까지 다 상환하지 못했다.

관귀는 일자리가 되고 내괘(內卦)가 사유축(巳酉丑) 삼합(三合)으로 관국(官局)을 이루어 세효를 생(生)한다. 그래서 직장 어느 방면이든지 다 뜻대로 잘 된다. 하지만 세효가 공망(空亡)이라 관귀의 생(生)을 받는 힘이 적다. 관귀는 일자리를 대표할 뿐 관운은 대표하지 않으니 관운이 없을 것이라고 판단했다.

5효는 지도자의 효위(爻位)이고 동(動)하여 세(世)를 생하니 직장의 지도자가 그한테 잘해주고 도와준다. 하지만 5효 관귀가 동(動)하여 퇴신(退神)으로 화하니 이것은 지도자가 근무처에서 떠나는 상(象)이다. 그래서 그에게 잘해주는 지도자가 근무처를 이동했다고 판단하였다. 또 5효 관귀 유금(酉金)은 도화이고 청룡에 임하고 청룡은 주색(酒色)이다. 일(日)의 재성과 서로 합(合)하고 초효 처재 축토(丑土)에 입묘(入墓)한다. 그래서 풍류를 즐기고 색(色)을 좋아하여 같이 즐기는 여자가 여러 명이다.

괘중에 재효가 다현하여 세(世)를 극하니 그는 월급 외에 다른 수입이 있을 것이다. 여러 군데에서 돈이 들어온다고 판단했다.

응(應)은 처(妻)의 위치이고 처재 역시 처가가 된다. 응효의 처재 축(丑土) 바로 그의 처다. 처재 축토(丑土)는 관귀의 묘고(墓庫)다. 관귀는 질병이니 아내의 몸 안에 질병이 있다는 정보다. 초효는 발이고 진궁(震宮)도 발이다. 그래서 그의 아내 다리에 문제가 있다고 판단하였다.

피드백

실제로 그렇다.

예문 80

癸未년 酉月 庚寅일(공망: 午未) 남자가 주택풍수를 예측하였다.

뇌천대장(雷天大壯)–화천대유(火天大有)

螣蛇	兄弟戌土	‖	父母巳火
勾陳	子孫申金	‖	
朱雀	父母午火	| 世	
靑龍	兄弟辰土	|	
玄武	官鬼寅木	|	
白虎	妻財子水	| 應	

[판단]

괘(卦)는 육충(六沖)을 득하고 세효도 공망(空亡)이니 여기서 거주하면 기분이 좋지 않다. 주작에 임하여 구설 때문에 기분이 나쁘다.

처재 자수(子水)가 초효(初爻)에서 백호에 임한다. 즉 수(水)에 백호를 더하니 교량이 된다. 그래서 주택 인근에 교량이 있다. 월(月)의 생(生)을 득하여 물이 다리 밑으로 흘러간다. 재물운에 유리하다. 하지만 6효 형제 술토(戌土)가 등사에 임하여 독발(獨發)하여 재(財)를 극한다. 6효는 담벽이니 담벼락 때문에 재물운에 영향을 받는다.

 자손 신금(申金)이 5효에 있고 자손은 아이이고 5효는 맏이이고 구진에 임하여 암동(暗動)한다. 구진은 건축이고 암동(暗動)이 합(合)을 만나고 6효가 발동(發動)하여 부모 사화(巳火)로 화한다. 부모는 집이고 사화(巳火)는 2001년에 해당한다. 이해에 큰아들 때문에 집을 다시 수리하였다.

 세효와 자손이 서로 극(克)하니 부자(父子)가 서로 불화가 있다.

 관귀 인목(寅木)이 현무에 임하고 2효에 들어가 있고, 현무는 도적이고 관귀도 도적이니 도둑이 들어와 물건을 훔쳐 갔다.

피드백

 역시 신사(辛巳)년에 아들이 결혼하여 집을 지었고 부자(父子)가 함께 살자 불화가 생기고 회사의 재물운도 나빠졌다. 근처에 다리가 있고 다리 아래 물길이 흐른다. 임오(壬午)년 자월(子月)에 회사가 도둑을 맞았다.

예문 81

癸未년 甲寅월 乙丑일(공망: 戌亥) 여자가 친정집 우물이 자신에게 영향을 주는지 물었다.

화지진(火地晉)—산지박(山地剝)

玄武		官鬼巳火	∣	
白虎		父母未土	‖	
螣蛇		兄弟酉金	⚍ 世	父母戌土
勾陳		妻財卯木	‖	
朱雀		官鬼巳火	‖	
青龍	伏子孫子水	父母未土	‖ 應	

[판단]

재(財)는 음식이고 물(水)이니 재고(財庫)는 우물이 된다. 또 효위(爻位)로 보면 초효(初爻)는 우물이 된다. 이 괘의 초효가 재고(財庫)이니 초효 미토(未土)는 우물이 된다.

괘(卦)에 부모 미토(未土)가 양현(兩現)하고 모두 재고(財庫)다. 그래서 우물이 2개 있다. 괘(卦)가 건궁(乾宮)에 있고 건(乾)은 서북(西北)이다. 한 우물은 서북(西北)에 있고 부모 미토(未土)가 일진(日辰) 축토(丑土)에 충(沖)을 당한다. 충(沖)을 만나면 반대의 향(向)으로 판단한다[20]. 미토(未土)는 서남쪽이다. 그래서 반대인 동북쪽에도 우물이 하나 더 있다. 5효 부모가 백호에 임하고 백호는 도로다. 5효는 도로의 효위(爻位)다. 그래서 우물은 도로변에 있다. 또 초효(初爻)는 지기(地基)이니 그래서 우물은 가까운 곳에 있다.

세효는 구측자이니 구측자의 집을 대표한다. 세효가 동(動)하여 처재를 극(克)한다. 이것은 우물 안에 물을 소모한다는 정보다. 그래서 옛날에는 우물의 물을 마셨다. 그러나 동(動)하여 공(空)으로 화한다. 그래서 지금은 우물의 물을 마시지 않는다.

처재는 수(水)이고 처재 묘목(卯木)이 구진에 임한다. 구진은 논과 밭이다. 우물 안의 물이 논·밭과 관계가 있다. 주로 논·밭에 물을 주는 데 사용한다.

초효 부모 미토(未土)가 청룡에 임하고 청룡은 맛이 좋고 고귀하고 아름다움 등을 나타낸다. 그래서 우물의 물이 매우 좋고 아주 달콤하다.

자손이 응효 부모 미토(未土)의 아래에 복장되었다. 세효가 동(動)하여 자손을 생한다. 자손은 자녀 후대를 의미하고 본인 혹은

---

20) 逢沖反向斷

본가의 후대를 대표한다. 하지만 응효가 자손을 극한다. 응(應)은 이웃이고 초효(初爻)도 또 이웃의 효위(爻位)다. 이웃집이 자식을 극(克)하여 자식이 적다. 월건(月建)은 자손(子孫)의 병지(病地)다. 응효(應爻)는 자손의 양지(養地)이다. 그래서 이웃집의 자식은 병(病)이 있거나 다른 사람의 자녀를 입양한 것이다.

피드백

이상의 판단은 실제와 부합한다.

예문 82

辛巳년 己亥월 辛卯일(공망: 午未) 남자가 외지에서 전셋집을 얻어 업무(사업)를 보고 있는데 집의 풍수가 어떤지 물었다.

풍화가인(風火家人)—산화비(山火賁)

螣蛇		兄弟卯木	ㅣ	
勾陳		子孫巳火	ㅓ 應	父母子水
朱雀		妻財未土	‖	
靑龍	伏官鬼酉金	父母亥水	ㅣ	
玄武		妻財丑土	‖ 世	
白虎		兄弟卯木	ㅣ	

[판단]

부모 해수(亥水)가 월(月)에 임하여 자손 사화(巳火)를 충파(沖破)한다. 부모는 집이고 5효는 도로이니 집과 도로가 마주보고 충(沖)하고 있다. 자손 사화(巳火)는 처재의 원신이다. 월파(月破)를 당하고 회두극(回頭克)으로 화(化)하니 재(財)를 생할 수 없다. 또 재(財)가 일(日)의 극(克)을 당하여 집의 풍수가 좋지 않아 업무에 영향을 주어 돈을 벌 수가 없다.

2효는 집이고 현무에 임하고 현무는 개인(私人)이니 세를 얻은 것이 개인(私人)의 집이다. 4효는 미토(未土)로 공(空)이고 미토(未

土)는 서남(西南)에 해당한다. 4효는 창문이니 서남(西南)쪽의 창문이 엄밀(嚴密)하지 않다. 독발(獨發)하여 동(動)한데 합(合)을 만나면 응기가 되니 집은 신일(申日)에 세를 얻은 것이다.

> **피드백**
>
> 역시 그랬다. 6개월 동안 일을 했는데 업적이 없어 할 수 없이 철수했다.

예문 83

癸未년 丙辰월 丁卯일(공망: 戌亥) 남자(프랑스에 거주)가 집의 풍수가 아내의 유방암을 초래하는지 물었다.

건위천(乾爲天)—택수곤(澤水困)

靑龍	父母戌土	ㄨ	世	父母未土
玄武	兄弟申金	∣		
白虎	官鬼午火	∣		
螣蛇	父母辰土	ㄨ	應	官鬼午火
勾陳	妻財寅木	∣		
朱雀	子孫子水	ㄨ		妻財寅木

[판단]

처재를 용신으로 한다. 처재 인목(寅木)이 비록 구진에 임하지만 단 일의 도움을 얻고 자수(子水)가 와서 생하니 왕상(旺相)하다. 그래서 집의 풍수 때문이 아니다.

부모 진토(辰土)가 응효(應爻)에 임하고 회두생(回頭生)으로 화한다. 응(應)은 타인이니 집은 세를 얻은 것이다. 세효가 부모에 임하여 퇴신(退神)으로 화한다. 그래서 이 집을 떠나 다른 곳으로 이사하고 싶어 한다. 세효 부모 술토(戌土)가 월파(月破)를 당하고 공망(空亡)에 청룡이 임하였다. 청룡은 인테리어이고 월파(月破)는 벗겨짐이고 공망(空亡)은 분실이다. 6효는 퇴직, 낡음을 의미하니 집은 이미 낡았다. 인테리어한 표면이 이미 벗겨지고 손상되었다.

응효는 부근·이웃인데 부모 진토(辰土)가 관귀로 화(化)한다. 진토(辰土)는 자손의 묘고(墓庫)다. 자손은 승도(僧道)·수도사(修道士)다. 묘고(墓庫)는 사원(寺院) 등을 의미한다. 서방(西方)에 있으니 일반적으로 교회로 이해한다. 진토(辰土)는 동남(東南)에 해당하니 교회는 동남 방향에 있다. 또 진토(辰土)는 부모 묘고(墓庫)와 수고(水庫)다. 수(水)는 물을 의미하고 부모는 차(車)와 배(船)이니 결합하면 항구가 된다. 그래서 부근에 항구가 있다.

초효(初爻) 자손 자수(子水)를 월(月)이 극(克)하고 일(日)의 도움이 없이 동효(動爻) 부모에 입묘(入墓)한다. 일(日)이 와서 형(刑)하니 집의 풍수는 아이한테 불리하다. 자수(子水)가 처재를 생(生)하니 아들의 재물운이 좋지 않다.

피드백

실제로 동남쪽에 항구가 있고 교회도 있다. 집은 낡고 습하고 페인트가 벗겨졌다. 수입은 적었으며 아들은 의자에서 떨어져 입원했다. 나중에 프랑스를 떠나 귀국했다.

> **예문 84**
>
> 甲申年 丙寅月 甲寅日(공망: 子丑) 여자가 주택풍수를 예측하였다.
>
> ### 화수미제(火水未濟)─이위화(離爲火)
>
> | | | | | | |
> |---|---|---|---|---|---|
> | 玄武 | | 兄弟巳火 | ∣ | 應 | |
> | 白虎 | | 子孫未土 | ∥ | | |
> | 螣蛇 | | 妻財酉金 | ∣ | | |
> | 勾陳 | 伏官鬼亥水 | 兄弟午火 | ⚊ | 世 | 官鬼亥水 |
> | 朱雀 | | 子孫辰土 | ⚊ | | 子孫丑土 |
> | 靑龍 | | 父母寅木 | ⚊ | | 父母卯木 |

[판단]

 부모 인목(寅木)이 동(動)하여 진신(進神)으로 화한다. 일월(日月)의 도움을 얻어 지나치게 왕(旺)하지만 집은 매우 크지 않다.

 초효(初爻)는 주택 부근이고 목(木)이 목(木)으로 화(化)하니 화초나 나무가 많다. 동(動)하여 자손을 극(克)한다. 자손은 2효에 있고 2효는 창자(腸子)이고 토(土)는 위(胃)이니 아이의 위장에 영향을 준다. 자손이 주작에 임하여 공망으로 화(化)한다. 주작은 주로 공부다. 그래서 아이는 공부하기를 싫어한다.

형제 오화(午火)가 동(動)하여 5효 자손 미토(未土)와 합한다. 5효는 도로이고 자손도 도로이고 백호에 임하니 또 도로를 의미한다. 오화(午火)는 남쪽이고 합(合)은 바로 이웃을 나타내니 남쪽면 인근에 바로 도로가 있다.

이것으로 또 판단할 수 있는데 세효 형제 오화(午火)가 3효에서 동(動)하여 관귀 해수(亥水)로 회두극(回頭克)으로 화한다. 세효는 자신이고 3효는 위(胃)이고 형제도 위(胃)를 의미한다. 그래서 입맛이 없다. 5효는 심장을 의미하고 3효도 심장을 의미한다. 역시 심장이 좋지 않다. 관귀 해수(亥水)가 3효에 있으니 방광이나 비뇨계통이 좋지 않다. 형제가 발동하여 처재를 극한다. 처재가 휴수(休囚)하여 재물운이 좋지 않다. 파재(破財)하였다.

피드백

실제로 아이의 몸이 약하다. 자신과 아이 모두 위장이 좋지 않다. 본인은 심장과 요도(尿道)가 좋지 않다. 아이는 학교에 가기 싫어한다. 재물운이 좋지 않다. 오토바이를 도둑맞았다.

예문 85

甲申年 己巳月 甲申日(공망: 午未) 어떤 남자가 낡은 집을 철거해 새로 집을 지으면 어떤지?

산택손(山澤損)-지수사(地水師)

玄武		官鬼寅木	⚊	應	子孫酉金
白虎		妻財子水	⚋		
螣蛇		兄弟戌土	⚋		
勾陳	伏子孫申金	兄弟丑土	⚋	世	
朱雀		官鬼卯木	⚊		
靑龍		父母巳火	⚊		官鬼寅木

[판단]

부모를 용신으로 본다. 부모가 발동하여 세효를 생한다. 그래서 집의 풍수가 길하다. 부모가 월의 도움을 득하고 또 동하여 회두생(回頭生)으로 화하여 왕(旺)하다. 청룡에 임하고 청룡은 새로움이고 왕상(旺相)함도 새로운 것이니 이것은 바로 새로 지은 집을 의미한다. 부모 사화(巳火)가 일(日)과 서로 합(合)하고 합(合)한 곳에 충(沖)을 만나면 응기가 되니 1995년 을해(乙亥)년에 해당된다. 이 집은 1995년에 지은 것으로 판단된다.

6효 관귀 인목(寅木)은 원신으로 동(動)하여 회두극(回頭克)으로 화한다. 또 일(日)에 충극(沖克)을 당한다. 6효는 담벼락이니 벽이 조금 기울어졌다. 현무에 임하고 현무는 주로 음침하고 습함을 나타내어 벽이 조금 축축하고 습함을 의미한다. 응(應)은 이웃을 의미하고 6효도 이웃이니 이웃집 때문에 발생한 것이다.

처재 자수(子水)가 일(日)의 장생(長生)을 득하고 세효와 서로 합(合)을 하기 때문에 이 집의 풍수가 매우 좋아 재물운에 유리하다. 임오(壬午)년에는 재효(財爻)를 충(沖)하고 계미(癸未)년에는 세효를 충(沖)한다. 합처봉충(合處逢沖)이니 이 두 해에 재물운이 가장 좋다.

피드백

모든 것이 판단과 같다.

예문 86

乙酉년 壬午월 辛卯일(공망: 午未) 여자가 주택풍수를 예측하였다.

풍산점(風山漸) – 지산겸(地山謙)

騰蛇		官鬼卯木	✕	應	子孫酉金
勾陳	伏妻財子水	父母巳火	✕		妻財亥水
朱雀		兄弟未土	‖		
青龍		子孫申金	│	世	
玄武		父母午火	‖		
白虎		兄弟辰土	‖		

[판단]

　부모 사화(巳火)가 5효 구진에 임하여 발동해 세효를 극한다. 외괘(外卦)가 반음(反吟)이고 세효가 월(月)의 극(克)을 당하고 일(日)의 도움이 없어 이 집의 풍수가 좋지 않다. 이 집에 오래 거주하면 불리하다.

　세효 자손 신금(申金)이 청룡에 임하고 3효에서 극(克)을 당한다. 청룡은 출산을 나타내고 자손은 아이를 나타낸다. 그래서 이곳에 거주하면 출산에 영향을 받는다.

> **피드백**
>
> 결혼한 지 8년이 지났는데 아이가 없다.

　세효가 3효에서 극(克)을 당하고 3효는 자궁을 의미하고 자손도 자궁을 의미한다. 구진에 임한 기신(忌神)이 와서 극(克)한다. 구진은 근종을 의미한다. 그래서 자궁근종이 있을 것이다.

> **피드백**
>
> 3년 전에 자궁근종이 발견되었고 지금도 치료가 잘 안 되고 있다.

　부모는 집이고 구진에 임하여 발동(發動)한다. 구진은 건물을 수리하거나 건조함을 나타낸다. 동(動)은 응(應)이 합(合)을 만나는 때이니 2004(甲申)년에 합(合)하여 그것을 응(應)하니 2004년에 수리한 적이 있다.

> **피드백**
>
> 맞다. 2004년에 새로 수리했다.

　응효 관귀 묘목(卯木)이 발동(發動)하여 부모 사화(巳火)를 생한다. 부모 사화(巳火)가 발동(發動)하여 세효를 합(合)한다. 응효(應爻)는 시댁을 의미하니 집은 시댁의 것이다. 부모 사화(巳火)가 5효에 임하여 세효를 합(合)한다. 5효는 가장을 의미한다. 배우자의 부모와 같이 거주하는 것을 표시한다.

> **피드백**
>
> 배우자의 부모님과 같이 산다.

5효 양효(陽爻)는 부친인데 동(動)하여 절(絶)로 화한다. 그래서 부친은 이미 돌아가셨다.

> **피드백**
>
> 부친은 이미 3년 전 폐암으로 돌아가셨다. 그 집안의 내력상 모두 수명이 짧다.

2효 부모 오화(午火)는 모친이고 공망(空亡)에 현무가 임하고 2효는 허리·다리이고 현무는 풍습(風濕)이니 허리와 다리에 풍습이 있다.

> **피 드 백**
>
> 몸이 좋지 않다. 관절염이 있다. 어릴 때부터 병이 많고 유산한 적도 있다. 예전에 병에 잘 안 걸렸는데 1999년에 이사 온 후에는 병원에 자주 간다.

관귀 묘목(卯木)은 6효에 있다. 그 묘고(墓庫) 미토(未土)는 또 세효(世爻)와 인접해 있다. 관귀는 신불(神佛)이고 6효는 사원 혹은 불당(佛堂)이니 집안에 공(供)하는 불상이 있다.

> **피 드 백**
>
> 우리는 사원에 살고 있다. 남편이 이곳의 주지다(일본 스님은 혼인할 수 있다.).

외괘(外卦)가 반음(反吟)이니 사는 곳이 일정하지 않다. 어떤 곳에서는 오랫동안 거주하고 또 어떤 곳에서는 잠시 거주한다. 부모 사화(巳火)가 5효에서 역마다. 5효는 도로이고 역마는 쾌속이니 주택 부근에 고속도로가 있다.

> **피 드 백**
>
> 철도와 고속도로가 있다.

2효 부모 오화(午火)는 공망(空亡)이고 2효는 집이고 화(火)는 광선이다. 공망(空亡)은 햇빛이 부족함을 의미한다.

피 드 백
남쪽과 서쪽에 산이 있다. 오후 3시부터 해가 비치지 않는다.

예문 87

甲申년 戊辰월 戊寅일(공망: 申酉) 여자가 질병을 예측하였다.

지화명이(地火明夷)-수지비(水地比)

朱雀	父母酉金	‖		
靑龍	兄弟亥水	ㇵ		官鬼戌土
玄武	官鬼丑土	‖	世	
白虎 伏妻財午火	兄弟亥水	ㇵ		子孫卯木
螣蛇	官鬼丑土	‖		
勾陳	子孫卯木	ㇵ	應	官鬼未土

[판단]

 세효를 용신으로 본다. 세효는 4효에서 구진에 임한 자손 묘목(卯木)에 극을 당한다. 4효는 가슴이고 구진은 종양이고 자손은 유방이다. 유선증식(유방이 커짐-암)이 있다. 묘목(卯木)은 1999(己卯)년에 해당한다. 이해에 병에 걸렸다.

피드백

 올해 유선이 증식된 것을 발견하고 지금까지 미루다가 수술을 하려고 한다.

 초효에 기신(忌神) 묘목(卯木)이 임하여 관귀 미토(未土)로 화한다. 초효는 지기(地基)이고 구진은 수조(修造)다. 목(木)이 토(土)로 화한 것은 토목공사를 나타낸다. 질병은 토목공사와 연관되어 있다.

피드백

그것은 5년 전의 일이다. 내가 태어난 곳과 내 집은 정부에 의해 철거되고 부모님은 새로운 토지를 구입하여 집을 지었다. 생가가 없어지자 이 때문에 자극을 받았고 또 부모님과의 사이에 불화가 생겨 고향을 떠났다.

예문 88

甲申년 己巳월 壬寅일(공망: 辰巳) 여자가 딸이 학교에 가기 싫어하는데 풍수와 연관성이 있는지를 물었다.

간위산(艮爲山)-화지진(火地晋)

白虎	官鬼寅木	∣	世	
螣蛇	妻財子水	∥		
勾陳	兄弟戌土	╫		子孫酉金
朱雀	子孫申金	⚊	應	官鬼卯木
靑龍	父母午火	∥		
玄武	兄弟辰土	∥		

[판단]

관귀 인목(寅木)이 지세(持世)하고 일(日)의 도움을 얻어 왕상(旺相)하다. 관귀는 걱정이니 본인은 아이의 일 때문에 고민이 많다.

피드백

아이 때문에 고민이 많다.

자손은 딸이고 자손 신금(申金)이 동(動)하여 관귀 묘목(卯木)으로 화한다. 일(日)의 관귀 인목(寅木)에게 충(沖)을 당하여 아이의 몸이 좋지 않다. 몸에 질병이 있다. 인목(寅木)이 6효에 있어 6효는 머리를 의미하고 목(木)은 신경을 의미하니 신경이 쇠약하다. 3효는 위(胃)이고 간궁(艮宮)도 위(胃)를 의미한다. 주작은 음식인데 관귀로 화하니 질병을 의미한다. 그래서 입맛이 떨어진다.

> **피 드 백**
>
> 아이는 신경이 쇠약하고 입맛이 없다.

형제 술토(戌土)가 구진에 임하여 발동(發動)한다. 구진은 건축이다. 1994(甲戌)년에 해당하니 1994년에 집을 지은 적이 있다.

> **피 드 백**
>
> 집은 1994년에 지었다.

초효 형제 진토(辰土)가 공망(空亡)이다. 초효는 지기(地基)이고 음효에 임하여 뒤편이고 공망(空亡)은 구멍을 의미한다. 그래서 지반 뒤편에 구멍이 있다. 자손에 주작이 임하면 새를 의미한다. 3효에 임하여 동하여 관귀 묘목(卯木)으로 화한다. 3효는 문이고 신(申)은 서남(西南)을 대표하고 묘목(卯木)은 가늘고 긴 물체다. 목(木)도 나무가 가능하고 목(木)으로 화출하니 담장 밖을 표시할 수 있다. 그래서 담장 밖 서남 방향의 나무 위에서 항상 새들이 지저귄다.

> **피드백**
>
> 집 뒤편의 지반에는 세 군데의 균열과 환풍구가 있다. 담장 밖의 서남쪽에 전봇대가 있다. 항상 참새가 올라가서 지저귀고 있다. 그런데 나무가 아니라 시멘트로 만든 것이다.

예문 89

甲申년 庚午월 癸酉일(공망: 戌亥) 남자가 주택풍수를 예측하였다.

수뢰둔(水雷屯)

白虎		兄弟子水	‖	
螣蛇		官鬼戌土	∣	應
勾陳		父母申金	‖	
朱雀	伏妻財午火	官鬼辰土	‖	
靑龍		子孫寅木	‖	世
玄武		兄弟子水	∣	

[판단]

부모는 집이고 원신 관귀 술토(戌土)는 공망(空亡)이다. 2000(庚辰)년이 충실(沖實)하니 경진(庚辰)년에 이 집에 거주하게 되었다.

피드백

2000년 10월에 입주한 것이다.

부모 신금(申金)이 4효에 있고 4효는 주로 4층이고 금(金)도 역시 4이니 4층에 거주한다.

> **피드백**
>
> 바로 4층에 거주한다.

   세효 자손 인목(寅木)이 2효에 임하고 월(月)의 생을 얻지 못하고 일(日)의 극상(克傷)을 당한다. 2효는 집(宅)이니 이 집에 들어와 살면 자신의 신체에 불리하다. 원신이 수(水)이고 수(水)는 혈액을 의미한다. 6효 자수(子水)가 백호에 임하고 백호는 혈액을 의미하는데 월파(月破)에 임하여 혈액순환이 잘되지 않는다. 6효는 머리를 의미하고 세효가 청룡에 임하여 주로 통증을 의미하니 두통이 나타난다.

> **피드백**
>
> 입주한 후 마음이 불안하고 혈액순환이 잘되지 않았다. 몇 년 동안 두통을 앓았다. 입주한 후 더 심해졌다.

   처재 오화(午火)는 괘(卦)에 없고 원신 인목(寅木)이 일(日)에 극(克)을 당한다. 처재는 아내·재운을 대표한다. 그래서 재물운이 왕하지 않다. 처재 묘고(墓庫) 술토(戌土)가 공망(空亡)이다. 그래서 돈을 저축하지 못한다. 2효는 자궁인데 일(日)에 극(克)을 받아 산부인과 질병이 있을 것이다. 괘 안에서 유금(酉金)을 찾는데, 유금(酉金)이 없으니 부모(父母) 신금(申金)으로 대체한다. 구진에 임하여 주로 근종이니 그래서 자궁근종이 있다. 자손은 아이인데 극(克)을 받고 원신이 백호에 임하고 월파(月破)를 당하여 유산이 된다.

피드백

입주한 후 지출이 많아져 은행 예금까지 바닥났다. 아내는 몸이 좋지 않아 자궁근종에 걸려 계미년에 유산했다.

초효 자수(子水)가 현무에 임하고 초효는 인근을 의미한다. 일(日)에서 금(金)이 생(生)하니 강을 의미한다. 부근에 강물이 있다.

피드백

집에서 백 미터 떨어진 곳에 강이 있다.

예문 90

乙酉년 壬午월 丁亥일(공망: 午未) 여자가 주택풍수를 예측하였다(남편은 사원(寺院)의 주지로 사원에서 산다.).

수산건(水山蹇)→수풍정(水風井)

青龍		子孫子水	‖		
玄武		父母戌土	│		
白虎		兄弟申金	‖	世	
螣蛇		兄弟申金	│		
勾陳	伏妻財卯木	官鬼午火	╳		子孫亥水
朱雀		父母辰土	‖	應	

[판단]

관귀 오화(午火)가 2효에서 독발(獨發)하고 2효는 거주지인데 독발하여 세효를 극한다. 그래서 이곳에 살면 불안하다. 구진에 임하여 발동한다. 구진은 건조(建造)이니 집을 자주 수리한다. 처재 묘목(卯木)이 괘에 없고 독발(獨發)은 처재의 사지(死地)다. 그래서 사원(寺院)에는 참배자가 많지 않다.

관귀는 남편을 의미하고 동(動)하여 세효를 극한다. 그래서 부부가 불화(不和)한다. 동(動)하여 해수(亥水)로 화한다. 그래서 부근에 물이 있다. 구진은 쌓는 것과 흙더미를 의미하고 관귀는 죽은 시체이고 공망(空亡)은 썩은 뼈이니 인근에 무덤(분묘)이 있다.

피 드 백

실제로 그렇다.

예문 91

壬午년 癸卯월 丁酉일(공망: 辰巳) 한 일본인이 주택풍수를 예측하였다.

택뢰수(澤雷隨)

靑龍		妻財未土 ‖	應
玄武		官鬼酉金 ∣	
白虎	伏子孫午火	父母亥水 ∣	
螣蛇		妻財辰土 ‖	世
勾陳		兄弟寅木 ‖	
朱雀		父母子水 ∣	

[판단]

집의 하수관과 욕실을 수리하는 데 돈이 많이 들었을 것이다. 집은 번화가와 가까운 길가에 있으며 도로가 좋지 않아 여러 번 보수했을 것이다.

이 괘는 처재가 지세(持世)하여 이미 손에 들어온 돈을 의미한다. 처재 진토(辰土)가 공망(空亡)에 월건(月建)의 극상(克傷)을 당한다. 그래서 손에 있는 돈을 다 써버린다.

형제가 구진에 임하고 2효에서 왕(旺)하고 재효(財爻)를 극(克)한다. 2효는 택효(宅爻)이고 구진은 수리하고 고치는 것이니 틀림없이 집을 수리 하거나 개조하는 데 돈을 많이 썼을 것이다.

처재 진토(辰土)는 수고(水庫)로 물을 담는 물건이다. 등사에 임하고 등사는 가늘고 긴 구부러진 물건이다. 그래서 진토(辰土)는 하수도로 이해할 수 있다. 또 진토(辰土)가 일(日)을 보니 목욕(沐浴)의 지(地)다. 목욕(沐浴)은 목욕을 의미하고 목욕을 하는 곳이 수고(水庫)이니 욕조라고 이해할 수 있다.

괘(卦)가 진궁(震宮)에 있고 진(震)은 변화가다. 또 부모가 둘인데 하나는 주작에 임하고 또 하나는 백호에 임한다. 주작은 시끄러움이고 백호는 도로다. 그래서 그의 집은 변화가의 도로 옆에 있다. 5효는 도로인데 월파(月破)를 당하여 이것은 도로가 파손되는 상(象)이다. 하지만 일진(日辰)이 실파(實破)되어 또 수리를 한 상(象)이다.

피드백

결국 판단이 매우 정확했다.

예문 92

壬午년 丙午월 甲戌일(공망: 申酉) 남자가 집을 사고 싶은데 집의 풍수는 어떤지?

화풍정(火風鼎)-천화동인(天火同人)

玄武		兄弟巳火	∣		
白虎		子孫未土	∦	應	妻財申金
螣蛇		妻財酉金	∣		
勾陳		妻財酉金	∣		
朱雀		官鬼亥水	∦	世	子孫丑土
青龍	伏父母卯木	子孫丑土	∦		父母卯木

[판단]

　괘(卦)가 이궁(離宮)에 있어 집은 도시의 남쪽에 있다. 초효 자손 축토(丑土)가 청룡에 임하고 동(動)하여 부모 묘목(卯木)으로 화한다. 청룡은 새로 지은 집이다. 부모에 일(日)이 와서 합(合)하니 위아래가 합하니 다층집이다.

피드백

새로 지은 아파트 단지다.

부모는 집이고 괘(卦)에 나타나지 않아서 집은 아직 완공되지 않았다. 2효는 택효(宅爻)이고 원신 유금(酉金)은 공망(空亡)이니 집이 완공되지 않았음을 의미한다.

피드백

아직도 집을 짓고 있다.

　부모 묘목(卯木)이 일(日)의 술토(戌土)와 합하고 술토(戌土)는 자손이다. 자손은 도로이니 집은 도로에 가깝다.

피드백

주택단지는 도로 근처에 있다.

　5효 자손 미토(未土)가 동(動)하여 공망(空亡)으로 화한다. 5효는 도로이고 공망(空亡)은 다리이니 부근에 다리가 있다. 도로가 원활하지 않다는 것을 의미한다.

피드백

　단지 내에 들어오려면 반드시 다리를 지나야 한다. 도로는 아직 다 보수하지 못했다.

해수(亥水)가 택효(宅爻)로 들어와 발동(發動)한다. 부근에 하류가 있거나 도랑이 있다. 관귀가 주작에 임하여 발동하여 길하지 않다. 관재구설이 생기기 쉽다.

피드백

근처에 하천과 도랑이 있는데 주택단지 아래로 지나간다. 집은 바로 그 위에 지어져 있다.

처재가 공망(空亡)이고 세효가 휴수(休囚)하여 극(克)을 받는다. 신체와 재물운에 불리하다. 사지 않는 것이 제일 좋다.

피드백

이미 송금했다.

예문 93

壬午年 丁未월 庚辰일(공망: 申酉) 한 일본인이 주택풍수를 예측하였다.

산뢰이(山雷頤)

螣蛇		兄弟寅木	ㅣ
勾陳	伏子孫巳火	父母子水	‖
朱雀		妻財戌土	‖ 世
靑龍	伏官鬼酉金	妻財辰土	‖
玄武		兄弟寅木	‖
白虎		父母子水	ㅣ 應

[판단]

처재 술토(戌土)가 지세(持世)하고 월(月)의 도움을 얻어 왕상(旺相)하고 일(日)의 충(沖)을 받아 암동(暗動)하고 역마에 임하였다. 그래서 재물운은 괜찮지만 비교적 고생할 것이다.

피드백

나는 의사다. 수입은 문제가 없는데 저축을 하지 못한다.

세효의 원신 자손 사화(巳火)가 괘에 없고 술토(戌土)에 입묘하고 또 유혼괘(遊魂卦)이다. 원신(元神)은 생각·마음인데 입묘(入墓)하니 마음이 놓이지 않는다. 유혼(遊魂)은 심신이 불안함을 나타낸다.

> **피드백**
>
> 맞다. 조금도 기쁘지 않다. 매우 초조하다.

초효 부모 자수(子水)가 백호에 임하여 부근에 강과 교량이 있다. 이신(移神)의 방법에 근거하면 또 구진에 임하고 구진은 논과 밭이 되니 주변에 논과 밭이 있다.

> **피드백**
>
> 집의 북쪽 50m 지점에는 강이 흐르고 있다. 100m 지점에는 더 넓은 강이 있고 그 위에 철교가 있다. 집의 동쪽은 논과 밭이다.

세효가 응효를 극하고 응(應)은 이웃의 의미이니 주위 이웃들과 불화가 있다. 응(應)이 백호에 임하여 백호는 주로 화를 내는 것이니 성격이 나쁜 이웃이 있다.

> **피드백**
>
> 우리 집은 이웃의 왕래가 드물다. 서쪽에는 늙은이가 살고 있는데 걸 핏하면 화를 내어 주변 모든 사람과의 갈등을 유발하고 있다.

예문 94

壬午年 庚戌月 丙辰일(공망: 子丑) 인터넷의 한 역우(易友)가 주택풍수를 문의하였다.

수택절(水澤節)– 수천수(水天需)

青龍	兄弟子水	‖		
玄武	官鬼戌土	∣		
白虎	父母申金	‖	應	
螣蛇	官鬼丑土	※		官鬼辰土
勾陳	子孫卯木	∣		
朱雀	妻財巳火	∣	世	

[판단]

처재 사화(巳火)가 지세(持世)하고 초효에 있다. 초효는 군중을 의미하고 원신이 2효에 있고 구진에 임하였다. 구진은 사무실이니 이것은 사무실에서 일하며 돈을 버는 정보다. 일월(日月)이 관귀이고 관귀가 양현(兩現)하는데 관귀 축토(丑土)가 동(動)하여 관귀로 화한다. 관귀는 너무 많으면 없는 것과 같다. 그래서 관운이 없다.

관귀 축토(丑土)가 3효에서 등사에 임하고 독발(獨發)하였다. 3효는 침대이고 등사는 꿈이다. 관귀는 주로 악몽이니 그래서 자주 악몽에 시달려 잠을 잘자지 못한다. 6효는 벽이고 공망(空亡)이다.

3효도 공망(空亡)이니 서로 합(合)을 하지 못한다. 그래서 침대가 벽에 닿지 못한다(접근하지 못한다.).

5효가 암동하여 2효와 합하고 2효는 택(宅)이니 아래위로 합(合)하니 사는 곳이 다층집이다.

피드백

이상의 판단은 정확하였다.

예문 95

壬午년 甲辰월 乙巳일(공망: 寅卯) 남자인 어떤 역우(易友)가 주택풍수를 예측하였다.

택뢰수(澤雷隨)–택화혁(澤火革)

玄武		妻財未土 ‖	應	
白虎		官鬼酉金 │		
螣蛇	伏子孫午火	父母亥水 │		
勾陳		妻財辰土 ╫	世	父母亥水
朱雀		兄弟寅木 ‖		
靑龍		父母子水 │		

[판단]

    부모는 집인데 휴수(休囚)하여 낡은 집이다. 세효는 거주지이고 구진에 임하였다. 구진은 오래된 것이고 낡은 집이라는 정보다. 세효 진토(辰土)가 발동(發動)하고 부모의 묘고(墓庫)다. 자신은 소재하는 곳의 집의 끝자락에 있다. 초효는 부모이고 2효는 택효(宅爻)다. 3효 세효는 자신의 소재지이고, 4효 부모도 집을 의미한다. 집의 정보가 겹(중첩)으로 보이니 이것은 다층집이라는 정보다. 그래서 다층집의 최상위층이라고 판단하였다.

    일(日)이 해수(亥水)를 충(沖)하고 2효가 공망(空亡)으로 인목(寅

木)과 합(合)을 한다. 4효는 화장실인데 수(水)가 임하니 더욱더 화장실이 된다. 2효는 주방이고 주작이 임하니 더욱더 주방이 된다. 주방이 화장실과 인접해 있다. 수(水)가 합(合)하여 공망(空亡)에 들어가니 누수 현상이 있다.

세효 진토(辰土)가 동(動)하여 관귀와 합(合)한다. 관귀는 질병이고 진토(辰土)는 방광이고 비뇨 계통이다. 구진은 붓는 것을 의미하니 전립선 비대증이 있다. 또 백호에 소속된 효와 합(合)을 한다. 백호는 수술을 의미하니, 수술의 상(象)이 있다.

피드백

실제로 판단이 매우 정확했다. 묘월(卯月)에 전립선 수술을 했다.

예문 96

丙子년 己亥월 丙寅일(공망: 戌亥) 여자가 주택풍수를 예측하였다.

풍택중부(風澤中孚)—손위풍(巽爲風)

青龍		官鬼卯木	ㅣ		
玄武	伏妻財子水	父母巳火	ㅣ		
白虎		兄弟未土	‖	世	
螣蛇	伏子孫申金	兄弟丑土	ㄨ		子孫酉金
勾陳		官鬼卯木	ㅣ		
朱雀		父母巳火	ㄨ	應	兄弟丑土

[판단]

　부모를 용신으로 하고 부모 사화(巳火)가 양현(兩現)하여 발동(發動)한 1효의 부모 사화(巳火)를 용신으로 한다. 부모가 월파(月破)하여 주택이 불안하다. 처재가 괘에 없고 형제 축토(丑土)가 발동(發動)한다. 부모는 또 재효(財爻)의 절지(絕地)다. 그래서 이 집은 돈이 안 모인다.

　고민·재난·질병의 뜻을 가지고 있는 관귀 묘목(卯木)이 2효에 임하고 2효는 택효(宅爻)이고 일(日)이 관귀를 도와 2효를 일으켜 세효를 극한다. 이 집의 풍수는 사람에게 불리하게 작용하여 재난과 고민을 쉽게 가져다준다.

처재 자수(子水)가 비록 월건(月建)의 도움을 얻지만 부모 사화(巳火)가 동(動)하여 절(絶)한다. 3효 형제 축토(丑土)는 동(動)하여 극(克)한다. 이것은 파재의 정보다. 3효는 문(門)인데 형제가 임하니 역시 문(門)이 된다. 동(動)하여 4효와 서로 충(沖)을 한다. 이것은 문과 문이 서로 맞대고 있다. 이것은 풍수에서 가장 꺼리는 것인데 이것을 범하였다.

자손 신금(申金)이 복장(伏藏)되고 동효(動爻)인 축토(丑土)에 입묘(入墓)한다. 월(月)은 자손의 병지(病地)이고, 일(日)은 자손의 절지(絶地)다. 초효 부모가 동(動)하여 자손을 극(克)한다. 이 집은 자녀한테 불리하다. 병지(病地)를 만나니 병에 걸린다. 입묘(入墓)는 입원을 의미한다. 그래서 자녀가 아파서 병원에 입원했다.

피드백

가정의 수입이 적다. 아들이 뇌종양으로 입원하여 적지 않은 돈이 들어갔으나 효과는 좋지 않다. 무당을 찾아가 병을 살펴봐달라고 했는데 많은 돈을 사기당했다. 집에는 확실히 두 개의 문이 마주 보고 있다.

예문 97

丁丑년 乙巳월 甲戌일(공망: 申酉) 남자가 주택풍수를 예측하였다.

간위산(艮爲山) - 산지박(山地剝)

玄武	官鬼寅木	|	世
白虎	妻財子水	‖	
螣蛇	兄弟戌土	‖	
勾陳	子孫申金	✕	應 官鬼卯木
朱雀	父母午火	‖	
青龍	兄弟辰土	‖	

[판단]

부모를 용신으로 한다. 부모 오화(午火)가 2효에 있고 일진(日辰)에 입묘(入墓)한다. 일(日)은 형제이고 형제는 벽과 담벼락이니 담벼락에 둘러싸인 집이다. 주괘(主卦)가 육충(六沖)이니 장풍취기(藏風聚氣)를 하지 못한다.

자손 신금(申金)이 3효에 있고 구진에 임하여 발동하여 세효를 극한다. 3효는 문이고 신(申)과 서남쪽은 서로 대응한다. 구진은 수조(修造)·건축이니 서남 방향의 건축 시공이 자신의 관운에 영향을 준다.

월(月)은 처재의 절지(絕地)이고 일(日)이 처재를 극(克)한다. 처재 자수(子水)가 암동(暗動)의 효인 형제 진토(辰土)에 입묘(入墓)하여 휴수(休囚)하다. 괘에 비록 자손이 발동(發動)하여 연속 상생하지만, 자손 신금(申金)이 공망(空亡)이다. 그래서 처재에 원래 근(根)이 없어 반드시 풍수가 좋지 않은 요인으로 인하여 파재한다. 처재 자수(子水)가 5효에 임하여 극(克)을 당한다. 5효는 도로이고 백호는 교통사고를 의미한다. 이것은 교통사고 때문에 파재한다.

> **피드백**
>
> 　이 사람의 집은 단독주택이다. 주위 사방이 담벼락이 둘러싸여 있다. 문은 서남쪽에 있고 문을 수리한 적이 있다. 며칠 전 교통사고로 자신의 몇십만 위안짜리 차가 깊은 골짜기에 떨어져 운전 기사가 죽어 큰 손해를 봤다.

예문 98

丙子년 丙申월 己亥일(공망: 辰巳) 남자가 주택풍수를 예측하였다.

지뢰복(地雷複) – 뇌천대장(雷天大壯)

勾陳	子孫酉金	‖		
朱雀	妻財亥水	‖		
靑龍	兄弟丑土	⚋	應	父母午火
玄武	兄弟辰土	⚋		兄弟辰土
白虎 伏父母巳火	官鬼寅木	⚋		官鬼寅木
螣蛇	妻財子水	∣	世	

[판단]

 부모를 용신으로 본다. 2효는 택효(宅爻)다. 부모 사화(巳火)가 2효 아래에 복장되었다. 이는 집 아래에 집이 있다는 의미다. 집이 중첩되어 있다는 정보다. 풍수를 보고자 하는 집은 지하실이 달린 집이다. 2효와 일(日)이 서로 합(合)하고 부모 사화(巳火)가 월(月)과 합(合)을 한다. 합(合)은 중첩의 상(象)이다. 그래서 집 위에 또 집이 있다. 그래서 다층집이라는 정보다.

 2효에서 월파(月破) 되었지만 일(日)과 서로 합(合)이 되어 월파(月破)가 해소되었다. 원래 집이 균열이 생겼지만, 후에 수리했다.

부모가 휴수(休囚)하니 집은 새것이 아니다. 응효(應爻)가 발동(發動)하여 부모 오화(午火)로 화출(化出)한다. 응(應)은 타인이고 부모는 집이니 다른 사람이 거주하다가 비워준 집이다.

　백호에 관귀가 임하여 2효에서 발동(發動)한다. 내괘(內卦)가 복음(伏吟)이다. 그래서 주택풍수가 좋지 않다. 택효가 백호에 임하여 동(動)하여 응효를 극(克)한다. 관귀와 백호는 모두 질병을 의미한다. 응(應)은 타인인데 극을 받아 원래 거주자에게는 반드시 병환이 끊이지 않는다. 응(應)은 처의 위치이니 이 집에 살면 처한테 불리하다.

피드백

　원래는 직장에서 배정해 준 숙소였다. 집은 이미 엄청나게 낡아 있었다. 원래 살던 사람이 입주한 후 어머니가 숨졌다. 아내도 수술을 받은 후 숨졌다. 본인은 병으로 수술받았고 아들은 투신해 목숨을 끊었다. 구측자가 이 집이 풍수가 나쁘다는 것을 알고 있었지만 살 곳이 없어 어쩔 수 없이 입주했다. 이 사람은 입주한 후 연이어 3명과 혼인했다가 이혼했다.

예문 99

丙子년 己亥월 辛酉일(공망: 子丑) 남자가 삼촌 집의 풍수를 예측하였다.

수지비(水地比)—곤위지(坤爲地)

螣蛇	妻財子水	‖ 應	
勾陳	兄弟戌土	⚋	妻財亥水
朱雀	子孫申金	‖	
靑龍	官鬼卯木	‖ 世	
玄武	父母巳火	‖	
白虎	兄弟未土	‖	

[판단]

부모를 용신으로 본다. 겸하여 2효도 본다. 2효가 5효를 생하여 이 집에 거주하면 사람한테 유리하다고 볼 수 있다. 단 택효(宅爻)가 월파(月破)를 당하고 일(日)에 사(死)하고 5효에 입묘(入墓)한다. 또 육충괘(六沖卦)로 변하여 이 집은 장풍취기(藏風聚氣)를 하지 못한다. 그래서 살기(殺氣)가 매우 강한 집이다.

3효 관귀가 암동(暗動)하여 5효 술토(戌土)를 극(克)한다. 3효는 문(門)이고 5효는 사람이니 이 집은 대문이 좋지 않기 때문에 거주자에게 불리하다. 3효를 암동(暗動)하게 한 것은 일(日)의 유금(酉

金)이다. 유금(酉金)과 자손효(子孫爻)의 오행이 같다. 자손은 도로이고 유금(酉金)은 서쪽이니 도로 하나가 서쪽에서 뻗어 나와 대문을 곧바로 충(沖)한다. 살기(殺氣)가 막힘이 없이 곧바로 집안으로 돌진한다.

　구체적으로 길흉이 어떤 사람한테 응(應)하는지 봐야 하고 괘중의 육친의 쇠왕(衰旺)도 봐야 한다. 괘에 부모 사화(巳火)가 월파(月破)되고 일(日)에 사(死)가 되고 술토(戌土)에 입묘(入墓)한다. 부모는 삼촌, 숙모를 의미하니 그의 삼촌, 숙모에게 반드시 병재(病災)가 있을 것이다. 부모는 화(火)이고 화(火)는 심장이니 반드시 심장병이 있기 때문에 흉(凶)으로 본다. 이달은 부모를 월파(月破)하고 술월(戌月)은 부모를 입묘(入墓)하니 이 두 달에 반드시 흉(凶)한 일이 생길 것이다.

피드백

　그의 삼촌 집의 풍수는 괘의 판단대로 서쪽으로부터 뻗어 나온 도로가 대문을 곧바로 충(沖)하고 있다. 그의 삼촌은 술월(戌月)에 심근경색으로 사망하였다.

> **예문 100**

丁丑년 己酉월 乙亥일(공망: 申酉) 고향 동창 모임이 있어 고향에 갔다. 20여 년 동안 보지 못한 한 동창생이 내가 역경(易經)을 좀 안다는 얘기를 듣고 자기 집의 풍수를 예측해 달라고 하였다.

뇌천대장(雷天大壯)

玄武	兄弟戌土	‖	
白虎	子孫申金	‖	
螣蛇	父母午火	∣	世
勾陳	兄弟辰土	∣	
朱雀	官鬼寅木	∣	
靑龍	妻財子水	∣	應

[판단]

부모를 용신으로 본다. 2효도 겸하여 본다. 세효는 좌산(坐山)이고 부모 오화(午火)가 지세(持世)하여 남쪽에 앉아 북쪽을 향하고 있다. 2효에 관귀가 임하고 관귀는 공가(公家)·정부이니 집은 국가의 것이다. 재(財)가 일(日)에 임하여 그것을 생(生)하고 또 부모가 지세(持世)하니 이미 돈을 주고 사서 자신의 소유가 된 것이다.

일(日)이 2효 택효(宅爻)와 합하니 중첩의 상(象)이니 다층집이다. 육충(六沖)괘를 득하여 불길의 상(象)이다. 이 집에 사는 사람한테 좋지 않다. 주작에 관귀 인목(寅木)이 임하여 택(宅)에 들어가 있다. 인목(寅木)은 화(火)의 장생(長生)의 지지다. 주작은 또 주로 화재(火災)이니 그래서 이 집에서 화재가 발생한 적이 있다. 3효는 문을 의미하는데 형제가 거기에 임하여 형제도 문을 의미한다. 3효와 월건이 합(合)하고 구진에 임하여 휘감겨 걸린 상(象)이다. 그래서 그 대문이 사용하기 좋지 않다고 판단된다.

5효는 사람을 의미하고 자손 신금(申金)이 공망(空亡)에 백호가 임한다. 백호는 유산·낙태의 의미다. 만약 그가 이미 아이를 낳은 다음에 이 집에 살면 아무 일이 없지만, 아이를 낳지 않은 상태에서 이 집에 살면 유산하는 일이 발생하리라 판단된다.

육충괘(六沖卦)는 오래되지 않은 상(象)이다. 2효 택효가 월건의 극을 받고 또 자손 신금(申金)에게 충극(沖克)을 받는다. 그래서 이 집에 거주한 지 얼마 안 되었고 곧 철거될 것이다. 괘에서 택효를 충극(沖克)하는 것은 자손 신금(申金)인데 5효에 있다. 5효는 도로이고 자손도 도로를 의미하고 백호에 임하여 백호도 도로를 의미한다. 그래서 이 집은 철거한 후 새롭게 집을 지을 것이 아니라 도로를 확장하는 것이라고 판단하였다. 이곳을 점을 쳤으니 앞으로 이 건물 위치는 도로가 될 것이다. 신금(申金)이 공망(空亡)이기 때문에 이 일은 1998(戊寅)년 신월(申月)에 발생한다고 판단하였다.

피드백

원래 이 학우도 역경을 알고 있었다. 그도 육효 분야의 책을 본 적이 있다고 말했다. 하지만 지금까지 응험한 적이 없었다고 한다. 한 점괘에서 이렇게 많은 정보를 읽어낼 줄은 몰랐다. 그가 사는 곳은 확실히 남북향의 2층 건물로 그의 집은 1층에 있다. 이 집은 원래 관공서였는데 나중에 집을 고칠 때 자신이 샀다. 입주한 후 화재가 한 번 났고 출입문에 문제가 있어 열리면 닫히지 않고 닫히면 열리지 않았다. 그는 아이를 낳은 후 이사 온 것이라서 예측한 시기까지 아내가 아이를 유산한 적은 없었다. 이미 도로를 확장한다는 소문이 있다. 그 집은 그 확장 범위 안에 있었다. 나중에 편지를 보내 역시 1998년 8월(申月) 현으로부터 이전 명령이 내려져 철거가 시작되었다고 알려왔다.

예문 101

午月 辛亥일(공망: 寅卯) 여자가 주택풍수를 예측하였다.

뇌지예(雷地豫)

螣蛇		妻財戌土	‖	
勾陳		官鬼申金	‖	
朱雀		子孫午火	∣	應
靑龍		兄弟卯木	‖	
玄武		子孫巳火	‖	
白虎	伏父母子水	妻財未土	‖	世

[판단]

　부모를 집으로 본다. 겸하여 2효도 본다. 부모 자수(子水)가 세효 아래 복장되어 문의하는 집은 개인 자산이다. 백호에 임하고 백호는 도로를 의미한다. 집은 도로에 인접해 있다. 부모 자수(子水)가 월파(月破)를 당하여 집에 균열이 있기에 새로운 집은 아니다.

　2효는 택효(宅爻)로 암동(暗動)하여 세효의 처재를 생(生)한다. 그래서 이 집은 재운에 유리하다. 자손 사화(巳火)가 암동(暗動)하고 5효의 관귀 신금(申金)과 서로 합(合)을 한다. 5효는 존위(尊位)이고 지도자의 효위(爻位)다. 자손은 자녀를 의미하고 5효는 관운을 의미하니 자녀들 중에 벼슬을 하는 사람이 있다. 구진에 임하고 구진은 관공서를 의미한다. 그래서 기관 단체에서 일할 것이라고 설명한다.

3효는 문을 의미하는데 공망(空亡)이라 문에 틈새가 있다. 이는 문을 울타리로 만든 것이다. 청룡에 임하여 대문을 호화롭게 수리했다. 괘(卦)가 육합(六合) 괘라 본인은 교제 범위가 넓다.

피드백

실제 집은 도로에 인접해 있다. 교통이 매우 편리하다. 본인은 의사 자격증도 있고 월급도 많다. 개인병원에 스카우트되어 수입이 많았다. 아들은 어느 시장의 비서로 일하고 있다.

예문 102

未월 壬辰일(공망: 午未) 남자가 주택풍수를 예측하였다.

산뢰이(山雷頤)─화산려(火山旅)

白虎		兄弟寅木	ㅣ	
螣蛇 伏子孫巳火		父母子水	ㅣㅣ	
勾陳		妻財戌土	ㅣㅣ 世	官鬼酉金
朱雀 伏官鬼酉金		妻財辰土	ㅣㅣ	官鬼申金
青龍		兄弟寅木	ㅣㅣ	
玄武		父母子水	ㅣ 應	妻財辰土

[판단]

 삼합 부모국(父母局)은 단층집이거나 집이 많음을 의미한다. 또 2효는 마당을 의미하고 간효(間爻)에 임하고 간효(間爻)는 명당(明堂)을 의미한다. 인목(寅木)을 더하니 마당에 나무가 있다. 6효는 벽인데 인목(寅木)이 있어 담벼락에 나무가 있다.

 부모가 응효에 임하여 집은 자신의 것이 아니다. 또 현무에 임하여 입묘(入墓)한다. 현무는 어둡고 화(火)가 괘에 없고 동효(動爻)에 입묘한다. 그래서 집안에 햇볕이 잘 들어오지 않는다.

3효는 침대이고 3효가 발동(發動)하여 세효를 충(沖)한다. 또 그 아래에 관귀 유금(酉金)이 복장되어 수면이 편안하지 않고 귀신을 보는 꿈을 자주 꾼다. 주작에 임하여 잠꼬대를 많이 한다.

> **피드백**
>
> 실제도 그렇다.

예문 103

癸未年 壬戌月 庚午日(공망: 戌亥) 여자가 주택풍수를 예측하였다.

뇌화풍(雷火豐)−화천대유(火天大有)

螣蛇	官鬼戌土	‖		妻財巳火
勾陳	父母申金	‖	世	
朱雀	妻財午火	│		
靑龍	兄弟亥水	│		
玄武	官鬼丑土	‖	應	子孫寅木
白虎	子孫卯木	│		

[판단]

　부모 신금(申金)이 지세(持世)하니 집은 자신의 것이다. 세효가 2효에 입묘(入墓)하고 2효는 집이니 자주 집에 있고, 외출하지 않는다.

　6효 술토(戌土)가 공망(空亡)이고 6효는 지붕 혹은 움푹 팸을 나타낸다. 공망(空亡)은 또 막힘이 없음을 의미하니 하늘을 볼 수 있다. 술토(戌土)는 원신으로 공망에 등사가 임한다. 원신은 생각이고 등사는 기이함을 의미하니 환상·공상에 자주 빠진다. 6효는 머리이고 공망으로 세효를 생하지 않아 머리 쪽에 혈액순환이 잘

되지 않아서 두통이나 어지러움이 있다.

　원신 축토(丑土)가 현무에 임하여 세효를 입묘(入墓)한다. 현무는 내성적임을 의미하고 입묘(入墓)는 닫혀 있음이니 성격이 내성적이다.

　2효 토(土)가 목(木)으로 화함은 집을 보수한 적이 있음을 나타낸다. 원신(丑)이 회두극(回頭克)으로 화하고 현무는 애매함을 의미한다. 세효가 구진에 임하여 종양 혹은 부인과 질환 아니면 종양 종류다.

　세효가 5효에 떨어져 왕상(旺相)하고 5효는 도로이니 교통이 편리하다.

[판단]
판단이 실제와 부합된다. 인월(寅月)에 부인과 수술을 했다.

예문 104

癸未년 壬戌월 丁卯일(공망: 戌亥) 여자가 좋은 집을 보고서 사고 싶어 풍수예측을 의뢰하였다.

지산겸(地山謙)―수풍정(水風井)

青龍		兄弟酉金	‖		
玄武		子孫亥水	╫	世	父母戌土
白虎		父母丑土	‖		
螣蛇		兄弟申金	│		
勾陳	伏妻財卯木	官鬼午火	╫	應	子孫亥水
朱雀		父母辰土	‖		

[판단]

응효가 2효에 임하여 집에 어떤 사람이 거주하고 있다. 동(動)하여 공(空)으로 화하니 이사하고 싶은 생각이 있다.

관귀 오화(午火)가 부모를 생하지만 공망(空亡)으로 화한다. 1996(乙亥)년은 출공(出空)이 되니 이해에 지은 집이다.

주작은 문서(文書)이고 초효는 지면(地面)이다. 주작에 임한 초효 부모 진토(辰土)가 월파(月破)를 당해 그래서 집은 토지증서가 없다.

5효가 공망(空亡)이니, 부근에 다리가 있다. 수(水)가 임하여 공(空)이 공(空)으로 화한다. 그래서 다리 밑에 물이 없다.

세효가 부모 술토(戌土) 공망(空亡)으로 화하여 아마 토지증서를 발급받지 못할 것이다.

> **피드백**
>
> 역시 그랬다. 토지증서를 발급받지 못했기 때문에 매수하는 것을 포기했다.

예문 105

2015년 申月 戊午일(공망: 子丑)의 사례다. 남자가 집에 귀신이 있다고 했다. "악취가 나고 괴성이 들렸으며, 한기가 엄습했다."라고 하였다. 전등이 켜졌다 꺼졌다 하는 등 편치 않은 생활을 하고 있었다. 그래서 새로운 곳으로 이사한 후 평온한 나날을 보낼 수 있을지를 문의하였다.

천화동인(天火同人)─천뢰무망(天雷無妄)

朱雀	子孫戌土	｜	應	
靑龍	妻財申金	｜		
玄武	兄弟午火	｜		
白虎	官鬼亥水	⚡	世	子孫辰土
螣蛇	子孫丑土	‖		
勾陳	父母卯木	｜		

[판단]

　관귀는 귀신을 나타내고 또 근심을 의미한다. 괘(卦) 안에서 관귀가 지세(持世)하여 발동(發動)하고 월(月)이 생하여 왕상(旺相)하다. 백호는 피비린내를 의미하고 관귀와 같이 발동(發動)하여 악취를 의미한다. 귀신(鬼)이 금(金)의 생을 득하여 금(金)은 소리 혹은 괴성을 뜻한다. 수(水)는 한기를 의미하고 수(水)가 화(火)를 극한다. 화(火)는 전기이니 전깃불이 꺼지는 것을 뜻한다. 묘고(墓庫)

로 화함은 극하지 않음을 의미하니 또 불이 켜지는 의미다. 관귀가 독발하여 회두극(回頭克)으로 화하니 이것은 곁에 있는 귀신을 극한다는 의미다. 응효는 행선지를 의미한다. 이것 역시 관귀를 극한다. 그래서 이곳을 떠나 이사를 하면 반드시 편안할 것이다.

> **피드백**
>
> 이 집에서 이사를 나간 후 또 화해까지 하니 생활이 점점 안정되었다.

예문 106

2011년 酉월 癸未일(공망: 申酉) 어떤 남자분이 재물운이 좋지 않아 풍수 때문인지를 예측하였다.

산지박(山地剝)—풍지관(風地觀)

白虎		妻財寅木	ㅣ		
螣蛇	伏兄弟申金	子孫子水	∥	世	官鬼巳火
勾陳		父母戌土	∥		
朱雀		妻財卯木	∥		
靑龍		官鬼巳火	∥	應	
玄武		父母未土	∥		

[판단]

먼저 처재를 용신으로 본다. 그다음에 괘안의 동효(動爻) 및 조합을 보고 판단한다.

처재 묘목(卯木)이 월파(月破)를 당하고 일(日)에 입묘(入墓)한다. 그래서 재물운이 정말 좋지 않다. 세효가 독발(獨發)하여 절(絶)로 화한다. 세효는 자신을 대표한다. 처재를 생하여 힘을 얻지 못하였다. 그래서 자신의 운기는 원래 좋지 않다. 절지(絶地)가 괘에 납입(納入)하고 2효에 임한다. 2효는 택효(宅爻)로 청룡이 임하여 인테리어한 적이 있는 집이다. 처재 묘목(卯木)이 3효에서 월의 충파(沖破)를 당한다. 3효는 문(門)이니 문과 정원을 바꾼 적이 있다. 3효는 침대이니 역시 침대를 옮김으로 재물운에 영향을 주었다.

> **피드백**
>
> 문을 고치고 침대를 이동한 적이 있다. 그때부터 재물운이 나빴던 것 같다.

[화해]

침대 동쪽에 토끼 그림을 붙이고 물고기 인형을 가지고 다닌다. 목적은 묘목(卯木)으로 실파(實破)하는 것이다. 일(日)의 미토(未土)가 삼합 처재국을 형성한다.

> **피드백**
>
> 화해한 후 일주일도 안 돼서 갑자기 형으로부터 아버지의 예금 유산인 6만 위안을 받았다. 10월에 직장에서 회식할 때 경품 추첨을 했는데 디지털카메라에 당첨됐다.

예문 107

戌월 己巳일(공망: 戌亥) 꿈을 예측하러 왔던 남자가 이전에 육효판단이 매우 응험(應驗)한 후, 피드백하는 날에 또 아들의 피부병이 어떤지 문의하였다.

산천대축(山天大畜)—손위풍(巽爲風)

勾陳		官鬼寅木	‖	
朱雀		妻財子水	‖ 應	父母巳火
靑龍		兄弟戌土	‖	
玄武	伏子孫申金	兄弟辰土	┃	
白虎	伏父母午火	官鬼寅木	┃ 世	
螣蛇		妻財子水	ᅡ	兄弟丑土

[판단]

자손을 용신으로 본다. 자손 신금(申金)이 진토(辰土)아래 복장되었다. 월(月)이 생하고 일(日)이 극(克)을 한다. 평형하여 좋아 보이는 것 같지만 월(月)이 원신 진토(辰土)를 충파(沖破)한다. 복장(伏藏)은 또 합(合)을 기뻐하지 않아 병(病)이 비교적 심하다. 비신(飛神)은 파(破)를 기뻐하고 복신(伏神)이 출(出)을 득하여 병(病)은 있지만, 목숨에는 지장이 없다. 원신이 토(土)로 하나는 공(空)이고 하나는 파(破)다. 토(土)는 피부이고 청룡과 현무에 임하여 피부가 짙은 자주색을 나타낸다(의사가 급성습진이라고 진단했다.).

괘(卦) 안에 2개의 자수(子水)가 용신의 사지(死地)가 되어 발동(發動)한다. 용신과 원신이 모두 생극과 관계가 없다. 이것이 반드시 주요 원인이다. 이것은 수(水)와 상관된 물건을 건드려서 발생한 것이다. 5효 자수(子水)가 휴수(休囚)하고 절(絶)로 화한다. 초효 자수(子水)가 화(化)하여 합주(合住)한다. 5효는 존귀한 자리이고 물과 관련된 애완용 물고기다. 화절(化絶)은 물고기가 죽는다는 것을 의미한다. 초효 자수(子水)는 회두극(回頭克)하니 이것은 처리해 버렸다는 의미다(답: 키우던 물고기가 죽은 후 어항을 버렸다.).

피드백

화해(化解): 검은콩을 한 줌 싸서 아이의 옆에 놓아둔다. 이러면 진토(辰土)가 실파(實破)하고 술토(戌土)는 출공(出空)을 한다. 자수(子水)가 입묘(入墓)함은 자손효를 생한다. 부족한 몇 가지가 모두 해결된다. 화해한 후의 결과는 검증할 필요가 있다.

예문 108

2011년 未月 癸酉일(공망: 戌亥) 어떤 여자가 딸의 눈이 사시(斜視)인데 수술 외에 다른 치료 방법이 없는지를 예측하였다.

산택손(山澤損)-화택규(火澤睽)

白虎		官鬼寅木	∣	應	
螣蛇		妻財子水	∥		
勾陳		兄弟戌土	⚋		子孫酉金
朱雀	伏子孫申金	兄弟丑土	∥	世	
靑龍		官鬼卯木	∣		
玄武		父母巳火	∣		

[판단]

　자손을 용신으로 본다. 자손 신금(申金)이 3효 형제 축토(丑土) 아래에 복장되어 있다. 월(月)의 생과 일(日)의 도움을 얻어 왕상(旺相)하다. 용신이 복장되고 비신(飛神)이 월파(月破)되니 좋다. 그러나 원신 술토(戌土) 공망(空亡)은 마땅하지 않고 자손을 생하는 힘이 부족하다.

　술토(戌土)가 독발(獨發)하고 택효(宅爻)인 묘목(卯木)과 합(合)을 한다. 그리고 부모 사화(巳火)를 입묘(入墓)시킨다. 세효는 자기이고 내괘(內卦)의 부모 사화(巳火)가 세효를 생하니 이것은 자신의 집이다. 4효는 밖의 대문이고 구진에 임하여 건축을 나타낸다.

큰 대문을 나서면 건축물이 있다. 2효는 집(宅)이고 술토(戌土)가 택효(宅爻)를 합(合)하니 이것은 집 위에 더해 쌓인 물건이 있음을 의미하니 층을 더한 건물이라 할 수 있다. 화(火)는 광선(光線)인데 부모를 입묘(入墓)시킨다. 이것은 내 집의 햇빛을 가려서 딸 아이 눈에 영향을 주었다. 그래서 빨리 이사하는 것이 좋다.

피드백

우리는 세를 얻어 오피스텔에 살고 있다. 앞쪽에는 원형 천장을 씌운 길거리 상가가 있는데, 천장이 높아서 창문의 시야를 가린다.

예문 109

2015년 정월(正月, 寅월) 己未일(공망: 子丑) 어느 여자분이 32개월 된 아이가 아직 말을 하지 못하는데 혹시 풍수 때문인지를 물어보았다.

풍뢰익(風雷益)-손위풍(巽爲風)

勾陳		兄弟卯木	∣	應	
朱雀		子孫巳火	∣		
靑龍		妻財未土	∥		
玄武	伏官鬼酉金	妻財辰土	╫	世	官鬼酉金
白虎		兄弟寅木	╫		父母亥水
螣蛇		父母子水	⁄		妻財丑土

[판단]

   자손을 용신으로 본다. 자손 사화(巳火)가 5효에 있고, 주작에 임하여 초효 부모 자수에 극을 당한다. 주작은 주로 언어인데 극을 당하니 언어 장애가 있다. 초효는 어릴 때이고 자수(子水)는 태지(胎地)다. 그래서 선천적인 원인이 있다는 것을 배제하지 못한다.

   하지만 자수(子水)가 변효(變爻)의 합주(合住)를 당해 탐합망극(貪合忘克)하고, 휴수(休囚)되어 자손을 극할 힘이 없다. 그러나 변효(變爻)가 일(日)에 다시 충개(沖開)를 당하여 자수(子水)는 곧 용신을 극한다. 일(日)은 동시에 원신 묘목(卯木)과 인목(寅木)을 입묘시킨다. 처재 미토(未土)야말로 문제 해결의 관건이다.

미토(未土)가 괘(卦)에 들어가 4효 청룡이 임하고 청룡은 음식이고 처재도 음식이다. 그래서 이것은 주방과 관련이 있을 가능성이 있다. 2효 인목(寅木)이 부모 해수(亥水)로 화하고 2효는 주방이고 인목(寅木)은 화(火)의 장생점(長生點)이니 주방으로도 볼 수 있다. 변효 부모 해수(亥水)에게 합주(合住)를 당하여 자손을 생할 수 없어, 이것도 주방에 문제가 있다고 본다.

왜 주방과 관계가 있다는 것이 이 두 곳으로 표현되는가? 4효는 창문으로 또한 세효와 인접해 있다. 세효는 자신을 의미한다. 그래서 4효는 이웃이 된다. 처재 미토(未土)가 주방이라면, 주방 창문 밖에 있는 이웃의 물건이 영향을 준 것이다. 인목(寅木)이 입묘(入墓)하니 화를 생할 수 없다. 화(火)는 광선(光線)이니 이웃집이 자신 집 주방의 빛을 가린 것이다. 그리하여 아이의 성대 발육에 영향을 주는 것이다[역시 주방 서쪽 면의 창문 밖에 이웃의 벽이 너무 가까이 있어 채광에 영향을 준다. 곰곰이 생각해보니 서방(西方)은 태(兌)이고 태(兌)는 입을 의미하니, 마침 언어를 의미한다.].

피드백

화해 방법: 묘고(墓庫)인 미토(未土)를 충개(沖開)하고, 부모 자수(子水)를 합주(合住)해야 한다. 단지 축토(丑土)만이 할 수 있다. 서남쪽에 쌀 한 그릇을 놓으라고 했다. 하지만 쌀이 한 그릇을 넘기면 안 된다.

9월 6일 피드백

화해한 후 시간이 지나서 아이를 데리고 노래방에 같이 갔다. 말을 유도하려고 하자 아이가 갑자기 꽥 하고 노래를 배우기 시작했는데 비록 발음은 안 되지만 소리를 냈다는 게 우리를 놀라게 했다. 노력하면 반드시 달라질 것이라고 믿는다.

예문 110

甲午년 申月 壬子일(공망: 寅卯)에 미국의 한 여사님이 부친의 병의 원인이 무엇인지를 물었다.

지천태(地天泰)─태위택(兌爲澤)

白虎		子孫酉金 ‖	應	
螣蛇		妻財亥水 ⚋		子孫酉金
勾陳		兄弟丑土 ⚋		妻財亥水
朱雀		兄弟辰土 ⚊	世	兄弟丑土
靑龍	伏父母巳火	官鬼寅木 ⚊		
玄武		妻財子水 ⚊		

[판단]

부모를 용신으로 본다. 부모 사화(巳火)가 2효 아래 복장되어 있다. 월(月)의 합(合)과 일(日)의 극(克)을 당하여 휴수(休囚)라고 볼 수 있다. 괘(卦) 안에 기신 처재 해수(亥水)가 회두생(回頭生)으로 화하여 극(克)하니 병의 상태가 매우 엄중할 것이라고 설명된다. 용신이 복장(伏藏)되어 앓아누워 일어나지 못한다. 원신이 공파(空破)되고 원신은 생각·사유를 의미하여 의식이 뚜렷하지 못하다. 세효 형제가 주작에 임하여 발동(發動)한다. 부친의 일 때문에 사람들과 다툼이 생긴다.

[답] 아버지가 마비돼 머리가 멍해지는데 병원에서는 방법이 없

다고 하고 태도가 좋지 않아 싸움이 났다.

4효 형제 축토(丑土)가 구진에 임하고 기신으로 화출한다. 구진은 건축, 수조(修造)이고 해수(亥水)로 화하니 정해년(丁亥年)에 주로 화(化)한다. 이해에 동토 개조 때문에 화근을 초래한 것이다.

[답] 2007년에 지금 이곳으로 이사 와서 집을 인테리어를 시작했고 차고를 지었다.

5효 해수(亥水)가 등사에 임하고 발동하여 회두생(回頭生)으로 화한다. 그래서 부근에 하류(河流)가 있을 것이다. 수(水)가 세효에 입묘(入墓)하니 세효는 자기 집이니 물이 자신의 집으로 흘러들어 온다.

[답] 부근에 하류가 있다. 집의 뒤편에까지 흘러들어왔다. 부친은 2012년에 앓아누워서 입원했다. 이것이 바로 진토(辰土)가 발동(發動)하고 격산(隔山)이 효(爻)로 화한다. 연속으로 5효의 수(水)까지 화(化)하는 것이다.

이를 종합해보면 아버지의 병(病)과 풍수가 관련이 있는 것으로 판단된다. 구체적인 해법 방법은 생략한다. 화해한 후 상황을 피드백하지 않기 때문에 굳이 쓸 필요가 없다.

예문 111

2015년 4월(辰월) 戊辰일(공망: 戌亥)에 어느 여자분이 신체를 예측하였다.

산뢰이(山雷頤)

朱雀		兄弟寅木	▮
靑龍	伏子孫巳火	父母子水	▮▮
玄武		妻財戌土	▮▮ 世
白虎	伏官鬼酉金	妻財辰土	▮▮
螣蛇		兄弟寅木	▮▮
勾陳		父母子水	▮ 應

[판단]

세효를 용신으로 본다. 세효 처재 술토(戌土)가 일월(日月)의 충파(沖破)를 당하였다. 다행히 토(土)와 토(土)가 충(沖)을 하는 것이다. 비록 위험하지만, 위험한 기간을 늘려야 한다. 세효가 월파(月破)를 당하는데 2011(辛卯)년에는 세효(世爻)를 합한다. 그래서 이 해에 병(病)에 걸렸을 것이다.

[답] 2011년에 병에 걸렸다.

일월(日月)이 3효에 들어가 있고, 백호에 구진에 임하여 종양 암 종류의 병(病)이다. 진토(辰土)는 수고(水庫)이니 반드시 방광·신장 등 비뇨 계통의 질병이다.

[답] 2011년에 신장암 수술을 했다. 신장 하나를 떼어냈고 지금도 방광암이 발견됐다.

진토(辰土)가 일월(日月)에 임하고 3효에서 세효를 충파(沖破)한다. 3효는 침대이니 수면이 좋지 않다.

[답] 가위눌림을 자주 당한다.

원인을 탐구해보면 집(주택)과 반드시 관계가 있다는 것을 알 수 있다. 진토(辰土)는 세효의 묘고(墓庫)다. 그래서 주택으로 볼 수 있다. 진(辰)은 수고(水庫)이니 마당에 수조가 있을 것이다.

[답] 정방형 1미터의 콘크리트 연못이 있다.

진토(辰土)가 백호에 임하여 왕상(旺相)하니 백호의 방향은 강하다. 세효를 충파(沖破)하니 백호는 사람을 잡아먹는다. 산뢰이(山雷頤) 괘상(卦象)은 입을 여는 상(象)이니, 이것은 백호가 입을 연 것이다. 그녀가 청룡 백호를 모르기 때문에 그녀에게 해석한 후 피드백을 했다.

[답] 대문은 동남쪽에 있다. 동쪽 곁채는 짧고 서쪽 곁채는 한 구간 더 길게 나왔다. 게다가 문을 열면 대문 입구를 향하니 이것이 바로 풍수에서의 백호장구(白虎張口)다.

세효 술토(戌土)가 공망(空亡)이다. 토(土)가 공(空)이면 꺼졌다는 것을 의미한다. 서북쪽에 구덩이가 있다.
[답] 채소를 저장하는 굴이 하나 있다.

이상의 원인을 종합적으로 분석하여 그 보고 풍수를 개조하고 또 병원 가서 치료를 하라고 했다. 이렇게 해야 효과가 더 좋아진다.

예문 112

작년 未月 己酉일(공망: 寅卯)에 온라인을 통해서 예측한 예시다. 어느 여자분이 주택풍수가 어떤지 문의하였다.

화산려(火山旅)–수화기제(水火旣濟)

勾陳		兄弟巳火	⚊	官鬼子水
朱雀		子孫未土	⚋	子孫戌土
靑龍		妻財酉金	⚊ 應	妻財申金
玄武	伏官鬼亥水	妻財申金	⚊	
白虎		兄弟午火	⚋	
螣蛇	伏父母卯木	子孫辰土	⚋ 世	父母卯木

[판단]

 부모 묘목(卯木)은 집이다. 5효 자손 미토(未土)에 입묘(入墓)한다. 입묘(入墓)는 충개(沖開)를 해야 한다. 게다가 묘고(墓庫)는 월건(月建)이니 오래된 상(象)이다. 2009년에 건축한 주택이 아니면 이사해 들어간 것이다.

피드백

 2009년에 지은 집이다.

 5효는 도로이고 자손도 도로를 의미한다. 주작은 앞면을 의미하는데 5효 자손 미토(未土)가 주작에 임하여 진신으로 화(化)한다. 점차적으로 높아지는 상(象)이니, 문을 나서면 앞에는 언덕이 있다.

[답] 문을 나서자마자 언덕을 올라야 한다.

세효는 자신이 사는 곳을 의미한다. 동(動)하여 묘목(卯木)으로 화(化)한다. 집 부근에 나무가 있다. 공망(空亡)이 일(日)의 충극(沖克)을 당하여 나무가 다듬어진 적이 있다. 묘목(卯木)이 휴수(休囚)하니 나무는 크지 않다.

[답] 동쪽에 나무가 있다. 잘린 적이 있다. 나무의 높이가 높지 않다.

청룡은 좌측이고 백호는 우측이다. 4효 처재 유금(酉金)이 청룡에 임하여 퇴신으로 화한다. 청룡 방향이 점차 낮아진다. 형제 오화(午火)가 백호에 임하고 월(月)과 합(合)하여 기(氣)를 얻었다. 또 합(合)이 5효에 도달하니 높은 곳이다. 백호 방향은 높고 화(火)가 임하여 전선 종류의 물건을 의미한다.

[답] 지붕 우측면은 조금 높으며 게다가 TV 안테나 선반이 있다.

초효는 발을 의미하거나 걷는다는 의미다. 5효는 또 자손이니 도로의 의미다. 세효 자손이 부모 묘목(卯木)으로 회두극(回頭克)하고 부모는 차이니 아이가 교통사고를 쉽게 당한다. 다행히 부모가 휴수(休囚)하고 자손이 왕상(旺相)하니 대흉은 없을 것이다.
[답] 아들이 여러 번 교통사고를 당하였다.

세효도 자신을 의미하고 세효가 초효에 있고 동(動)하여 공망(空亡)으로 화(化)한다. 회두극(回頭克)을 하고 공(空)을 만나니 발이 땅에 닿지를 않는다. 당신의 발이 문제가 있을 것이다.
[답] 지금 병에 걸렸는데 걷기가 불편하다.

이궁(離宮)은 눈을 의미하는데 원신 6효가 회두극(回頭克)으로 화한다. 눈이 좋지 않다.
[답] 눈이 근시다.

처재가 퇴신(退)으로 화하니 재물운이 좋지 않다. 세효가 발동(發動)하여 합주(合住)를 한다. 자신은 열심히 돈을 번다.
[답] 자신은 온라인 가게를 운영해서 돈을 번다. 하지만 재물운은 보통이다.

예문 113

辰月 壬申일(공망: 戌亥) 어떤 남자가 토지가 마음에 들어 사고 싶어서 토지 매수의 길흉을 예측하였다.

풍뢰익(風雷益)-수화기제(水火旣濟)

白虎		兄弟卯木	✕	應	父母子水
螣蛇		子孫巳火	ㅣ		
勾陳		妻財未土	‖		
朱雀	伏官鬼酉金	妻財辰土	✕	世	父母亥水
靑龍		兄弟寅木	‖		
玄武		父母子水	ㅣ		

[판단]

토지 매입은 부모를 용신으로 본다. 그러나 길흉은 전체 괘의 조합과 변화를 보아야 한다. 만약 이 땅을 활용하여 이윤을 남기기 위해서라면 처재를 보아야 한다.

부모 자수(子水)가 일(日)의 생(生)을 얻어 왕상(旺相)하고 세효에 입묘(入墓)한다. 그래서 이 토지를 얻는 데 아주 수월하다. 세효가 발동하여 부모로 화(化)한다. 자신은 이미 직접 현장에 가서 이 토지를 보았다. 변효 부모가 공망(空亡)에 주작이 임하여 매매 계약은 아직 체결하지 않았다.

처재 진토(辰土)가 세효에 있고 월건(月建)에 임하였다. 월건(月建)은 오래된 것을 의미하여 이 토지는 옛날 오래전에 발재한 적이 있다. 그러나 공망(空亡)으로 화하여 점점 좋지 않았다. 형제가 발동하여 처재를 극한다. 현재 이 토지는 이미 좋지 않아 재물운이 없다.

응효가 백호에 임하여 발동(發動)을 하고 부모로 화하고 세효를 극한다. 백호는 사망이나 혈광지재(血光之災)를 나타낸다. 부모로 화(化)하니 바로 이 땅 때문에 문제가 생긴 것이다. 만약에 토지를 매입하면 자신에게는 반드시 대흉이 있을 것이다.

피드백

이 사람은 예전에 한 사람이 이 땅을 샀다가 큰돈을 벌었다는 것을 알게 되었다. 하지만 차츰 안 되니까 그 사람이 이 땅을 되팔아버렸다. 두 번째 사람은 산 지 얼마 되지 않아 죽었다. 지금 두 번째 사람의 가족이 이 땅을 양도하려고 한다.

예문 114

甲午년 3月(卯월) 乙酉일(공망: 午未) 어느날 한 여사님이 주택풍수가 어떤지를 문의하였다.

수뢰둔(水雷屯)―수택절(水澤節)

玄武	兄弟子水	‖	
白虎	官鬼戌土	∣	應
螣蛇	父母申金	‖	
勾陳 伏妻財午火	官鬼辰土	‖	
朱雀	子孫寅木	⚊╳	世 子孫卯木
青龍	兄弟子水	∣	

[판단]

1. 부모 신금(申金)은 집(주택)이다. 일(日)의 도움을 얻고 월(月)이 극하지 않는다. 하지만 독발(獨發)이 절지(絕地)이고 등사에 임하여 집이 협소하고 면적이 크지 않다.

2. 2효가 주작에 임하여 주방을 의미한다. 목(木)이 동(動)하여 화(火)를 생하니 주방 광선이 좋고 비교적 환하다.

3. 2효는 집(주택)이고 목(木)이 동(動)하여 진신(進神)으로 화한다. 집에 식물이 많이 있다.

4. 처재 오화(午火)가 공망(空亡)으로 3효에 복장되었고 3효는 문(門)이고 화(火)는 광선(光線)이다. 문으로 들어오는 곳이 비교적 어둡다. 첫 번째로는 재물운에 불리하고 두 번째로는 관귀 토(土)를 생하지 못하여 남자에게 불리하다.

5. 2효 자손이 동(動)하여 진신(進神)으로 화한다. 응효 관귀 술토(戌土)를 극한다. 관귀 술토(戌土)가 5효에 있고 5효는 도로이고 백호에 임한다. 백호에 임한 것은 혈광지재를 의미하니 자동차 사고를 조심해야 한다.

[화해] 당시 판단이 실제와 부합됐다. 그래서 그의 요구에 따라 화해를 진행했다. 화해 방법은 문 입구에 등을 설치하여 빛을 좀 밝게 하는 것이다.

피드백

진월(辰月) 경자(庚子)일에 남편이 자전거를 타고 길을 건너다 지나가던 트럭에 치여 넘어졌다. 그 트럭의 문이 갑자기 열리면서 남편이 걸려 넘어진 것이다. 병원으로 옮겨졌는데 왼쪽 허벅지, 어깨, 팔꿈치까지 모두 타박상을 입었다. 다행히 다른 차량은 오지 않아 2차 사고는 없었다. 이는 관귀 술토(戌土)는 정(靜)은 충(沖)을 만나면 응(應)한다. 원래 괘대로 본다면 자손이 왕성하고 관귀가 휴수되었지만 다행히 월건의 합으로 득기(得氣)하여 목숨을 구했다.

예문 115

2009년에 어떤 분이 8월에 국가가 인정하는 입사 자격 시험에 응시하는데, 합격할 수 있는지 문의하였다. 辰月 癸巳日(공망: 午未)

산지박(山地剝)-화지진(火地晉)

白虎		妻財寅木	｜	
螣蛇	伏兄弟申金	子孫子水	‖	世
勾陳		父母戌土	⚊	兄弟酉金
朱雀		妻財卯木	‖	
青龍		官鬼巳火	‖	應
玄武		父母未土	‖	

[판단]

관귀를 용신으로 보고 부모를 참고로 본다. 이 괘에 비록 자손이 지세(持世)하지만 자손이 5효에 있고 관귀가 응효에 있다. 이것은 육효괘(六爻卦)에서 일종의 특수 조합으로 관귀가 왕상(旺相)함을 기뻐한다. 자손이 입묘(入墓)됨은 기쁘지 않고 합주(合住)를 당한다.

괘(卦)에 관귀가 일(日)에 임해 왕상(旺相)하다. 원래는 길(吉)한데 부모 술토(戌土)가 구진에 임하여 발동(發動)하여 형제 유금(酉金)으로 화함은 좋지 않다. 반드시 원인이 있을 것이다. 이른바 신

(神)의 조짐은 동효(動爻)에 있다.

건궁(乾宮)은 높은 곳이고 부모(父母)는 건축이고 구진(勾陳)은 풍수이고 월파(月破)는 훼손을 의미한다. 유금(酉金)으로 화함은 금속 기왓장 종류를 의미하고 술토(戌土)는 서북에 대응(對應)한다. 서북 방향의 지붕이 반드시 훼손되어 필요하면 즉시 수리해야 한다. 그렇지 않으면 시험에 영향을 준다.

구진은 둔하고 건(乾)은 머리이고 세효의 수(水)는 지혜를 의미한다. 그래서 풍수의 영향 때문에 사고력이 민첩하지 않고 머리가 혼란스러워져 문제를 잘못 풀 수도 있다.

그래서 옥상을 점검했는데, 북서쪽 지붕이 장마로 인해 지붕의 금속판이 부식돼 벗겨진 것을 발견하고는 바로 정비사를 불러 수리했다.

피드백

그해 11월 피드백, 시험에 합격했다. 처음에 문제를 잘못 풀었는데 나중에 문제가 발견돼 바로 고쳤고, 결국 시험이 끝날 때쯤 수정한 것이 다 맞아서 좋은 성적을 거두었다.

예문 116

2010년에 酉월 辛酉일(공망: 子丑) 43세의 어떤 여성분이 주택풍수가 어떤지 예측하였다.

수지비(水地比)─풍지관(風地觀)

螣蛇	妻財子水	‖	應	官鬼卯木
勾陳	兄弟戌土	∣		
朱雀	子孫申金	‖		
靑龍	官鬼卯木	‖	世	
玄武	父母巳火	‖		
白虎	兄弟未土	‖		

[판단]

　2효는 집(宅)이고 부모 사화(巳火)가 현무에 임하였다. 일월(日月)의 도움이 없고 자수(子水)가 독발(獨發)하여 극(克)을 한다. 현무는 어두움이고 화(火)는 광선(光線)을 의미한다. 집의 광선이 좋지 않아서 햇빛이 부족하다. 응(應)은 안산(案山)이고 조향(朝向─집의 향)을 나타내고 자수(子水)가 임하여 동(動)하였다. 집의 조향(朝向)은 북쪽(北)이다. [역시 좌남조북(坐南朝北─좌남북향)의 집이며 문(門)이 북향으로 열려 있다. 빛이 좋지 않다.]

　초효에 토(土)는 집(宅)의 지반을 의미한다. 백호에 임하고 또 관귀의 묘고(墓庫)다. 백호는 사망을 의미하고 관귀는 시체를 의미한다. 집 밑에 사골(屍骨)이 묻혀 있다. 수년 전 자신이 기르던 고양이가 죽어 묻었다.

여성에게 관귀는 남자를 대표한다. 관귀는 비록 지세(持世)하지만 일월(日月)에 충극(沖克)을 당하여 혼인에 불리하다.

한 남자 친구가 수년간 자신과 동거하며 함께 살았다. 결혼하고 싶었지만, 상대방이 승낙하지 않았다.

6효 자수(子水)가 공망(空亡)에 월파(月破)로 화하였다. 6효는 지붕을 의미하니 지붕에 물이 새는 현상이 있다.

피 드 백

비가 오는 날에 물이 샌다. 이미 처리했다.

3효는 침대이고 월파(月破)되니 침대 보드에 틈이 생겨 숙면에 지장을 주게 된다. 원신이 공망(空亡)에 등사에 임하고 6효이니 머리에 혈액순환이 잘되지 않고 마음이 불안하다.

피 드 백

기분이 답답하고 잠이 안 오고 어지럽다.

[화해법] 침대에 틈새를 메우고 베개 옆에 콩 열 개를 놓아라.

화해 후 피드백

기분이 좋아져서 편안하게 잘 수 있게 되었다. 머리도 어지럽지 않았다.

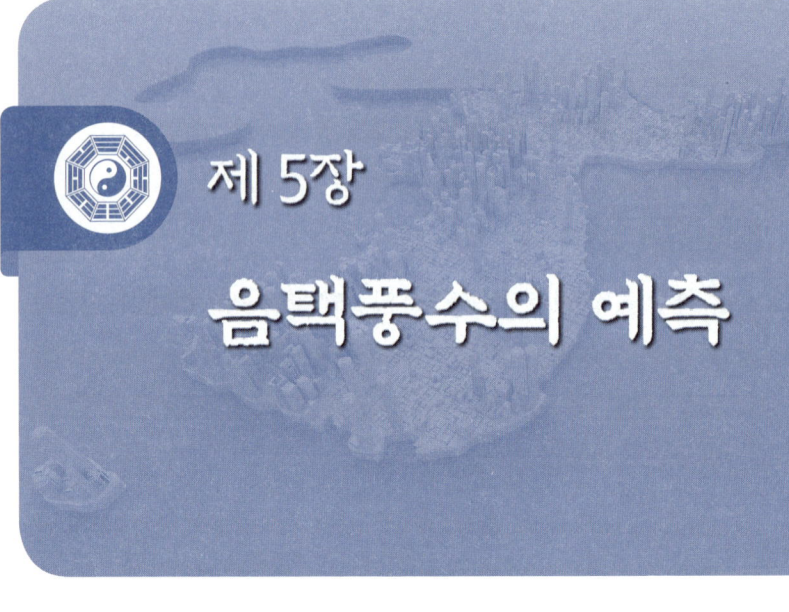

제 5장 음택풍수의 예측

제1절_ 용맥(龍脈)

용맥(龍脈)은 지기(地氣)의 원천이다. 세효의 원신(元神)을 용맥(龍脈)으로 한다. 년(年)은 조산(祖山), 월(月)은 소조산(少祖山), 일(日)은 부모산(父母山)이 된다. 일월(日月)이 세효(世爻)를 돕는 것이 좋고 세효를 충극(沖克)하는 것은 좋지 않다. 원신(元神)이 일월(日月)에 임하여 세효를 생합(生合)하면 용맥(龍脈)이 진짜이며 기세가 대단하다. 원신(元神)이 월파(月破)되고 휴수(休囚)되고 일월(日月)이 세효를 충극(沖克)하면 용맥(龍脈)이 가짜이며 게다가 기맥(氣脈)이 없다.

원신(元神)이 건궁(乾宮)에 있으면 용이 달리는 말과 같고 기세가 강하고 드높다. 원신이 곤궁(坤宮)에 있으면 잠자는 소와 같이 평탄하고 지세(地勢)가 광활하고 넓다. 감궁(坎宮)에 임하면 골짜기에 흐르는 시내가 있다. 이궁(離宮)에 있으면 산천(山川)이 수려(秀麗)하고 새가 날개를 펼치는 것과 같다. 간궁(艮宮)에 있으면 산봉우리가 첩첩이 겹쳐서 우뚝 솟아 움직이지 않는다. 태궁(兌宮)에 있으면 깎아 지른 듯한 벼랑과 칼로 베고 도끼로 패는 것과 같다. 즉 골짜기가 종횡한다. 진궁(震宮)에 있으면 용이 소리를 지르고 호랑이가 소리를 지르고 파도가 거센 것과 같다. 손궁(巽宮)에 있는 경우 산림에 용과 뱀이 어울려 춤추듯 나는 것과 같다.

　삼합(三合)과 육합(六合)은 장풍취기(藏風聚氣)가 되고 육충(六沖)과 공파(空破)는 비사주석(飛沙走石)[21]이다.
　청룡(靑龍)은 수려하고 아름답다. 주작(朱雀)은 파도 소리가 간간이 들린다. 구진(勾陳)은 크고 높아 움직이지 않는다. 등사(螣蛇)는 굽이굽이 이어진다. 백호(白虎)는 우뚝 솟아 있다. 현무(玄武)는 그윽하고 신비롭다.

---

21) 모래를 날리고 돌을 굴린다. 바람이 세차게 부는 모양

제2절_ 사(砂)

　사(砂)는 혈(穴) 중에서 산봉우리(山峰) 등을 호위하는 데 사용한다. 토효(土爻)로 구진(勾陳)은 표지(標識)를 특징짓는다. 청룡(青龍)과 백호(白虎)는 좌우를 보호하는 산(山)이다. 응효(應爻)는 조산(朝山)이 된다. 왕상(旺相)은 높고 크다. 휴수(休囚)는 낮다. 공망(空亡)은 없다는 것을 의미한다. 세효(世爻)를 생(生)하거나 합(合)을 하면 유정(有情)하다. 세효(世爻)를 극(克)하면 무정이다. 삼합국(三合局)은 삼봉(三峰)이 병립(並立)한다. 합국(合局)은 다지(多支)하다. 예를 들어 해묘미(亥卯未)가 국을 이루고 2개의 해(亥) 혹은 2개의 미토(未土)가 있으면 오봉(五峰)이 병립(並立)한다.

　충(沖)을 만나면 불정(不正)하고 합(合)을 만나면 끊임없이 이어진다. 수(水)가 응효(應爻)를 충하면 물이 흘러 설기된다. 휴수(休囚)하고 공파(空破)되면 비록 세효(世爻)를 생합(生合)하더라도 이것 또한 가조산(假朝山)이다.

　청룡(青龍)에 임하고 왕상(旺相)이 세효(世爻)를 생하면 산봉(山峰)우리가 단정(端正)하고 수려(秀麗)하다. 5효에 있으면 존제(尊帝)가 현재에 있으니 부귀(富貴)가 매우 좋다. 주작(朱雀)이 필가봉(筆架峰)에 임하면 문필(文筆)이 수려하다. 부모(父母)에 임하면 문인(文人)이 많이 나오므로 시험에 유리하다.

제3절_ **수(水)**

　수(水)는 용맥 성공의 관건이고 좋은 혈(穴) 자리를 성취하는 근거가 된다. 수(水)는 산(山)에 근원이 있고 산(山)과 서로 어울리고(配) 안에서는 산(山)의 진기(眞氣)에 해당한다. 마치 사람에게 정혈 침(타액)이 있는 것과 같다. 밖으로는 사람이 음식물 안에 젖(우유)이 있는 것과 같아 영양분을 흡수하여 기(氣)가 충분하게 된다. 기는 바람을 보면 흩어지고 수(水)를 보면 기(氣)가 멈춘다.

　육효예측에서 오행의 수(水)는 실질적인 수(水)다. 청룡이 수(水)에 임하고 세효를 생합(生合)하는 것을 제일 좋아한다. 이를 유정수(有情水)라고 한다. 세효를 충극(沖克)하면 무정수(無情水)다. 또 수효(水爻)는 유기(有氣)하고 왕상(旺相)함을 좋아하고 처재와 관귀를 생합(生合)함도 역시 아름답다. 수(水)가 왕상(旺相)하고 복장(伏藏)되면 대부분 암수(暗水)라 하며 휴수복장(休囚伏藏)은 수(水)가 없다. 이것을 한용(旱龍)이라 부른다. 휴수(休囚)가 출현하면 물의 기세가 약해진다.

　수효(水爻)가 지세(持世)하면 내수(內水)이고 세효와 인접하면 물이 혈전(穴前)에 있다. 세효가 금(金)으로 발동하여 수(水)를 생하거나 수(水)로 화함은 수(水)는 혈장(穴場)에서 흘러나온 것이다. 응효가 세효를 생합(生合)하면 외수(外水)다. 수(水)가 혈(穴)을 감싸안고 있어 유정(有情)하다. 수(水)가 세효를 충극(沖克)하고 세효가 왕성하면 비록 역수(逆水)이지만 쓸 수 있다. 수(水)가 등사에 임하여 응효를 생하면 굴곡이 심하여 거수(去水)가 되고, 희기에 따라 길흉을 판단한다.

　삼합수국(三合水局)은 하수수(蝦須水)다. 모효(某爻)가 수(水)로 화출(化出)함은 혜안수(蟹眼水)다. 수(水)가 5효·6효에 있으면 금어수(金魚水)다. 이것은 대개 구체적으로 괘의 변화를 보고 융통성 있게 판단해야 된다.

> **예문 1**

卯월 癸亥일(공망: 子丑) 남자가 모친의 묘지풍수가 어떤지 문의하였다.

화뢰서합(火雷噬嗑)―천지비(天地否)

白虎	子孫巳火	ㅣ		
螣蛇	妻財未土	∥	世	官鬼申金
勾陳	官鬼酉金	ㅣ		
朱雀	妻財辰土	∥		
靑龍	兄弟寅木	∥	應	
玄武	父母子水	Ⅰ		妻財未土

[판단]

처재가 지세(持世)하고 5효에 있다. 5효는 존귀의 효(爻)이고 처재는 재(財)다. 자손 사화(巳火)가 암동(暗動)하여 처재를 생한다. 반드시 좋은 기회가 생겨 큰 재물을 얻는다. 하지만 처재가 휴수(休囚)하고 월(月)에 극(克)을 당하고 근(根)이 없으니 붙잡을 수 없다. 결국에는 대바구니로 물을 퍼 올리는 것 같이 모든 일이 수포로 돌아간다.

작년 무인(戊寅)년은 처재를 극(克)하니 재물운이 좋지 않다. 금년 기묘(己卯)년에도 재물운이 여전히 좋지 않다. 경진년(庚辰年) 이후 내내 화토(火土)다. 재(財)가 왕상(旺相)의 지(地)가 도위하여 지속적으로 발재한다. 그러나 너무 욕심을 부리면 안 된다. 좋을 때 수익을 취하고 적당한 시기를 봐서 물러나야 한다. 갑신(甲申)년 이후에는 더는 투자하지 말아야 한다. 왜냐하면 세효가 동(動)하여 관귀 신금(申金)으로 화하기 때문이다. 또 등사가 임하여 반드시 소송으로 인해 재산을 다 날릴 것이기 때문이다.

부모 자수(子水)가 공망(空亡)이고 현무에 임하여 회두극(回頭克)으로 화한다. 수(水)는 골짜기·하류(河流)이고 극을 받아 낮다. 그래서 도랑이다. 공망(空亡)이기 때문에 물은 거의 없다. 현무는 어두움이니 도랑이 깊음을 표시한다. 동(動)하여 응효를 생하니 응(應)은 앞을 의미하고 향한다는 뜻이다. 그래서 묘지 앞면에 물도랑이 있다. 부모는 문서(文書)인데 공망(空亡)에 극을 당한다. 그래서 이 묘지는 시험에 불리하다.

세효가 동(動)하여 관귀로 화한다. 기신(忌神)은 목(木)으로 2효에 있다. 원신(元神)이 6효에서 수(水)의 극을 받는다. 그래서 당뇨병·간담(肝膽)·고혈압 등을 조심해야 한다.

> **피드백**
>
> 예측할 때에 재물운은 좋지 않았다. 경진년에 수십만 위안을 벌었고 계미년에는 이미 수백만 위안을 벌었다. 갑신년에는 소송으로 가산이 파탄나기 시작했고 고혈압·담석·당뇨병에도 걸렸다.

제4절_ 명당(明堂)

　명당(明堂)이란 혈(穴) 앞이 평탄하고 넓으며 많은 수(水)가 모이는 곳이다. 사방팔방에 있는 산(山)으로 둘러싸여 있는데, 용맥이 그를 보면 걸음을 멈추고, 혈위(穴位)를 그를 보면 바로 확정할 수 있다.

　명당(明堂)은 내외로 나누며, 육효예측에서는 세응 사이의 간효(間爻)를 명당으로 한다. 세효에 가까이 있는 것을 내명당(內明堂), 응효에 가까이 있는 것은 외명당(外明堂)으로 본다. 공파(空破)는 좋지 않고, 기(氣)가 있고 세효를 생합(生合)하여야 길하다. 세효(世爻)를 극하고 응효를 생하는 것은 흉(凶)이다.
　명당(明堂)의 크기는 효(爻)의 쇠왕으로 판단한다. 왕상(旺相)하면 크고 휴수(休囚)하면 협소하다. 또 오행과 육신 등으로 명당 내(內)의 상황을 판단하게 된다.

　금(金)에 주작을 더하면 석비(石碑)가 된다. 목(木)에 등사를 더하면 잡초가 된다. 토(土)에 구진을 더하면 언덕이 된다. 금(金)에 백호를 더하면 완석(頑石)이 된다. 수(水)에 청룡을 더하면 맑은 샘물이 된다. 목(木)에 주작을 더하면 야생화 등이다.

제5절_ 용호(龍虎)

　용호(龍虎)는 혈장(穴場) 좌우의 사(砂)다. 좌는 청룡, 우는 백호가 된다. 육효에서는 청룡, 백호가 임하는 효(爻)로 논한다. 왕상(旺相)은 높고 크다. 휴수(休囚)는 낮고 작다. 사절(死絶)에는 용호(龍虎)가 없다.

　세효를 생합(生合)하는 것은 유정(有情)이라 하고 세효를 충극(沖克)하는 것은 무정(無情)이라 한다. 청룡, 백호에 임한 효가 서로 충극(沖克)하는 것은 용호(龍虎) 쟁투(爭鬪)의 상(象)이다. 왕상(旺相)이 극제(克制)하는 것을 핍압(逼壓)이라 한다. 또 세효와의 원근(遠近)으로 용호(龍虎)와 혈(穴)의 합(合)의 원근(遠近) 관계를 판단한다.

　청룡, 백호의 효가 서로 생합(生合)하고 또 길신이면 용호가 서로 부둥켜안고 복록이 끊임없다. 청룡이 백호를 합(合)함은 용이 백호를 안는 것이고 백호가 청룡을 합함은 백호가 용을 안는 것이다. 백호가 발동하여 세효를 극하는 것은 살인(殺人) 혹은 흉화(凶禍)가 끊이지 않음을 의미한다. 세효가 백호에 임하여 회두극(回頭克)으로 화하는 것은 백호가 회두(回頭)한 것이다. 청룡에 임하여 회두생(回頭生)하는 것은 청룡이 머리를 돌림(回首)을 의미한다. 청룡이 만장(萬丈) 높은 것을 두려워하지 않으나 백호는 머리를 돌려 바라보는 것을 두려워한다(回頭望). 길흉화복은 괘를 보면 자연히 알게 된다.

제6절_ 혈(穴)의 판단과 점혈(點穴)

혈(穴)이란 용맥(龍脈) 진기(眞氣)가 발을 붙이고 휴식을 취하는 곳이다. 이곳은 진기(眞氣)가 모이는 곳이다. 좋은 혈이라면 매장 후 후손들에게 복을 가져다줄 수 있다. 그리고 적절한 혈 자리를 찾는 것을 점혈(點穴)이라고 한다.

육효예측에서 세효가 혈(穴)이 된다. 초효, 2효는 낮은 곳이고 3효, 4효는 중간이고 5효, 6효는 높은 곳이 된다.

혈(穴)의 향(向)은 세효의 지지로 논한다. 독발(獨發)의 효(爻)는 독발(獨發)로 논(論)한다. 세효가 발동(發動)하거나 충(沖)을 만나면 반대의 향(向)으로 판단한다.

세효는 왕상(旺相)을 요하고 공파(空破)는 바람직하지 않다. 최고 좋은 것은 청룡이 지세(持世)하거나 청룡이 발동(發動)하여 세효를 생합(生合)하는 것이다. 세효가 5효에 있는 것이 가장 길하고 그다음이 4효, 3효, 2효이며 초효와 6효는 좋지 않다. 단 세효가 왕상(旺相)하면 길하기 때문에 초효와 6효도 사용할 수 있다.

세효의 토(土)는 혈장(穴場)의 토(土)다. 수(水)는 가까운 근처의 수(水) 혹은 구덩이가 있는 땅이다. 금(金)은 돌더미가 된다. 화(火)

는 건조·바싹 마른 붉은 흙의 땅이 된다. 목(木)은 초목이 무성한 땅이 된다.

혈장(穴場)의 고저(高低)에 관계없이 모두 휴수(休囚)하거나 공파(空破)되면 좋지 않다. 왕상(旺相)하면 좋고 재관(財官)이 발동(發動)하여 생(生)하는 것이 좋다.

토(土)가 청룡에 임하면 혈토(穴土)가 부드럽다. 5효에 있으면 태극훈(太極暈)[22]에 있는 것이다. 주작에 임하면 토(土)가 빨간색이다. 구진에 임하면 오래된 토(土)다. 등사에 임한 토(土)는 기용괴혈(奇龍怪穴)이다. 백호에 임한 토(土)는 단단하다. 현무에 임한 토(土)는 습하다. 세효가 금(金)일 때 석혈(石穴)·모래 혈(穴)이 된다. 수(水)일 때 청수혈(淸水穴)이 된다.

세효가 6효에서 왕상(旺相)한 것은 6효는 사물의 끝이기 때문에 혈장(穴場)이 협소하다. 그래서 높은 곳에 점혈(點穴)하는 것이 좋다. 괘(卦)가 곤궁(坤宮)에 있거나 혹은 세효가 1효, 2효에 있으면 주위가 평평하여 낮은 곳에 점혈(點穴)하는 것이 좋다.

세효가 충(沖)을 만나면 수(水)가 기울고 산(山)이 어지럽다. 그래서 합처(合處)에 점혈(點穴)하는 것이 좋다. 휴수(休囚)한 경우

---

22) 진정한 용혈 자리

장생처(長生處)를 찾아 점혈(點穴)을 한다.

　점혈(點穴)은 요청자의 요구를 마땅히 고려해야 한다. 관(官)이 필요한 사람은 관귀효(官鬼爻)를, 재(財)가 필요한 사람은 처재효(妻財爻)를, 인정(人丁)이 필요한 사람은 자손효(子孫爻)를 각각 살펴야 한다.

예문 1

(고대) 未月 乙巳일(공망: 寅卯) 혈(穴) 자리를 문의하였다.

뇌천대장(雷天大壯)

玄武	兄弟戌土	‖	
白虎	子孫申金	‖	
螣蛇	父母午火		世
勾陳	兄弟辰土		
朱雀	官鬼寅木		
青龍	妻財子水		應

그는 "이곳은 몇몇 고인이 보았는데 모두 좋다고 한다. 내가 몇 번이고 예측해도 길하다고 나타났다. 하지만 구덩이를 몇 번을 파보아도 돌(石)만 보이고 혈(穴)을 찾지 못했다."라고 말하며 나에게 그곳에 와달라고 요청했다. 그래서 이 괘(卦)를 얻었다.

나는 "세(世)가 4효에 있어 혈(穴)은 중간쯤에 있을 것이다."라고 말해줬다.

오화(午火)가 지세(持世)하였기 때문에 중간쯤 가보니 초목이 바싹 말라 있고 붉은 들꽃 몇 송이가 있었다. 하지만 다른 어느 곳에도 없었다.

화(火)는 바싹 마름과 붉은색을 의미하니 이 지점에 반드시 혈(穴)이 있다. 그래서 이 지점은 흙을 파낼 수 있을 것이다.

그는 여전히 반신반의하였다. 나는 하나의 방법이 있다고 이야기했다. 한 개의 동전에 붉은 주사를 찍어 다른 수백 개의 동전과 섞어서 분향하고 기도하고 붉은색 주사를 찍은 동전이 떨어진 곳에 찾고자 하는 혈(穴)이 있다.

그래서 사람을 시켜서 여기저기 뿌리게 했더니 주사를 찍은 동전이 역시 붉은 꽃의 밑에 떨어졌다. 파보니 주변은 겨우 1장(丈)만 되는 곳에서만 흙이고 나머지는 돌이었다. 그 사람이 이듬해에 승진했고 5년 안에 두 아들이 과거 시험에 합격하였다.

제7절_ 분묘(墳墓)

　분묘(墳墓)는 부모효로 정보를 추출한다. 부모가 왕상(旺相)하면 분묘가 높고 크다. 합(合)을 만나면 합장묘(合葬墓)가 된다. 응효에 임하면 부근에 기타 가족의 분묘가 있거나 혹은 다른 사람의 묘지를 빌려서 하장(下葬)하는 의미다. 분묘(墳墓)가 다현(多現)하면 무덤이 한 곳이 아니다.

　또 6효는 조상의 무덤을 의미한다. 구진 백호에 임하면 유독 응험(應驗)하다. 관귀(官鬼) 묘고(墓庫)는 무덤이고, 관귀(官鬼)와 합하는 것도 무덤이다. 세효를 생합(生合)하면 길하고 세효를 충극(沖克)하면 흉하다. 왕상(旺相)은 길(吉)이고 휴수는 흉(凶)이다.

　토(土)는 토양으로 논한다. 금(金)은 비석으로 논한다. 수(水)에 충파(沖破)를 당하면 무덤에 수(水)가 들어간다. 공망(空亡)을 만나면 무덤에 구멍이 있거나 함몰된다. 퇴(退)로 화함은 함몰이 된다. 월파(月破)는 무덤에 틈새가 있다. 목(木)의 충파(沖破)를 당하면 나무 뿌리가 무덤을 파고 들어간다.

　월건(月建)이 괘(卦)에 들어가 부모를 충파(沖破)하고 등사에 임할 경우 뱀ㆍ개미가 침입한다. 현무에 임한 효(爻)가 극하면 수(水)에 침해를 당한다. 구진이 와서 극(克)하면 땅을 파서 무덤을 상하게 한다. 화(火)가 동(動)하여 극(克)하면 불에 타고 벼락이 친다.

　관귀 묘고(墓庫)가 충(沖)을 당하면 목관(木棺)이 기울어진다. 관귀가 부모에 임하여 금(金)이 극을 당하고 공망이 된 경우에는 시골(屍骨)이 완전하지 않다. 동(動)하여 공망으로 화(化)하면 시골(屍骨)이 분실된다. 부모가 발동(發動)하면 대부분의 무덤이 이동함을 의미한다. 청룡에 임하여 회두생(回頭生)으로 화(化)하거나 청룡이 발동하여 생(生)이 있으면, 또 새로운 무덤을 더한다.

예문 1

(고대) 未月 己巳일(공망: 戌亥) 분묘를 예측하면서 왜 공명(功名)을 얻지 못할까?

택지췌(澤地萃)-지화명이(地火明夷)

勾陳	父母未土	‖		
朱雀	兄弟酉金	✕	應	子孫亥水
青龍	子孫亥水	✕		父母丑土
玄武	妻財卯木	╫		子孫亥水
白虎	官鬼巳火	‖	世	
螣蛇	父母未土	╫		妻財卯木

초효 부모가 동(動)하여 목(木)으로 화하여 회두극(回頭克)을 한다. 부모는 무덤, 목(木)은 나무, 초효는 뿌리, 등사에 임하여 만곡의 상(象)이 되니 나무의 정보가 매우 뚜렷하다. 그래서 나무 뿌리가 관(官材)을 상하게 했다.

그가 처리 방법을 물었다. 나는 그에게 무덤 한쪽에 작은 구멍을 파서 확인해보고 만약 진짜 있으면 조금 먼 곳에 큰 구멍을 파서 사람을 들어가게 하고, 또한 구멍을 가로로 파서 무덤 곁에까지 가서 삽으로 나무 뿌리를 살살 제거한 후 다시 안착하라고 시켰다.

다음 시험은 오(午)년에 있다. 세효 사화(巳火)의 관(官)을 공(拱)하여 일으키니 틀림없이 합격할 수 있을 것이다.

제8절_ 수구(水口)

　산(山)에 들어가 수구(水口)를 찾으려면 혈(穴)이 있는 곳에 올라가서 명당(明堂)을 본다. 수구(水口)는 혈(穴) 앞에 흘러나오는 문호(門戶)다. 육효예측에서는 육효(六爻)의 효위(爻位)로 판단한다. 휴수공파(休囚空破)되면 수구(水口)가 견고하지 않다. 사절(死絕)을 만나면 물이 마르고 샘물이 마른다. 세효를 생합(生合)하면 수구(水口)가 유정(有情)하다. 청룡에 임하고 왕상(旺相)한데 처재나 관귀가 임하면 겹겹이 닫혀 있고 부귀하고 상서로움이 있다. 세효를 충극(沖克)하면 수구(水口)가 무정(無情)하다.

　6효가 공망에 충(沖)을 만나거나 혹은 발동(發動)하면 수구(水口)와 천문(天門)이 열린다. 합(合)을 만나 입묘(入墓)하면 지호(地戶)가 닫힌다. 이것은 쇠왕을 판단하여 참고할 필요가 있다. 삼합국(三合局)은 사면의 수(水)들에 겹겹이 둘러싸였다.

　6효가 공망(空亡)에 5효를 생(生)하면 수구(水口)에 다리가 있다. 관귀(官鬼)가 발동(發動)하여 세효를 극(克)하면 귀신이 성문을 지키니 재앙이 많다. 6효가 청룡에 임하여 처재를 생하거나 화(火)가 발동(發動)하여 청룡 처재를 생(生)하면 수구(水口)에 사람이 사는 집이 있다.

자손이 묘고(墓庫)이고 관귀 묘고(墓庫)가 6효에서 발동(發動)하면 수구(水口) 부근에 절이 있다. 목(木)이 왕상(旺相)에 임하면 삼림이 우거진다.

제9절_ 안산(案山)

　안산(案山)은 혈전(穴前)에 작고 낮은 산이 있다. 이는 사무실의 사무 책상과 같다. 조화가 맞아야 관운과 학업 시험에 유리하다. 안산(案山)은 각양각색이다. 옥궤(玉几)·횡금(橫琴)·궁면(弓眠)·석모(席帽)·안검(按劍)·구사(龜蛇)·필가(筆架)·옥인(玉印) 등이다.

　육효예측에서 안산(案山)은 응효·주작효 혹은 세효의 앞자리로 본다. 왕상(旺相)은 크고 높고, 휴수(休囚)는 낮고 작다. 세효와 해당 효의 생극관계를 보고서 판단한다.

　세효를 생합(生合)하면 유정(有情)하다. 월파(月破)되고 일파(日破)되면 안산(案山)이 파패(破敗)되었거나 기울어졌다. 공망(空亡)은 결함이 있다. 토(土)에 구멍이 있다 등

　또 오행으로 안산(案山)의 모양을 분별할 수 있다. 토(土) 안산은 광활하여 사각형과 같다. 화(火) 안산은 날카롭고 수려하여 붓걸이와 같다. 금(金) 안산은 둥글둥글하여 진귀한 구슬과 같다. 목(木) 안산은 형상이 길어서 붓대와 같다. 수(水) 안산은 낮게 구부러져 파문(波紋)과 같다.

예문 1

축월 庚申일(공망: 子丑) 지형(地形)을 예측하였다.

택산함(澤山咸)

螣蛇		父母未土 ‖	應
勾陳		兄弟酉金 │	
朱雀		子孫亥水 │	
靑龍		兄弟申金 │	世
玄武	伏妻財卯木	官鬼午火 ‖	
白虎		父母辰土 ‖	

[판단]

청룡에 신금(申金)이 지세(持世)하였다. 월(月)이 세효를 생(生)하고 일(日)이 세(世)에 임하였다. 청룡은 좌측(左)이니 래용(來龍)이 좌(左)로부터 이르렀다. 세효가 왕(旺)하고 기(氣)가 있다. 상극(傷克)이 없는데 좌우(左右)에 모두 상극(傷克)이 없다. 용호(龍虎)가 환포(環抱)한다.

응효(應爻)는 산(山)의 향(向)이고 미토(未土)가 비록 월파(月破)에 임하지만 주작 해수(亥水)는 산(山)의 앞쪽이다. 신일(申日)이 그것을 생(生)하니 반드시 조수(朝水)가 있다. 아니면 수(水)를 차

(帶)고 있다. 수(水)에 그 근원이 있다. 상효(上爻)는 수구(水口)이고 월파(月破)에 임하여 수구(水口)가 흐트러진다. 2개의 간효(間爻)가 왕상(旺相)하여 명당(明堂)이 넓고 크다.

피드백

실제로 그랬다.

제10절_ 득지(得地)

어떻게 하면 "좋은 명당자리"를 예측할 수 있는가? 세효를 용신으로 판단한다. 세효는 왕상(旺相)함이 좋고 공파(空破)나 휴수(休囚)하고 극(克)을 당하는 것은 좋지 않다. 세효가 왕상(旺相)하면 이곳은 구할 수 있다. 휴수공파(休囚空破)되면 사용해서는 안 된다. 삼합(三合)·육합(六合)은 좋고 육충(六冲)은 좋지 않다. 삼합(三合)·육합(六合)은 장풍취기(藏風聚氣)가 되고 육충(六冲)과 육충(六冲)으로 화함은 비사주석(飛沙走石)이 된다.

세(世)가 왕상(旺相)함은 좋고 혹은 일월(日月)에 임하고 혹은 일월(日月)이 동효(動爻)를 생부(生扶)하면 길지(吉地)다. 자손은 성묘하고 제사 지내는 사람이다. 지세(持世)하면 좋고 혹은 타효(他爻)가 왕상(旺相)하면 뒤를 이을 사람이 있다. 향화(香火)가 끊이지 않는다.

만약 토지 매수의 성공 여부를 예측할 때는 부모효(父母爻)를 본다. 왕상(旺相)이 세효를 생합(生合)하면 성공하고 휴수공파(休囚空破)는 성공하지 못한다. 세효(世爻)는 길흉을 본다. 부모는 지세(地勢)를 본다.

세효가 동(動)하여 진신(進神)으로 화(化)하면 지기(地氣)가 점점 왕해진다. 퇴신(退神)으로 화하면 지기(地氣)가 점점 약해진다. 세효가 관귀로 화(化)함은 좋지 않고 회두극(回頭克)으로 화(化)하여도 좋지 않다. 이런 조합에서는 이곳이 제일 흉하다.

또 오행·육신 등으로 세부 사항을 판단한다. 괘궁(卦宮)으로 주위 환경 등을 판단한다. 동정(動靜)·생극(生克)을 모두 참고하여야 한다.

> **예문 1**
>
> (고대) 寅월 戊午일(공망: 子丑) 땅에 대하여 점을 쳤다.
>
> **산뢰이(山雷頤)–천뢰무망(天雷無妄)**
>
> | 朱雀 | | 兄弟寅木 | ∣ | | |
> |------|------------|----------|---|---|------|
> | 靑龍 | 伏子孫巳火 | 父母子水 | ∦ | | 官鬼申金 |
> | 玄武 | | 妻財戌土 | ∦ | 世 | 子孫午火 |
> | 白虎 | 伏官鬼酉金 | 妻財辰土 | ∥ | | |
> | 螣蛇 | | 兄弟寅木 | ∥ | | |
> | 勾陳 | | 父母子水 | ∣ | 應 | |

　　세효가 술토(戌土)이고 월건이 비록 극(克)을 하지만 일(日)을 생한다. 오화(午火) 자손이 화출하여 회두생(回頭生)을 받고 있어 길(吉)하다. 부모 자수(子水)가 청룡에 임하여 청룡 희수(戲水)다. 즉 청룡이 득수(得水)하여 평안하다. 동(動)효가 장생으로 화하여 수원(水源)이 매우 길다. 다만 신(申)이 월파(月破)를 당하고 술토(戌土)가 자수(子水)를 극(克)한다. 또 일신(日神)에게 충산(沖散)되니, 일 년 내내 물이 없다. 그래서 수원(水源)이 불안하다. 춘하(春夏)는 우기(雨季)이기 때문에 수(水)가 있다. 하지만 우기(雨季)가 지나자마자 추동(秋冬)이 되면 반드시 마른다.

피드백
바로 그렇다고 얘기했다.

　세상에 완전무결한 풍수는 없다. 일월(日月) 및 괘중의 세효와 자손이 삼합을 이룬다. 죽은 자는 편안하여 자손은 창성하고 근심·걱정이 없다. 후에 뜻밖에 이곳에 하장했다. 진년(辰年)에 하장한 것이다. 유년(酉年)에 손자는 독학으로 시험에서 2등을 했고 자년(子年)에 이르러서는 둘째 손자가 현지에서 좋은 성적을 거두었다.

예문 2

(古代) 申月 戊子일(공망: 午未) 묘지(墳地)를 예측하였다.

산지박(山地剝)

朱雀		妻財寅木	|
靑龍 伏兄弟申金	子孫子水	|| 世
玄武		父母戌土	||
白虎		妻財卯木	||
螣蛇		官鬼巳火	|| 應
勾陳		父母未土	||

    자손 자수(子水)가 지세(持世)하고 일진(日辰)이 도우고 신월(申月)이 생한다. 수(水)와 청룡은 동일한 효(爻)에 있다. 이것도 청룡희수(戲水)다.

    청룡은 좌측이고 수(水)는 주로 수(水)이니 수(水)는 왼쪽으로부터 돈다. 왕상(旺相)하면 반드시 큰 강과 가까이 있다. 그렇지 않으면 장기적으로 흐르는 물이 있다.

    백호에 묘목(卯木)은 자묘(子卯)가 서로 형(刑)하고, 조아매복(爪牙埋伏)의 향산(向山)일 것이다. 화(火)가 수(水)의 극(克)을 만나니 향산(向山)이 높지 않다. 세효 앞의 위치이니 그래서 술(戌)은 안산

(案山)이다. 술토(戌土)가 수(水)를 극한다. 안산(案山)이 조금 높다. 세효가 청룡에 임하고 5효에 있다. 극해(克害)가 없으니 대길하는 곳이다. 빨리 하장하는 것이 좋다. 현재 마침내 세효가 왕상(旺相)한 때이니 올 겨울에 발(發)할 것이다.

실제로 판단대로 되었다. 팔월(八月)에 안장(安葬)하고 나서 십월(十月)에 둘째 아들이 승진했고 이듬해 사월(巳月) 맏아들에게 아들이 생겼다. 그에게는 줄곧 아이가 없었으니 놀라운 일이다.

예문 3

(古代) 卯월 壬寅일(공망: 辰巳) 좋은 땅을 찾을 수 있는지를 예측하였다.

택화혁(澤火革)-수화기제(水火旣濟)

白虎		官鬼未土	‖		
螣蛇		父母酉金	∣		
勾陳		兄弟亥水	✕	世	父母申金
朱雀	伏妻財午火	兄弟亥水	∣		
靑龍		官鬼丑土	‖		
玄武		子孫卯木	∣	應	

    부모가 용신이다. 세효가 동(動)하여 신금(申金) 부모로 화하였다. 세효를 회두생(回頭生)을 한다. 세효가 비록 휴수(休囚)하지만 독발(獨發)은 무방(無妨)하다. 봉생득생(逢生得生)에 봉생(逢生)이니 왕(旺)하다. 하지만 일진(日辰) 인목(寅木)이 신금(申金)을 충거한다. 현재로는 금(金)이 약(弱)하여 당장 좋은 땅을 얻지 못한다. 가을쯤 칠월(七月)에 당령(當令)할 때 반드시 얻을 수 있다.

    부모에 신금(申金)이 임하여 신금(申金)은 서남(西南)에 대응한다. 그래서 땅은 서남(西南)에 있다. 처재 자손이 일월의 도움을 얻어 모두 왕상(旺相)하기에 이 땅은 필히 재물과 자손이 흥왕하는 곳이다.

　동(動)하여 신금(申金)으로 화하니 신년(申年)이 도위하면 반드시 발복(發福)한다. 세(世)는 쇠(衰)하지만 생(生)으로 화하니 흉중에 길(吉)이 있다.
　역시 칠월(七月)에 서남(西南)쪽의 땅을 얻었다. 묘년(卯年)에 안장(安葬)하여 유년(酉年)에 자손이 대발(大發)하였다.

예문 4

(古代) 卯월 戊子일(공망: 午未) 땅(地)의 길흉(吉凶)을 예측하였다.

손위풍(巽爲風)-지풍승(地風升)

朱雀	兄弟卯木	✕	世	官鬼酉金
靑龍	子孫巳火	✕		父母亥水
玄武	妻財未土	‖		
白虎	官鬼酉金	∣	應	
螣蛇	父母亥水	∣		
勾陳	妻財丑土	‖		

세효는 혈(穴)이 되고 세효가 월건(月建)에 임하고 일(日)이 생한다. 처음엔 길(吉)로 보았다. 단 외괘(外卦)가 반음(反吟)이고 세(世)가 동(動)하여 관귀로 화(化)하여 유금(酉金)에게 충극(沖克)을 당한다. 자손 사화(巳火)가 해수(亥水)에게 충극(沖克)을 당한다. 이 땅은 사용하지 못한다.

그러나 상대방이 이미 이 땅을 샀다고 말했다. 게다가 여러 풍수사가 좋다고 했다. 그래서 결국 하장(下葬)을 했다. 4년 안에 2남 1녀가 연이어 죽었고 자신은 반신불수가 되었다. 또 2년 후 마침내 유년(酉年)을 만나 세효가 다시 충극(沖克)을 당하여 이 사람도 세상을 떠났다.

음택풍수(陰宅風水)의
실전 사례

> **예문 1**
>
> 丙戌년 庚子월 甲戌일(공망: 申酉) 일본의 한 남성이 귀신에게 시달려 예측을 하였다.
>
> ### 건위천(乾爲天)-화천대유(火天大有)
>
> | 玄武 | 父母戌土 | ｜ 世 | |
> | 白虎 | 兄弟申金 | ⚊ | 父母未土 |
> | 螣蛇 | 官鬼午火 | ｜ | |
> | 勾陳 | 父母辰土 | ｜ 應 | |
> | 朱雀 | 妻財寅木 | ｜ | |
> | 靑龍 | 子孫子水 | ｜ | |

[판단]

　세효가 용신이다. 세효는 관귀의 묘고(墓庫)다. 이는 귀신이 체내에 들어왔다는 정보다. 세효가 현무에 임하고 현무는 음기(陰氣)다. 귀신이 달라붙어 있음을 나타낸다. 백호에 임한 효가 독발(獨發)하고 백호는 사망을 의미한다. 부모로 화출(化出)하고 부모는 건축이니 이 질환은 사망과 관련 있는 건축의 영향을 받는다.

　관귀 오화(午火)는 원신(元神)인데 월파(月破)되고 등사에 임하였다. 원신은 한 사람의 생각을 의미한다. 등사는 불안이고 또 육충괘(六沖卦)도 불안을 의미한다. 그래서 내심(內心) 엄청 불안하고 심신이 불안한 상(象)이다. 원신이 일(日)에 입묘(入墓)하고 일(日)과 세효가 서로 같아 사유(思維)가 폐쇄적이고 생각이 열리지 않았다. 백호 독발은 사망이나 본인이 자살하는 경향이 있다.

실제로 매일 침대 머리맡과 천장 그리고 타고 다니는 차 안에 귀신이 나타났다. 많은 눈동자가 그를 보고 있으니 무서워서 갑자기 스스로 목숨을 끊어야겠다는 생각이 여러 번 들었다.

원인을 분석해보니 형제 신금(申金)이 백호에 임하여 5효에서 독발하였다. 독발은 원인을 의미한다.

5효는 오관(五官)으로 금(金)이 공망(空亡)에 임한다. 금(金)은 골격을 의미하고 주로 치아다. 공망(空亡)은 없음을 의미한다. 백호에 임하고 백호는 수술을 의미하니 조합을 하면 발치(拔牙)의 정보다. 그래서 그가 발치한 적이 있다고 판단했다.

세효가 6효에 있고 현무에 임하였다. 6효는 산소를 의미하고 또 관귀 묘고(墓庫)다. 관귀(官鬼)는 시체이고 묘고(墓庫)는 무덤이다. 그래서 이 병(病)은 산소와 필히 연관되어 있다고 판단했다. 5효는 도로이고 도로가 공망(空亡)이면 공중(空中)의 도로나 허공에 있는 도로를 의미한다. 이것은 교량의 정보다. 그래서 산소 부근에 교량이 있다고 판단했다. 응효 부모 진토(辰土)가 구진에 임하여 암동

(暗動)하였다. 응효는 이웃 혹은 부근을 의미한다. 괘의 진토(辰土)는 자손의 묘고(墓庫)다. 자손은 승도(僧道)이고 묘고(墓庫)는 사원(寺院)이 되고 구진은 수조(修造)·개조(改造)이고 암동(暗動)은 작은 개조(改造)다. 이러한 환경의 변화로 지기(地氣)의 변화가 생겨서 병(病)에 걸리게 된 것이다.

피드백 및 화해

이를 뽑은 적이 있다고 했다. 산소 근처에 다리가 있고 사찰·절은 리모델링했고 현재 건물을 짓고 있다.

원인을 찾았다면 풍수적으로 조정할 수 있다. 외적인 방법으로 좋지 않은 지기(地氣)를 없앤다.

양초 두 개, 검은 종이 한 장을 준비해 양초를 검은 종이로 싼 뒤 오시(午時)에 한적한 곳에서 태우라고 했다. 붉은 끈으로 작은 봉지 하나를 묶어라. 안에 주사(朱砂)를 넣어 목에 걸어놓는다.

이것은 어떤 원리인가? 양초(蠟燭)는 화(火)다. 2개는 응화(應火)의 오행수(五行數)다. 검은 종이는 수(水)의 오행(五行)이다. 하지만 종이 재질은 목(木)의 오행(五行)이다. 태워버리면 수(水)의 오행(五行)이 소멸되어 그것이 화(火)의 오행(五行)으로 변한다. 양초를 검은 종이에 싸는 것은 화(火)가 묘고(墓庫)에 들어가는 것이다.

술토(戌土)의 정보를 대표한다. 싸서 태워버리는 것은 원신(元神)의 묘고(墓庫)를 화해(化解)하여 없애는 것이다. 원신이 묘고(墓庫)에서 벗어나는 것이다.

오시(午時)는 바로 원신(元神)이 월파(月破)·실파(實破)의 때다. 원신이 등사에 임하고 등사는 한적한 곳을 의미하기 때문에 한적한 곳에 가서 태운다.

붉은 실은 사화(巳火)의 상(象)이다. 뱀처럼 가늘고 길다. 사화(巳火)는 신금(申金)을 합주(合住)할 수 있어 신금(申金)이 안정되어 동(動)하지 않는다. 5효는 신체의 목이니 목에 걸어둔다. 붉은색 실의 한쪽 주머니에 주사(朱砂)를 넣는 것은 주사(朱砂)가 주로 심신을 안정시키고 액땜을 하는 작용을 하기 때문이다. 또 주사(朱砂)는 광물(礦物)이고 광물은 금(金)이니 주머니에 넣는 것은 금(金)이 입묘(入墓)하니 축토(丑土)의 상(象)이 형성된다. 월(月)의 자수(子水)를 합주(合住)할 수 있어 다시 원신 오화(午火)를 충극(沖克)할 수 없게 한다.

마침내 조정을 한 후 그 눈들이 없어지고 귀신도 더는 달라붙지 않아 자살하고 싶은 생각도 없어졌다. 목에 주사(朱砂)를 거는 순간 갑자기 뜨거운 기운이 자신의 몸에 들어온 것을 느꼈다.

> **예문 2**
>
> 丁亥년 庚戌월 己亥일(공망: 辰巳) 남자가 조상묘(祖墳) 풍수(風水)를 예측하였다.
>
> **천택리(天澤履)─풍택중부(風澤中孚)**
>
> | | | | | |
> |---|---|---|---|---|
> | 勾陳 | | 兄弟戌土 | ∣ | |
> | 朱雀 | 伏妻財子水 | 子孫申金 | ∣ | 世 |
> | 靑龍 | | 父母午火 | ✕ | 兄弟未土 |
> | 玄武 | | 兄弟丑土 | ∥ | |
> | 白虎 | | 官鬼卯木 | ∣ | 應 |
> | 螣蛇 | | 父母巳火 | ∣ | |

[판단]

　부모가 양현(兩現)하면 발동(發動)의 효(爻) 부모 오화(午火)를 위주로 판단한다. 부모 사화(巳火)가 초효에 공망(空亡)이고 초효는 시작을 의미한다. 공망(空亡)은 폐기를 의미하니 최초의 묘지는 폐기당했다. 부모 오화(午火)가 청룡에 임하고 발동(發動)하였다. 발동(發動)은 변경을 의미한다. 청룡은 인테리어 혹은 장식을 의미한다. 그래서 조상묘(祖墳)는 새로 시공했다.

　세효가 5효에 임하고 월(月)의 생(生)을 득하여 왕상(旺相)하다. 5효는 존위(尊位)와 지도자의 자리이고 세효는 혈(穴)이고 또 구측인을 뜻한다. 이 혈(穴)은 관운에 유리하다. 그러나 부모 오화(午火)가 발동(發動)하여 세효를 극한다. 또 관귀의 사지(死地)이기도 하고 또 몸과 관운에 영향을 준다.

자손이 5효에서 지세(持世)하고 관귀가 응효에 임하고 일(日)의 생을 얻어 왕상(旺相)하다. 이러한 괘(卦)는 육효예측에서 일종의 특수조합이다. 5효는 존위(尊位)이고 지위가 높음을 의미한다. 관귀는 사업·관운·공명·석차 등을 의미한다. 응(應)에 임하니 본래는 타인의 소득(所得)이다. 하지만 자신(世爻)이 높은 지위에 있어 타인을 제압하여 남의 자리를 빼앗는다. 오히려 관운·시험·취직 등에 이롭다. 이런 조합은 공망(空亡)이나 휴수(休囚)를 가장 꺼린다. 타인이 관직이 없어 자신은 빼앗을 곳이 없다는 것을 말한다. 또 세효가 합(合)과 입묘(入墓)당하는 것을 꺼린다. 합(合)을 당하는 것은 묶이는 것이고 입묘(入墓)는 갇혀 고생하는 것이다. 그래서 일을 대담하게 처리하여 빼앗으러 갈 수 없음을 의미한다.

이 괘는 자손이 지세(持世)하고 5효에 있다. 관귀가 응(應)에 임하고 일(日)의 생(生)을 얻어 왕상(旺相)하니 바로 좋은 조합이다. 그러나 세효는 초효 부모 사화(巳火)의 암동(暗動)에 의하여 합주(合住)를 당했다. 그래서 1998(戊寅年)에 세효가 충개(沖開)를 당하고 응효의 관귀를 극(克)하러 가니 이해에 승진하였다.

하지만 유리한 것이 있으면 폐해가 있는 것처럼 이해에 부모 오화(午火)가 장생(長生)을 득하고 세효 신금(申金)이 5효에서 충(沖)을 당한다. 금(金)은 골격(骨骼)이고 5효의 금(金)은 치아(齒牙)이니 치아가 손상되었다. 일(日)이 세효의 병지(病地)이기 때문에 그래서 일반적으로 질병에는 응(應)하지 않는다.

피드백 및 화해

실제로 올해(戊寅年) 승진하였다. 하지만 이가 부러졌다. 이듬해인 기묘년(己卯년)에는 부모가 여전히 생(生)을 얻어 왕상(旺相)하여 세효를 극하니 근골격상이 여전히 있고 디스크에 걸렸다.

2004년(甲申)은 세효가 출현하는 해이니 부모에게 극(克)을 당하여 응효(應爻)의 관귀를 극제(克制)하지 못하니 이해에 좌천되었다.

조상묘를 다시 조성한 때는 1998년(戊寅)이다. 부모가 휴수(休囚)한데 장생(長生)이 응하였기 때문이다. 풍수가 미친 영향은 두 가지다. 첫째, 초효 부모 사화(巳火)가 등사에 임하고 공망(空亡)이다. 공망(空亡)은 없어짐이고 등사는 주로 소(小)이니 이것은 선산에 물건이 없어진 것이다. 사화(巳火)가 공망(空亡)에 암동(暗動)하여 합(合)을 한 것이 신금(申金)이다. 금(金)은 주로 골격(骨骼)을 의미하니 묘지 안의 시체가 온전하지 않다.

그래서 문제는 모두 금(金)과 관련된 것으로 볼 수 있다. 또한 오화(午火)가 독발(獨發)하니 2효의 묘목(卯木)이 사지(死地)에 처했다. 목(木)은 나무·식물을 의미하니 바로 근처에 화초나 나무가 말라죽고 마른 가지가 생긴다. 이는 지기(地氣)가 부족해져서 생긴 변화다.

예문 3

癸未년 癸亥월 壬辰일(공망: 午未) 남자가 조상묘(祖墳)를 예측하였다.

풍산점(風山漸)―천산둔(天山遯)

白虎		官鬼卯木	｜ 應	
螣蛇 伏妻財子水	父母巳火	｜		
勾陳		兄弟未土	╫	父母午火
朱雀		子孫申金	｜ 世	
靑龍		父母午火	‖	
玄武		兄弟辰土	‖	

[판단]

부모가 다현(多現)하니 조상묘는 수대(數代)를 내려온 묘다.

피드백

3대를 내려왔다.

2효 부모 오화(午火)가 공망(空亡)이라 병자년(丙子年)에 충실(沖實)하니 이해에 새로운 무덤이 생겼을 것이다.

피드백

병자년(丙子年)에 부친이 선산에 들어갔다.

간궁괘(艮宮卦)로 간(艮)은 산(山)이니 조상묘는 산을 의지하여 조성된 것이다. 내괘(內卦)는 간(艮)이니 큰 산 앞에 작은 산봉우리[小山包] 위에 조성되었다. 세효는 혈(穴)이고 간괘(艮卦)의 제일 위의 효(爻)에 있으니 혈(穴)은 작은 산봉우리 위에 있다.

피드백
정확하다.

초효는 이웃·부근이고 진토(辰土)가 임하고 진토(辰土)는 수고(水庫)다. 또 현무가 임하고 현무는 수변(水邊)·수역(水域)이니 부근에 샘물이 있다.

피드백
맞다.

5효는 도로이고 부모 사화(巳火)가 등사에 임하고 월파(月破)되었다. 월파(月破)는 낡았다는 것을 의미하므로 도로의 높낮이가 고르지 않다. 등사에 임하여 구부러지거나 구불구불한 도로다.

피드백
거의 길이 없다고 말할 수 있다.

형제 미토(未土)가 공(空)에서 공(空)으로 화한다. 원신 사화(巳火)가 월파(月破)를 당하고 오화(午火)는 공망(空亡)이다. 형제에 상(傷)이 있는데 본년(本年) 태세(太歲)가 입효(入爻)하여 올해 응기가 일어난다.

> **피드백**
> 1993년에 한 사람은 피살당하고, 한 사람은 감전되어 죽었으며, 올해 교통사고로 한 사람이 다쳤다.

간궁괘(艮宮卦)이고 간(艮)은 3번째 의미이니, 3번째가 다친다.

> **피드백**
> 셋째가 1993년에 감전되어 사망했고 다른 사람들은 사촌 형제들이다.

부모 사화(巳火)가 해수(亥水)에 충파(沖破)를 당하고 자수(子水)가 암장되어 무덤에 수(水)가 들어갔다.

> **피드백**
> 올해 얼마 전에 수(水)가 들어갔다.

응효(應爻)는 향산(向山)·안산(案山)인데 묘목(卯木)이 임하여 무덤앞에 초목이 무성하다. 미토(未土)에 입묘(入墓)하고 미토(未土)는 구진(勾陳)에 임하고 구진은 전지(田地)이고 토(土)는 토양이고 입묘(入墓)는 없어짐이니 초목이 벌목되어 경작지로 조성되었다.

> **피드백**
> 농지다.

관귀가 입묘(入墓)하고 부모가 공파(空破)되어 문인(文人)이 나오지 않아 대학생이 나오기 힘들다.

> **피드백**
>
> 현재까지 대학에 간 사람은 없다.

관귀 묘목(卯木)이 월(月)의 생(生)을 득하여 왕상(旺相)하다. 백호에 임하고 백호는 정부·군정(軍政)을 의미하니 가족 중에 벼슬한 사람이 있다. 게다가 대부분 정법(政法) 부문에서 일한다.

> **피드백**
>
> 부친은 군대에 간 적이 있고, 한때는 촌서기(村書記)였으며, 당숙(堂叔)은 법원에서 일하였다.

부모 사화(巳火)가 5효에서 월파(月破)하고 원신이 6효에서 백호에 임하여 입묘(入墓)한다. 5효는 연장자이고 양효(陽爻)는 남자를 의미하여 연장자 중에서 수명이 짧은 사람이 있을 것이다.

> **피드백**
>
> 모두 60세를 넘기지 못하고 죽었다.

원신(元神)은 사유(思維)인데 6효에 있어 머리를 의미한다. 입묘(入墓)는 자신이 어떤 일로 생각을 떨쳐버리지 못하고, 부모 사화(巳火)가 5효에서 등사가 임하였다. 5효는 목을 의미하고 등사는 밧줄이니, 연장자들 중에서 자살한 사람이 있을 것이다.

> **피 드 백**
>
> 있었다.

　세효 원신 미토(未土)는 4효에서 공망(空亡)이고 토(土)가 4효에 있으니 위(胃)가 되고 공(空)이니 세효를 생할 수가 없다. 입맛이 없고 소화가 안 된다.

> **피 드 백**
>
> 입맛이 좋지 않다.

　4효 형제 미토(未土)는 구진에 임하고 부모로 화출한다. 형제는 가족의 형제이고 부모는 분묘이고 구진은 또 건조(建造)의 의미이니 본 가족 중의 어떤 분이 새롭게 묘지를 세웠다. 오화(午火)와 미토(未土)가 서로 합(合)하니 대부분은 합장묘(合葬墓)다.

> **피 드 백**
>
> 맞다. 어떤 사람은 부모님 중 한 분이 돌아가신 후 선산에 모셨는데, 나머지 한 분이 돌아가시자 선산에서 다른 곳으로 이장해 합장했다.

예문 4

癸未년 癸亥월 甲寅일(공망: 子丑) 어떤 남자가 조상묘(祖墳)를 예측하였다.

택화혁(澤火革)

玄武	官鬼未土 ‖	
白虎	父母酉金 ǀ	
螣蛇	兄弟亥水 ǀ	世
勾陳 伏妻財午火	兄弟亥水 ǀ	
朱雀	官鬼丑土 ‖	
靑龍	子孫卯木 ǀ	應

[판단]

부모 유금(酉金)이 5효에 있고 백호가 임한다. 5효는 도로이고 백호도 도로이니 묘지는 도로 근처에 있다.

피드백

동쪽에 큰 도로가 인접해 있다.

괘(卦)가 감궁(坎宮)에 있고 감(坎)은 낮은 곳 저지대이니 묘지 지세가 비교적 낮다. 세효는 혈(穴)인데 해수(亥水)가 임하고 월의 도움을 얻어 왕상하다. 일월(日月)은 하늘을 의미한다. 그래서 비가 오기만 하면 많은 물이 모인다.

> **피 드 백**
>
> 낮은 곳에 있다. 비가 오면 모두 이곳에 흘러들어온다.

　일진(日辰) 인목(寅木)이 세효 해수(亥水)와 합하고 해수(亥水)는 서북(西北)이다. 목(木)은 나무이니 서북쪽에 나무가 많이 있다.

> **피 드 백**
>
> 서북쪽에 한 무더기의 백양나무들이 있다.

　응(應)은 무덤 앞을 의미하고 자손 묘목(卯木)은 청룡에 임하고 청룡은 음식을 의미한다. 자손이 재를 생하는 것은 처재이니 음식·식량이 된다. 목(木)은 식물이니 자손(子孫) 묘목(卯木)은 농작물이 된다. 묘(墓) 앞에 농작물이 심어져 있다.

　일진(日辰) 인목(寅木)은 동북이다. 세효 해수(亥水)를 합한다. 세효는 혈장(穴場)이고 일(日)이 합(合)하니 반주(絆住)다. 일월(日月)은 높고(高) 세효 등사는 협소하다. 동북쪽은 비교적 높고 묘지에 인접해 있으니 묘지를 압박한다.

> **피 드 백**
>
> 동북에 작은 언덕이 있다.

　2효 축토(丑土)는 부모의 원신으로 공망(空亡)이다. 토공(土空)은 구덩이니 부근에 흙구덩이가 있다.

> **피 드 백**
>
> 대략 200미터 넓이의 홈이 있다.

형제가 지세(持世)하고 월(月)에 임하였다. 이러한 묘지는 대부분 군인이 많이 나온다.

> **피 드 백**
>
> 내가 군인 출신이다. 큰아버지께서는 노홍군(老紅軍)이셨다.

부모 유금(酉金)이 백호에 임하고 5효에 있다. 5효는 가장·연장자이고 일월(日月)의 도움이 없어 휴수(休囚)하다. 원신이 일(日)의 극상(克傷)을 당하니 연장자에 불리하다.

> **피 드 백**
>
> 저의 모친은 이미 사망했고 지금 부친은 병에 걸렸다.

예문 5

癸未년 甲子월 壬戌일(공망: 子丑) 남자가 조상묘(祖墳)의 풍수예측을 하였다.

수화기제(水火既濟)—풍뢰익(風雷益)

白虎		兄弟子水 ‖ 應		子孫卯木
螣蛇		官鬼戌土 ｜		
勾陳		父母申金 ‖		
朱雀	伏妻財午火	兄弟亥水 ✕ 世		官鬼辰土
青龍		官鬼丑土 ‖		
玄武		子孫卯木 ｜		

[판단]

괘(卦)가 감궁(坎宮)에 있다. 감(坎)은 낮은 곳이니 묘지는 낮은 저지대에 있다. 관귀 술토(戌土)가 5효에 있고 아울러 일(日)에도 있다. 5효는 도로이고 등사에 임하여 구부러진 상(象)이다. 부모 신금(申金)을 생하니 묘지로 가는 작은 오솔길이 있다. 일(日)의 술토(戌土)가 자손 묘목(卯木)을 합하고 목(木)은 나무이고 현무에 임하여 그늘지고 서늘하다. 그래서 도로변에 나무들이 즐비하다.

피드백

완전히 정확하다.

부모는 묘지인데 묘지 신금(申金)이 목(木)의 절지(絶地)다. 그래서 묘지 옆에 나무가 없다. 3효 형제 해수(亥水)는 부모 신금(申金)에 인접하고 발동(發動)하여 묘(墓)로 화한다. 부모와 인접한다는 것은 묘지 옆을 의미한다. 수(水)는 물이고 묘(墓)로 화함은 모인다는 의미이니 도랑이 있다. 수(水)가 동(動)하여 묘(墓)로 화함은 묘(墓)는 수장(收藏)이니 평상시는 물이 보이지 않는 상(象)이다. 그러나 월(月)이 해수(亥水)를 도우고 일(日)이 묘고(墓庫)를 충개(沖開)한다. 일월(日月)은 하늘(天)이니 비오는 날에는 물이 많다.

피드백

당신의 판단이 맞다.

6효 자수(子水)가 백호에 임하여 발동(發動)한다. 백호는 도로를 의미하고 수(水)가 임하여 물 위의 도로다. 동(動)하면서 해수(亥水)를 건너뛰어 축토(丑土)와 서로 합(合)하니 이것은 다리의 정보다. 부근에 다리 하나가 있다.

피드백

맞다. 부근에 다리 하나가 있다.

형제가 지세(持世)하고 월(月)이 또 형제에 임하니 이 묘지의 집안에는 군인이 나온다. 응효에 형제 자수(子水)가 백호에 임하고 월(月)에 임하여 형제 중에 군인이 있다. 6효에 있어 6효는 휴한효(休閑爻)이니 후방 부대에서 근무한다.

> **피드백**
>
> 본인이 군인 출신이고 동생도 군인이다. 줄곧 부대에서 일했다. 연대급 간부이며 후방에 근무한다.

부모가 왕상(旺相)하고 세효를 생한다. 세효는 혈(穴)이고 주작에 임하여 문서를 의미한다. 관귀가 5효에 있고 왕상(旺相)하니 공부하는 사람과 벼슬하는 사람이 나온다.

> **피드백**
>
> 가족 중에 대학생이 여러 명 있다. 동생은 바로 연대급 간부다.

형제 자수(子水)가 6효에 있고 응효에 임하고 6효는 외지(外地)이고 응효도 외지(外地)이니 형제 중의 어떤 분이 고향을 떠났다.

> **피드백**
>
> 동생은 외지에서 일한다.

처재가 월파(月破)에 괘에 없고 일(日)에 입묘(入墓)하였다. 형제가 양현(兩現)하여 발동(發動)하였다. 이 묘지는 부자들이 나오지 않는다.

> **피드백**
>
> 형제 몇 명은 모두 돈이 별로 없다.

예문 6

子월 壬戌일(공망: 子丑) 남자가 묘지(祖墳)풍수를 예측하였다.

천택리(天澤履)−수산건(水山蹇)

白虎		兄弟戌土	⚊		妻財子水
螣蛇	伏妻財子水	子孫申金	⚋	世	
勾陳		父母午火	⚊		子孫申金
朱雀		兄弟丑土	⚋		子孫申金
靑龍		官鬼卯木	⚊	應	父母午火
玄武		父母巳火	⚊		兄弟辰土

[판단 및 피드백]

 괘(卦)가 비록 간궁괘(艮宮卦)이지만 상하(上下)의 괘(卦)에 간괘(艮卦)는 없다. 또 세효 원신 술토(戌土)가 공(空)으로 화하고 축토(丑土)가 공망(空亡)이다. 세효 원신은 고산(靠山)과 용맥(龍脈)을 의미하니 묘지는 산맥에 인접해 있지 않다. 내괘(內卦)의 변효(變爻)가 간(艮)이니 먼 곳에 산이 있다.

피드백

맞다. 주위(周圍)의 먼 곳에 산이 있다.

 세효는 혈장(穴場)으로 일(日)의 생(生)을 얻어 왕상(旺相)하고 5

효에 임하고 독정(獨靜)하다. 정(靜)은 안정됨을 의미한다. 혈장(穴場)의 기복이 크지 않고 주위가 트이고 넓다.

피드백

기본적으로 평원지대다.

세효 아래 자수(子水)가 복장되고 부모 오화(午火)가 월(月)의 자수(子水)에 충파(沖破)를 당하니 묘지에 물이 들어간다.

피드백

무덤 부근에는 소택(沼澤)이 있어 틀림없이 물이 들어간다.

부모 사화(巳火)가 세효 신금(申金)을 합(合)하고 부모 오화(午火)가 동(動)하여 자손 신금(申金)으로 화한다. 세효 원신 축토(丑土)가 또 자손 신금(申金)으로 화하고 토(土)는 흙이고 금(金)은 돌이니 토질이 좋지 않다. 안에 많은 돌이 뒤섞여 있다.

피드백

맞다. 그렇다.

부모 오화(午火)가 구진에 임하고 부모는 묘지이고 구진은 흙 더미를 의미하니 무덤의 정보가 더욱 나타난다. 발동(發動)은 무덤을 이장한 적이 있음을 나타낸다. 월파(月破)가 합(合)을 만나는 올해 태세(太歲)가 합(合)하면 올해에 응(應)한다. 신금(申金)이 화출(化出)함은 신월(申月)로 예상한다(음력 8월).

> **피드백**
>
> 올해 8월에 새롭게 무덤을 보수했다.

처재 자수(子水)가 월(月)의 도움을 얻어 왕상(旺相)하다. 또 5효에 있고 5효는 존위(尊位)이니 큰 재물을 의미한다. 형제 축토(丑土)가 그것을 합(合)하니 형제 중에 매우 부유한 분이 있다.

> **피드백**
>
> 형에게는 수천만 위안의 자산이 있다.

관귀 묘목(卯木)이 월(月)의 생을 얻어 왕상(旺相)하다. 형제 술토(戌土)가 그것을 합(合)하니 형제 중에 벼슬하는 분이 있다. 하지만 관귀가 동(動)하여 월파(月破)로 화(化)하고 관귀가 또 2효에 있어 관(官)은 크지 않다. 과급(科級) 간부다.

> **피드백**
>
> 형제 중의 한 명이 과급(科級) 간부다.

부모가 휴수(休囚)하고 월파(月破) 당하고 관귀가 파(破)로 화(化)한다. 이 묘지는 문인이 나오지 않으니 대학생이 적다.

> **피 드 백**
>
> 대학생은 없다.

　독정괘(獨靜卦)로 발동(發動)한 효(爻)가 많으니 불안을 표시한다. 관귀가 2효에서 발동(發動)하니 관귀는 병(病)을 의미한다. 2효는 다리이고 천택리(天澤履)는 걸어 다닌다는 것을 의미한다. 그래서 가족 중에 반드시 발이나 다리를 다친 사람이 있을 것이다.

> **피 드 백**
>
> 부친은 발을 다치고 나는 다리를 다쳤다.

　세효가 금(金)에 임하고 5효에 있고 부모가 양동(兩動)하여 극(克)한다. 5효의 금(金)이 월(月)의 수(水)를 보니 등 혹은 어깨이니 당신 본인은 등이 아플 것이다. 화(火)는 염증을 의미하고 5효는 인후를 의미하며 금(金)은 호흡 계통이니 인후가 좋지 않아 염증이 자주 생긴다. 세효가 사화(巳火)의 합주(合住)를 당하니 수(水)를 생할 수가 없다. 수(水)가 공망(空)이니 또 생을 받을 수가 없다. 수(水)의 재(財)는 타액이니 입이 마르고 타액이 적다.

> **피드백**
>
> 맞다.

세효가 5효에 있고 5효는 높은 곳이고 등사에 임한다. 등사는 두려움이고 또 꿈을 꾼다는 것을 의미한다. 3효에 입묘(入墓)하고 3효는 침대이니 종합해서 보면 더욱더 꿈을 꾼다는 정보다. 낮은 위치의 효에 입묘(入墓)하고 금(金)은 바위이고 간궁(艮宮)은 산(山)이니 바로 깎아지른 듯한 절벽을 의미한다. 그래서 자주 절벽 옆에 있는 꿈을 꾸고 자신이 떨어질까 봐 두려워했다. 축토(丑土)가 공(空)이라서 입묘(入墓)하지 않기 때문에 그래서 떨어지지 않는다.

> **피드백**
>
> 맞다! 맞다! 이것도 선산과 관련되어 있는지?

예문 7

庚辰년 甲申월 丙寅일(공망: 戌亥) 어떤 남자가 부모의 묘지가 자신에게 영향을 주는지를 물었다.

산풍고(山風蠱)–산천대축(山天大畜)

青龍		兄弟寅木	∣	應	
玄武	伏子孫巳火	父母子水	∥		
白虎		妻財戌土	∥		
螣蛇		官鬼酉金	∣	世	
勾陳		父母亥水	∣		
朱雀		妻財丑土	⚋		父母子水

[판단]

　당신 부모의 묘는 합장묘다. 새로 택한 묘지는 아니다. 다른 사람 집의 묘지에 매장한 것이다. 묘지는 산림지대에 있고 서북에 앉아 동남을 향하고 있다. 묘혈(墓穴)의 토질은 사석(沙石)이다. 다른 사람을 이곳에 매장하면 좋지만 당신 집은 꼭 좋다고 할 수 없다. 묘지 앞에 갈림길이 하나 있다. 하나는 동북쪽으로 통하고 하나는 서북쪽으로 통한다. 이 갈림길은 관직을 구하는 데 불리하다. 묘지의 서북 방향에 큰 흙구덩이가 있다. 당신의 재운에 영향을 준다. 그래서 당신의 재관운은 모두 좋지 않다. 동북쪽에 원래 나무숲이 있었지만 사람에 의해 잘려나갔다. 자른 후에 당신 형제 중에서 교통사고를 당한 분이 있을 것이다. 하지만 나무숲들은 또 스스로 자라나서 나쁜 일이 좋은 일로 변하였다. 그 차 사고로 형제는 지금은 크게 발재했다.

피드백

모두 옳다. 부모님의 묘는 친구네 묘소에 묻힌 것이다. 주위 환경을 판단한 것이 너무 정확하다. 나는 재물운과 관운이 모두 좋지 않다. 1988년에 묻히고 1989년 동북쪽 숲을 베는 바람에 형님 하나가 교통사고를 당했다. 그런데 사고를 당한 그 형은 지금 돈이 많다.

이 괘(卦)는 이렇게 보는 것이다. 부모를 용신으로 본다. 양현(兩現)하여 구진에 임한 것을 용신으로 본다. 왜냐하면 구진은 투출(突出)하여 불룩함을 나타내기 때문이다. 묘지는 흙을 쌓은 것이다. 그래서 구진에 임한 부모 해수(亥水)를 취해서 용신으로 한다. 부모 해수(亥水)와 일(日)이 서로 합(合)을 한다. 합(合)은 합장묘(合葬墓)다. 부모와 응효가 합(合)하고 응(應)은 타인이다. 그래서 타인의 무덤에 묻은 것이다. 괘(卦)가 손궁(巽宮)에 있다. 손(巽)은 산림(山林)이고 또 외괘(外卦)의 간(艮)은 산(山)이다. 내괘(內卦)의 손(巽)은 나무다. 그래서 무덤은 산림지대에 있다. 세효는 묘(墓)의 혈(穴)이다. 금(金)이 임하여 사질(砂質)·사석(砂石)이다. 응(應)이 청룡에 임하여 타인에게 좋다.

부모 자수(子水)가 5효에 있고 5효는 도로다. 초효 축토(丑土)가 동(動)하여 합(合)하고 변효와도 합(合)을 한다. 변효와 5효가 서로 동일하다. 그래서 도로로 이해할 수 있다. 두 도로가 축토(丑土)와 상호 합(合)을 한다. 이것은 두 도로가 교차하는 상(象)이다. 용신 부모 해수(亥水)가 2효에 있고 축토(丑土)는 용신의 가까이에 있다. 6효의 중간 아래와 앞에 있고, 위(上)는 뒤쪽(後)이다. 그래서 무덤 앞에 갈림길이 있다. 부모 자수(子水)는 도로이고 처재 축토(丑土)와 합(合)을 한다. 축(丑)은 동북이고 건괘(乾卦)로 화한다. 건(乾)은 서북이다. 그래서 하나는 동북쪽으로 통하고, 또 하나는 서북쪽으로 통한다고 판단했다.

    관귀가 지세(持世)하고 단 원신이 변효 부모 자수(子水)와 서로 합(合)을 한다. 합(合)은 즉 묶임(絆)이니 탐합망생(貪合忘生)이 된다. 그래서 관운에 불리하다. 서북 방향에 큰 흙구덩이가 있다. 이것은 처재 술토(戌土)가 공망(空亡)이기 때문이다. 토공(土空)은 구덩이를 의미한다. 술(戌)은 서북을 의미하기 때문에 그렇게 판단했다. 재(財)가 공(空)에 임하여 세(世)를 생하지 않는다. 그래서 재물운이 좋지 않다. 6효 인목(寅木)은 동북이니 나무를 의미한다. 월파(月破)이니 사람이 나무를 베어갔다. 하지만 일진(日辰)이 실파(實破)하니 또다시 자라났다. 형제에 임하여 필히 형제의 일에 대하여 응기가 일어난다. 형제 인목(寅木)은 역마다. 그래서 교통사고가 일어났다. 하지만 형제 인목(寅木)이 실파(實破)되고 청룡에 임하고 청룡은 재물을 의미한다. 그래서 교통사고로 인하여 형제는 발재했다.

[판단]

아내분은 몸이 안 좋고 악몽을 많이 꾼다. 아이가 학교에 가는 것은 그런대로 괜찮다. 합격선에 딱 맞다. 하지만 아이도 몸이 좋지 않은 편이고, 부상도 자주 당하고 등에 병이 있을 것이다.

피드백

빨리 예측·판단했으면 헛돈 3천 위안을 쓰지 않았을 텐데 아들은 이미 중등 전공에 합격하였다. 당시에는 시험을 잘 치르지 못했다고 생각하여 3천 위안을 뇌물로 주고 잘 봐달라고 부탁하였다. 그 후 성적이 나왔는데 아들의 점수는 합격선에 겨우 도달하였다. 괜히 3천 위안을 줘서 부탁했다. 며칠 전에 아들이 침대에서 떨어져 이가 몇 개 빠지고 등에 혹이 생겼다. 아내의 병도 맞다.

이것은 이렇게 본 것이다. 처는 재효(財爻)가 용신이다. 양현(兩現)하여 발동의 효 축토(丑土)가 용신이다. 축(丑)은 관귀의 묘고(墓庫)이다. 그래서 몸에 반드시 병이 있을 것이다. 관귀가 3효에 있고 3효는 침대이고 등사에 임하고 등사는 꿈이다. 그래서 아내는 악몽을 자주 꾼다. 아이는 자손효로 본다. 자손 사화(巳火)가 부모 자수(子水) 아래에 복장되었다. 비신(飛神)이 복신(伏神)을 극하고 일월(日月)이 삼형(三刑)을 이루어 몸이 좋지 않고 자주 다친다. 부모는 가슴·등을 의미하고 5효에서 극한다. 5효도 가슴·등을 의미하고 양(陽)은 가슴, 음(陰)은 등을 의미한다. 그래서 등에 병이 있다. 자손이 부모효의 아래에 복장되었다. 비신(飛神)이 주작에 임한 효와 합하니, 부모는 문서이고 주작도 문서를 의미한다. 그래서 아이가 학교를 다니는 정보다. 관귀 부모가 왕상(旺相)하지만 부모 해수(亥水)가 공망(空亡)이라 시험 성적은 그리 좋지 않다. 재효 축토(丑土)가 발동하여 관귀를 생한다. 고인이 말하기를 "재(財)가 동(動)하여 관(官)을 생하면 운 좋게 명예(名)를 얻는다."[23]라고 하였다. 그래서 합격선을 막 넘겼다.

그가 또 아내 건강에 대하여 자세히 물었다. 나는 "당신 아내는 허리와 다리가 좋지 않고, 풍한병이 있으며, 눈이 좋지 않고, 물건을 잘 볼 수 없고, 평소에 항상 머리가 아프고, 게다가 성격이 나쁘다. 남매 다섯 명인데 본인이 첫째고 친구가 적으며, 남의 일에 참견하기를 좋아한다."라고 말하였다. 결과는 하나하나에 모두 응험했다.

이것은 이렇게 본 것이다. 관귀 유금(酉金)이 3효 있고 금(金)을 만나 허리다. 재(財)가 초효에 있어 초효는 다리·발을 의미한다.

---

23) 財動生官, 僥幸得名

그래서 허리와 다리가 좋지 않다. 손궁(巽宮)에 있고 손(巽)은 풍(風)이다. 그래서 풍한병(風寒病)이 있다. 재효(財爻)의 원신이 5효에 복장되었다. 5효는 오관(五官)이다. 화(火)는 눈인데 비효(飛爻)에 극(克)을 당하여 눈에 병이 있다. 현무에 임하고 현무는 어둠을 의미한다. 그래서 눈이 좋지 않아 물건을 잘 볼 수 없다. 기신이 6효에 임하고 6효는 머리다. 목(木)에 청룡이 임하여 통증을 의미한다. 그래서 두통이 있다. 성격이 좋지 않다는 것은 재효 축토(丑土)가 주작에 임하고 다른 재효 술토(戌土)는 백호에 임한다. 주작은 구설을 의미하고 백호는 심한 경쟁을 의미한다. 그래서 성질이 나쁘다. 참견을 좋아한다는 것은 축토(丑土)를 용(用)으로 보고 술토(戌土)는 비화(比和)한 오행이니 이것을 친구로 볼 수 있다. 그런데 공망(空亡)에 임하여 친구가 없다. 용신 축토(丑土)가 동(動)하여 5효와 합(合)을 한다. 5효는 존위 혹은 지도자 위치이니 말한 그대로 책임을 진다. 그의 아내는 형제 중에 지도자 위치에 있으니 그래서 맏이다. 형제 다섯 명은 재효(財爻)가 다현(多現)하니 아내의 형제가 많다. 토(土)는 5의 숫자이니 그래서 그렇게 판단했다.

그가 또 주택풍수를 물었다. 나는 "집은 아파트인데 3층에 산다. 이 아파트는 지반이 나쁘고, 부실공사로 부당 이익을 얻기 위해 노력과 자재를 규정보다 적게 들였다. 지반용 철근이 좋지 않아 건물을 지은 후 벽에 금이 가는 바람에 보수공사를 한 적이 있다."라고 하였다. 결과는 적중했다.

괘(卦)는 부모 해수(亥水)가 2효에 임하고 2효는 집(宅)이다. 부모도 집을 의미하는데 일진(日辰)과 합(合)을 하여 즉 상하로 합을 하니 다층집이다. 세효가 3효에 있다. 그래서 3층에 산다고 판단하였다. 초효는 집터인데 일(日)에 극(克)을 당하여 지반에 문제가 있다. 축(丑)은 관귀의 묘고(墓庫)다. 관귀는 문제 혹은 결점을 의미하는데 축토(丑土)에 관귀가 장(藏)되어서 지반에 문제가 있다고 보았다. 관귀가 금(金)이고 금(金)은 철근이다. 그래서 그렇게 판단하였다. 6효는 벽을 의미하는데 월파(月破)를 당하여 벽에 금이 갔다. 하지만 일(日)이 실파(實破)하여 또다시 수리하여 복원했다.

예문 8

2007년 대면수업반에서 한 수강생이 물어보았을 때 판단했던 것이다. 그때의 판단과 피드백 기록을 다음과 같이 소개한다.
丁亥년 辰月 戊子일(공망: 午未) 40여 세의 여자분이 부모님 집의 불안 원인에 대해 질문하였다.

천지비(天地否)-택지췌(澤地萃)

朱雀		父母戌土	╳	應	父母未土
青龍		兄弟申金	ǀ		
玄武		官鬼午火	ǀ		
白虎		妻財卯木	ǁ	世	
螣蛇		官鬼巳火	ǁ		
勾陳	伏子孫子水	父母未土	ǁ		

[판단]

이 괘에 6효 부모 술토(戌土)에 주작이 임해 동(動)하였다. 세효는 안 봐도 되고 형(刑)도 보지 않아도 된다. 왜냐하면 한 개의 효가 독발(獨發)했기 때문이다. 이 효(爻)와 질문한 일과 깊게 관련되어 있다. 6효 술토(戌土)가 동(動)하여 퇴신(退)으로 화하고 월파(月破)에 공망(空)으로 화했다. 술(戌)은 화고(火庫)이고 화(火)는 관귀다. 관귀는 죽은 자를 의미하고 묘고(墓庫)는 무덤이 된다. 게다가 6효는 묘지(선산)를 의미한다. 퇴(退)는 함몰됨을 의미하니 묘지가 무너졌다. 토(土) 화퇴(化退)는 내려앉은 상(象)이다. 공(空)은 구덩이를 의미한다.

> **피드백**
>
> 선산이 가라앉았다.

이것은 또 다른 상(象)을 취할 수 있다. 부모가 주작에 임하였다. 부모가 주작에 임하였다는 것은 신불(神佛)을 대표한다. 건궁(乾宮)에 있고 건(乾)은 머리를 의미한다. 또 6효이니 정신세계를 나타낸다. 아마 불상(佛象)이 찢어진 것이다. 종이로 된 것이고 주작은 종이를 의미한다. 만약 금(金)을 만나면 주로 금속이 된다.

> **피드백**
>
> 호선(狐仙-여우로 변신한 신선)을 모신 적이 있다.

부모가 동(動)하여 세효를 합(合)한다. 부모와 주작은 모두 소식을 의미하니 전화가 온다는 정보다. 왜냐하면 6효는 하늘이기 때문에 공중에서 전화가 온다. 그래서 6효는 전화를 의미할 수 있다. 그녀를 욕하는 전화를 받는다. 실제로 판단할 때 사용할 수도 있고 한 가지만 사용할 수 있다.

풍수예측에서 집안일을 물을 때는 반드시 상대방의 생각을 파악해야 하며, 괘를 판단할 때에는 마음대로 판단해도 된다. 목적이 생각을 확장하기 위함이지만 일을 판단하는 것은 예측자의 의도를 파악해야 된다는 것이다. 파(破)도 입묘(入墓)일 수 있고 화퇴(化退), 화공(化空)일 수 있다. 이러한 조합은 선산이 없어졌다고 말할 수 있다. 관건은 분수 혹은 한계를 파악하는 것이다.

세효가 백호에 임하고 일(日)이 형(刑)을 하여 화가 남을 설명할 수 있다. 형(刑)은 고통이다.

질문: 초효가 공망이고 자손이 괘에 없으면 무엇을 의미하나요?

답: 이것도 일정한 정보가 내포되어 있지만 독발효(獨發爻)를 주시하여야 한다. 기타 정보들은 매우 약한 것이다. 초효 미(未)는 재고(財庫)다. 우물도 가능하니 우물이 있다고 할 수 있다. 아직 물은 있지만 많지 않다. 독발(獨發)이 있으면 먼저 독발(獨發)을 본다. 기타는 보지 않아도 된다. 하나의 사고(사유)만 배울 뿐만 아니라 괘를 보는 기교도 배워야 한다.

질문: 이것을 화해(치유)할 수 있나요?

답: 할 수 있다. 묘(卯)와 술(戌)이 합(合)을 하면 파(破)되지도 않고 퇴(退)하지도 않는다. 합(合)은 끌어당겨 붙잡는 것이다. 묘(卯)가 백호에 임하고 재(財)는 식물을 의미한다. 버드나무

가지가 묘자(卯字)를 가지고 있다.

[화해(化解)]

　만약 부모님의 몸이 좋지 않으면 집안을 수리하면 된다. 하지만 이것은 묘지(선산)이니 주요 문제는 묘지(선산)에 있다. 이 괘는 질병을 판단하는 데 사용해도 된다. 건(乾)이 부친이니 본인과 부모는 모두 기억력이 좋지 않다.

질문: 혼인은 좋지 않나요?
답: 확정적이지 않다. 괘에서 문제와 관련된 것을 봐야 한다. 왜냐하면 관귀는 직업(직장)을 대표하기 때문이다.

질문: 버드나무는 어디에다 심을까요?
답: 마음대로 심어라. 8그루(8棵) 혹은 1그루(棵)를 심어라.

예문 9

甲申년 乙亥월 癸巳일(공망: 午未) 남자가 다른 사람의 의뢰를 받아 묘를 옮기려고 하는데 괜찮은지 문의하였다.

택산함(澤山鹹)─택풍대과(澤風大過)

白虎		父母未土 ‖ 應	
螣蛇		兄弟酉金 ∣	
勾陳		子孫亥水 ∣	
朱雀		兄弟申金 ∣ 世	
靑龍	伏妻財卯木	官鬼午火 ╳	子孫亥水
玄武		父母辰土 ‖	

[판단]

응효는 위탁인(委托人)이고 세효는 자신이고 부모는 묘지가 된다. 세효가 주작에 임하고 관귀가 독발하여 극한다. 묘지를 이전하면 필히 관재구설이 있을 것이다. 하지만 관귀가 공망(空亡)에 절(絶)로 화하여 소송은 상해를 일으키지 않을 것이다.

응효가 6효에 백호가 임하였다. 원신이 공망(空亡)에 절(絶)로 화하였다. 6효는 병원이고 백호는 질병이다. 괘(卦)가 태궁(兌宮)에 있어 위(胃)가 된다. 그래서 묘지 옮기는 것은 불길함의 징조다.

> **피 드 백**
>
> 실제로 위탁인이 제시한 요구 조건이 너무 까다로워 소송이 진행되었다. 변호사를 선임해 조정하고 해결해 주길 요청했다. 위탁인은 얼마 안 돼서 위출혈로 입원했다.

> **예문 10**

戊子년 乙卯월 辛巳일(공망: 申酉) 남자가 조상의 묘지풍수를 예측하였다.

화지진(火地晉)

螣蛇		官鬼巳火	ㅣ
勾陳		父母未土	‖
朱雀		兄弟酉金	ㅣ 世
靑龍		妻財卯木	‖
玄武		官鬼巳火	‖
白虎	伏子孫子水	父母未土	‖ 應

[판단]

괘(卦)가 건궁(乾宮)에 있고 건(乾)은 주로 고대(高大)를 나타내어 묘지는 비교적 높은 곳에 있다.

피드백

맞다.

부모가 양현(兩現)하고 5효 부모 미토(未土)가 구진에 임하고 인근에 세효가 있다. 그래서 자기 가족의 묘지(선산)이다. 5효는 도로이니 선산이 도로와 인접해 있다.

> **피드백**
>
> 맞다.

한편으로 또 다른 부모 미토(未土)가 응효에 임하고 응(應)은 타인이고 부모는 묘지(선산)다. 초효는 부근이니 부근에 또 다른 집의 묘지가 있다.

> **피드백**
>
> 맞다. 하지만 누구의 것인지 모른다.

자수(子水)가 복장(伏藏)되고 괘(卦)에 없어 부근에 명수(明水)가 없다.

> **피드백**
>
> 이 지역은 가뭄이 많아 물이 전혀 없다. 먹는 물도 문제다.

세효가 월(月) 묘목(卯木)에 충파(沖破)를 당한다. 그래서 묘지가 나무 뿌리에 상한 것 같다.

> **피드백**
>
> 주위에 나무가 없다.

고민을 한 끝에, 월건(月建)이 괘(卦)에 들어가 있고 청룡이 임하고 청룡은 음식이니 이 묘목(卯木)은 농작물이라고 판단했다. 그래서 무덤이 농작지에 있다고 판단했다.

> **피 드 백**
>
> 맞다.

세효가 주작에 임하고 관귀가 왕상(旺相)하다. 그래서 이 묘지는 학문에 유리하니 대학생이 나온다.

> **피 드 백**
>
> 맞다. 본인이 대학생이다.

5효 부모 미토(未土)가 처재의 묘고다. 5효는 가장이고 처재는 왕상(旺相)하다. 부모 어르신이 재물이 있다. 세효가 재(財)의 충파(沖破)를 당하여 본인은 현재 재물운이 좋지 않다.

> **피 드 백**
>
> 맞다.

형제가 충(沖)을 만나고 유혼괘(遊魂卦)다. 자손이 복장(伏藏)되어 후대가 양자를 삼든가 멀리 타향으로 떠나는 상황이 있을 것이다.

> **피 드 백**
>
> 입양을 보낸 형제가 있다. 형제의 대부분이 외지에 있다.

예문 11

戊子년 丁巳월 戊辰일(공망: 戌亥) 남자가 조카 딸이 아픈 것이 묘지 풍수의 영향인지?

택수곤(澤水困)–감위수(坎爲水)

朱雀	父母未土	‖		
靑龍	兄弟酉金	∣		
玄武	子孫亥水	⁄	應	兄弟申金
白虎	官鬼午火	‖		
螣蛇	父母辰土	∣		
勾陳	妻財寅木	‖	世	

[판단]

자손이 용신이다. 자손 해수(亥水)가 월파(月破)되고 입묘(入墓)한다. 공망(空)이라 회두생(回頭生)을 받지 못한다. 선산 풍수에 필히 문제가 있어서 조카딸의 신체에 영향을 준다. 자손 수(水)가 공파(空破)되고 금(金)의 생(生)을 얻지 못한다. 수(水)는 혈액이고 금(金)은 조혈(造血)이다. 그래서 조혈 기능이 약하여 혈액에 문제가 생긴 것이다.

수(水)가 금(金)의 생(生)을 얻으면 하천의 의미가 있다. 하지만 공파(空破)에 입묘(入墓)하니 하천이 끊겨 물이 없다는 것으로 설명된다. 육합(六合)이 육충(六沖)으로 변하여 풍수는 원래 좋았지만 지금은 좋지 않다. 해수(亥水)는 해년(亥年)에 대응(對應)하니 관건의 연(年)이다. 멀리 봐서 을해(乙亥)년이고 가까이 봐서는 정해(丁亥)년이다.

> **피 드 백**
>
> 사실 원래 묘는 풍수가 좋아서 만사가 잘되었는데, 을해(乙亥)년에 선산을 이장해 바뀌어 동쪽에 강이 끊겼다. 정해(丁亥)년에 조카딸의 혈소판에 이상이 생겨 병을 앓았다.

예문 12

丁亥년 壬寅월 戊子일(공망: 午未) 남자가 조상 묘지의 풍수를 예측하였다.

뇌수해(雷水解)−지수사(地水師)

朱雀	妻財戌土 ‖		
靑龍	官鬼申金 ‖	應	
玄武	子孫午火 ⚊		妻財丑土
白虎	子孫午火 ‖		
螣蛇	妻財辰土 ⚊	世	
勾陳	父母子水 兄弟寅木 ‖		

[판단]

자손 오화(午火)가 독발하여 세효를 생한다. 그래서 조상의 묘지 풍수는 길(吉)하다. 하지만 부족한 것은 자손 오화(午火)가 공망(空亡)이다.

자수(子水)가 괘(卦)에 없어 묘지 인근에 물이 없다. 일(日)에 출현(出)하고 일월(日月)은 먼 곳을 의미하니 먼 곳에 물이 있다(응험).

오화(午火)를 충실(沖實)하고 묘지(산소)가 수(水)를 득하여 길하여겼다. 자손을 충실(沖實)하여 재(財)를 생하니 재물운이 나쁘지 않다.

세효는 혈인데 월(月)의 극(克)을 당하여 휴수(休囚)하다. 등사가 임하여 가늘고 긴 것을 의미하니 묘지 주변이 넓지 않고 좁고 길다.

> **피드백**
>
> 맞다. 길쭉한 모양이다. 남북으로 길고, 동서는 좁다.

관귀 신금(申金)이 응효에 임하고 응(應)은 대면(對面)·안산(案山)이다. 5효에서 월파(月破)를 당하고 5효는 관(官)의 위치다. 월파(月破)는 어지럽게 흩어짐을 나타내니 공직에 불리하다. 청룡이 임하여 비록 좋지만 공부(文)만 할 뿐이다. 그래서 큰 벼슬을 하는 사람은 나오지 않는다.

> **피드백**
>
> 네, 할아버지는 물론 그 윗대 조상들은 모두 농민이다. 아버지는 밖에 나가 공부하셨는데 관운이 별로였고 저도 관운이 없었다. 이곳의 묘지를 본 풍수사들은 이곳에서 문인들이 나온다고 하고 후손들이 장차 재물을 얻을 것이라고 말했다.

형제 인목(寅木)이 세효 가까이 있고 월의 도움을 얻고 일이 생하여 왕상하여 주로 큰 나무를 의미한다. 하지만 오화(午火) 사지(死地)가 독발(獨發)하여 나무가 있어도 붙잡을 수 없다.

> **피드백**
>
> 　말하는 바로는 옛날에 이 묘지에 마을에서 제일 큰 버드나무가 있었는데 문화대혁명 때 베었다고 한다.

　5효는 도로이고 월파(月破)를 당하고 오화(午火)에 현무(玄武)가 임하여 극(克)을 한다. 현무는 물을 의미한다. 그래서 이전에 이 도로는 물에 의해 파손되었다.

> **피드백**
>
> 　맞다. 서쪽 길은 자주 훼손되는 작은 흙길이다. 지금은 비탈진 도로다.

> **예문 13**
>
> 癸未년 甲寅월 乙亥일(공망: 申酉) 어떤 남자가 조상의 "묘지풍수"를 예측하였다.
>
> **건위천(乾爲天)**
>
> | 玄武 | 父母戌土 | ㅣ | 世 |
> | 白虎 | 兄弟申金 | ㅣ | |
> | 螣蛇 | 官鬼午火 | ㅣ | |
> | 勾陳 | 父母辰土 | ㅣ | 應 |
> | 朱雀 | 妻財寅木 | ㅣ | |
> | 靑龍 | 子孫子水 | ㅣ | |

[판단]

부모는 묘지인데 부모가 양현(兩現)하여 두 곳에 묘지가 있다. 6효는 퇴직의 효위(爻位)인데 여기에 부모가 임하였다. 그중의 하나를 이미 사용하지 않을 생각으로 이전할 계획이 있다. 부모 진토(辰土)가 응(應)의 위치에 있고 응(應)은 타인이다. 다른 한 곳의 묘지는 타인의 묘지를 빌려서 지은 것이다.

5효 형제 신금(申金)이 백호에 임하여 공망을 만났다. 5효는 도로이고 공망은 다리가 되는 것이다. 월파(月破)이니 다리가 파손되어 있다. 장생(長生)은 부모이니 두 곳 묘지는 모두 이 다리를 지나야 한다. 게다가 다리가 파손되어 있다.

처재 인목(寅木)이 월(月)의 도움을 얻고 일(日)이 생하여 왕상(旺相)하다. 그래서 재물운은 괜찮다. 관귀가 월(月)의 생을 얻고 관귀가 세효를 생한다. 세효는 또 관귀의 묘고(墓庫)다. 본인의 관운도 좋다.

2효 처재는 목(木)으로 왕상(旺相)하다. 그래서 부근에 나무가 있다. 주작에 임하여 야생화도 있다. 모두 재물운에 유리하다.

피드백

실제 상황이 똑같다.

예문 14

辛巳년 辛卯월 丁酉일(공망: 辰巳) 남자가 조상의 묘지를 예측하였다.

지수사(地水師)─감위수(坎爲水)

靑龍	父母酉金	‖	應	
玄武	兄弟亥水	∤		官鬼戌土
白虎	官鬼丑土	‖		
螣蛇	妻財午火	‖	世	
勾陳	官鬼辰土	∣		
朱雀	子孫寅木	‖		

[판단]

　세효는 좌산(坐山)이고 괘(卦)가 육충(六沖)으로 화하였다. 즉 반향(反向)으로 본다. 그래서 세효 오화(午火)는 좌북조남(坐北朝南-자좌오향)이다.

　5효 형제 해수(亥水)가 독발(獨發)하고 세효가 절(絶)을 만나 좌산(坐山)은 의지할 때가 없다. 절지(絶地)는 곤괘(坤卦)에 있다. 곤(坤)은 평지이니 산과 거리가 멀다. 처재가 극(克)을 당하여 재물에 불리하다.

> **피드백**
> 맞다. 묘지가 산을 끼고 있지 않다. 먼 곳에 가야 비로소 있다. 현재 재물운이 좋지 않다.

부모는 묘지인데 응효에 임하고 응(應)은 타인이니 무덤은 다른 집 묘지에 세웠다.

> **피드백**
> 저의 집 삼촌댁 묘소에 묻었다.

묘지 유금(酉金)이 월(月)의 충(沖)을 당하여 묘지를 이장한 적이 있다. 일(日)이 실파(實破)하고 청룡에 임하여 주로 귀하다. 원래 문인(文人)이 나오지 않았는데 묘를 이장한 후 호전되었다.

> **피드백**
> 원래 대학에 합격할 사람이 한 명도 없었는데 묘를 이장한 후 대학생이 나왔다.

관귀는 시체를 의미한다. 진토(辰土)가 공망(空亡)으로 부모효와 합(合)을 한다. 묘지 안의 시체가 온전하지 않다.

> **피드백**
> 이것은 잘 모르겠다. 묘지가 저의 모친에게는 영향이 있는가?

부모 유금(酉金)이 6효에서 월파(月破)되고 형제 해수(亥水)가 독발(獨發)하여 병지(病地)다. 6효는 머리이고 감궁은 수(水)이니 피(血)이고 수(水)도 피(血)를 의미하여 고혈압을 나타낸다. 원신 진토(辰土)가 2효에서 공망이고 진토(辰土)는 수고(水庫)이다. 진토(辰土)는 소변을 저장하는 것이니 당뇨병일 것으로 판단하였다.

피드백

맞다. 저의 모친에게는 고혈압과 당뇨병이 있다.

월(月)의 자손은 도로다. 부모 유금(酉金)을 충파(沖破)한다. 묘지를 충(沖)하는 도로가 있다.

피드백

맞다.

예문 15

癸未년 丁巳월 壬辰일(공망: 午未) 남자가 조상의 묘지풍수를 예측하였다.

택지췌(澤地萃)─풍수환(風水渙)

白虎	父母未土	‖		妻財卯木
螣蛇	兄弟酉金	∣	應	
勾陳	子孫亥水	∤		父母未土
朱雀	妻財卯木	‖		
靑龍	官鬼巳火	∤	世	父母辰土
玄武	父母未土	‖		

[판단]

부모가 양현(兩現)하니 발동(發動)의 효(爻) 부모 미토(未土)를 용신으로 한다. 부모 미토(未土)가 6효에서 발동하고 6효는 높은 곳이니 묘지는 높은 곳에 있다. 부모 미토(未土)가 공망(空亡)이라 묘지 위에 구멍이 있다.

피드백

묘지는 높은 곳에 있으며 묘지에 구멍이 있다.

묘지가 발동(發動)하고 백호가 임하여 주로 부고(訃告)를 의미한다. 그래서 묘지를 이장한 적이 있다. 동(動)하여 합(合)을 만나는 오년(午年)에 이장하였다.

> **피드백**
>
> 1978년(戊午)에 이장했다.

자손이 월파(月破)되고 회두극(回頭克)으로 화한다. 일(日)에 입묘(入墓)하니 묘지가 자손에게 불리하다. 자손이 구진에 임하여 입묘(入墓)를 한다. 그래서 뇌옥지재가 있을까 두렵다. 자손이 해수(亥水)이니 만약 해년(亥年)생 아이가 있다면 좋지 않다.

> **피드백**
>
> 내 아들은 1983년생 돼지띠다. 지금은 비록 말을 듣지 않지만, 탈선을 저지르지는 않는다. 정말 그렇게 심각한가?

자손이 발동(發動)하여 부모 미토(未土)로 화하고 구진이 임하니 주로 건축, 건조(建造)를 뜻하고 부모는 집이다. 그래서 부근에 반드시 새로 지은 공장이나 건축물이 있다. 만약 있으면 응사(應事)가 있을 것이다.

> **피드백**
>
> 지금 공장을 짓고 있다.

관귀 사화(巳火)가 지세(持世)하고 월(月)의 도움을 얻어 왕상(旺相)하며 청룡이 임하여 주로 귀(貴)하다. 이 묘지는 당신의 관운에 유리하다. 자손이 동(動)하여 관귀를 극한다. 인년(寅年)을 만나면 합주(合住)하고 또 관귀를 생한다. 그래서 최근 몇 년 동안 승진할 것이다. 예를 들어 1974년, 1986년, 1998년 등

피드백

　맞다. 처음 승진한 해는 1974년이고 1986년에는 비록 승진하지 못했지만 괜찮았고, 1998년에 또 승진하였다.

예문 16

癸未년 丙辰월 甲子일(공망: 戌亥) 남자가 모친 묘지를 사는 게 어떤지 물어보았다(모친은 아직 세상을 떠나지 않았음).

택산함(澤山鹹)

玄武		父母未土	‖	應
白虎		兄弟酉金	∣	
螣蛇		子孫亥水	∣	
勾陳		兄弟申金	∣	世
朱雀	伏妻財卯木	官鬼午火	‖	
靑龍		父母辰土	‖	

[판단]

 부모가 용신이다. 부모가 양현(兩現)하여 응효(應)의 부모를 용신으로 보고 다른 하나는 참고로 한다. 부모 미토(未土)는 서남에 대응(對應)한다. 그래서 묘지는 서남쪽에 있다. 용신이 세효를 생하니 본인에게 유리하다. 부모 진토(辰土)는 동남에 대응한다. 다른 한 곳의 묘지는 동남쪽에 있다.

 부모가 월의 도움을 얻어 왕상(旺相)하여 묘지는 비교적 넓고 크다. 관귀가 암동(暗動)하여 용신을 합(合)을 한다. 관귀는 정부를 나타낸다. 묘지가 있는 토지는 국가가 소유하고 있다.

자손 해수(亥水)가 공망(空亡)이라 현재 아이는 없다. 자손이 일(日)의 도움을 얻어 부모가 안정(安靜)되고 세효가 왕상(旺相)하고 자손을 생하여 자손의 역량으로 보아 나중에 아이를 가질 수 있다.

피드백

실제 상황이 바로 그렇다.

예문 17

亥월 辛未일(공망: 戌亥) 남자의 묘지풍수가 관운에 영향을 주는가?

풍택중부(風澤中孚) – 태위택(兌爲澤)

螣蛇		官鬼卯木	⚊ ⚋		兄弟未土
勾陳	伏妻財子水	父母巳火	⚊		
朱雀		兄弟未土	⚋ ⚋	世	妻財亥水
靑龍	伏子孫申金	兄弟丑土	⚋		
玄武		官鬼卯木	⚊		
白虎		父母巳火	⚊	應	

[판단]

관귀 묘목(卯木)이 양현(兩現)하여 발동(發動)한 관귀가 용신이다. 관귀 묘목(卯木)이 월(月)의 생을 얻어 왕상(旺相)하다. 세효와 세효의 변효가 삼합국을 형성하여 길(吉)하다. 묘지가 관운에 유리하다.

단지 세효가 발동하여 해수(亥水) 공망으로 화하였다. 그래서 아름답지만 부족한 점이 있다. 관귀 묘목(卯木)이 등사에 임하고 목(木)은 나무이고 등사는 가늘고 긴 것을 의미하니 이것도 나무의 정보를 나타낸다. 세효 미토(未土)는 목(木)의 묘고(墓庫)이니 이것은 나무를 심으려고 판 구덩(구멍)이 된다. 동(動)하여 공(空)으로 화하니 묘지에 비어 있는 구덩(구멍)이가 있다. 해수(亥水)가 공망(空)이고 해(亥)는 서북이니 주로 서북쪽에 있다.

피드백

역시 서북쪽의 나무 구덩이에 나무가 죽어서 비어 있다. 그것을 처리한 후 축월(丑月)에 승진하였다.

예문 18

2011년에 어떤 여자분이 부친의 납골을 언제 묘혈(墓穴)에 넣으면 좋을지를 물었다. 申月 己未일(공망: 子丑)

뇌산소과(雷山小過)—곤위지(坤爲地)

勾陳		父母戌土	‖	
朱雀		兄弟申金	‖	
靑龍	伏子孫亥水	官鬼午火	ㅏ 世	父母丑土
玄武		兄弟申金	ㅏ	妻財卯木
白虎	伏妻財卯木	官鬼午火	‖	
螣蛇		父母辰土	‖ 應	

[판단]

　세효는 혈(穴)이다. 일(日)이 합(合)하니 합장묘(合葬墓)를 의미한다. 세효가 오화(午火)이니 좌남조북(坐南朝北-오좌자향)이다. 하지만 발동(發動)하여 공망(空亡)으로 화하니 반대로 본다. 그래서 좌북조남(坐北朝南-자좌오향)이 된다.

　[답] 남쪽에서 조금 남서쪽으로 치우쳐 있다. 현재는 할아버지, 할머니의 납골이 안치되어 있다.

　세효가 발동하여 부모 축토(丑土) 공망(空亡)으로 화하였다. 일(日)이 공망(空)을 충하여 2009년 묘혈(墓穴)을 출공(出空)하니 열고 또 봉했다.

(답) 2009년에 할머니의 납골을 넣어놨다.

세효가 휴수(休囚)하고 육충(六沖)으로 화한다. 그래서 이 묘지에 기가 모이지 않는다. 청룡, 백호가 모두 같다. 왕상(旺相)하지 않으면 보호하는 것이 낮고 왜소하다. 특히 청룡 방향에 토(土) 공망(空亡)으로 변하여 좌측에 구덩(함몰)이가 있다. 세효는 구측인(求測人)이고 오화(午火)가 임하여 공망(空亡)으로 화한다. 심박수가 일정하지 않고 심장에 공급하는 혈액이 부족하다. 청룡에 임한 양효(陽爻)가 공망(空亡)으로 화한다. 자손이 또 복장되어 아들을 낳지 못하고 딸만 낳는다.

[답] 왼쪽에 개천이 있는데 비가 오면 물이 찬다. 우리 집에는 남자아이가 없다. 여동생이 한 명 있고 제 남편은 데릴사위다. 저는 딸을 하나 낳았다.

처재가 휴수(休囚)하고 암장되고 입묘(入墓)하여 경제가 힘들고 곤란해진다. 형제가 현무와 주작에 임하고 발동하여 처재로 화(化)하면 구설 다툼이 일어나 공통으로 조상의 돈을 쓴다. 왜냐하면 재(財)의 입묘(入墓)는 부모이니 부모의 돈이다.

[답] 수입이 적다. 모두 부모가 저금해 놓은 것을 쓴다. 이것 때문에 자매들이 불화한다.

술월(戌月) 임인일(壬寅日)(10월 14일) 11시 17분에 임관하면 된다. 이것은 세효의 인오술(寅午戌) 삼합국(三合局)을 취하는 것이다.

> **피 드 백**
>
> 요 며칠 내내 흐리다가 유골을 넣으려고 할 때 갑자기 날이 개더니 구름 사이로 해가 나와 무덤 입구로 햇살이 비쳤다. 우리 아버지는 추위를 잘 타는 분인데 햇빛이 비쳐 고맙다고 했다. 일기 예보에 따르면 내일 또 비가 온다고 한다. 이 날짜가 좋았다.

예문 19

辛卯년 己亥월 乙亥일(공망: 申酉) 한 여자가 음택이 어떤지 예측하였다.

화수미제(火水未濟)−화택규(火澤睽)

玄武		兄弟巳火	∣	應
白虎		子孫未土	‖	
螣蛇		妻財酉金	∣	
勾陳	伏官鬼亥水	兄弟午火	‖	世
朱雀		子孫辰土	∣	
青龍		父母寅木	⚋	兄弟巳火

[판단]

　특정한 용신이 없다. 괘(卦)의 조합 변화로 판단한다. 부모는 묘지인데 월이 생합(生合)하고 일(日)이 또 합(合)을 한다. 월(月)은 오래전의 일이고 일(日)은 새로운 것이고 왕상(旺相)은 큼을 의미한다. 그래서 묘지의 규모가 크다. 오래된 묘지도 있고 새로운 묘지도 있다. 관귀가 구진에 임하고 복장되어 있다. 관귀는 사망한 사람을 의미하고 구진은 낡음을 의미한다. 복장은 이름을 모른다는 의미다. 묘지에 여러 대의 사람이 묻혀 있다. 어떤 이름은 생각나지도 않는다.

　[답] 우리의 선산은 벌써 400년이 지났다. 20년마다 수리한다.

지금까지 계속 사용해왔다.

초효 부모가 발동(發動)하여 사화(巳火)로 화출하여 일월(日月)의 충파(沖破)를 당한다. 그래서 묘지가 파손되고 갈라진 데가 있다. 청룡에 임하여 청룡은 음식이다. 그래서 공물을 놓고 제사 지내는데 쓰이는 물건과 제대 등이 파손되었다.
[답] 꽃꽂이 선반과 비석 아래 시멘트에 금이 갔다.

부모가 청룡에 임하여 발동(發動)하여 세효를 생한다. 그래서 본인은 선산의 비호(庇護)를 받을 수 있다. 하지만 세효(世爻)가 일월(日月)의 극(克)을 당하고 부모가 파(破)로 화한다. 초효는 어린 시절이니 당신은 어릴 때 신체가 비교적 좋지 않았다.
[답] 저는 열몇 살 때부터 몸이 좋지 않았다.

원신의 변효(變爻)가 괘 안에 반도(返到)되어 6효에 임하였다. 일월(日月)에 충파(沖破)를 당하고 현무에 임하였다. 6효는 머리이고 현무는 어지러움이니 머리가 어지럽고 두통 증세가 있다. 형제는 수족(手足)이고 6효는 손이고 3효는 허벅지다. 수(水)의 극(克)을 당하여 수족이 냉하다.
[답] 맞다. 이러한 문제가 다 있다.

형제가 지세(持世)하고 처재가 휴수공망(休囚空亡)이다. 그래서 돈이 모이지 않고 돈을 마구 쓴다. 관귀가 세효를 극(克)하니 일이 뜻대로 되지 않는다. 게다가 부모가 파(破)로 화하니 혼인도 좋지 않다.

[답] 돈이 있으면 쓴다. 저축한 돈이 없다. 34세가 되었는데 아직 혼인하지 못했다. 조직에서도 계속 중용(重用)되지 못한다.

[화해(化解)]

묘지 동남쪽에 9개 동그란 돌을 놓는다. 당시 사로(思路)를 잊었다. 아마도 유금(酉金)은 원을 뜻하고 출공(出空)하였다. 반면 9수는 신금(申金)이고 사화(巳火)를 합파(合破)한다. 합한 일(日)의 인목(寅木)을 충개(沖開)하여 세효를 생한다.

피드백

2011년 12월 7일 피드백이 왔다. 묘지 동남쪽에 동그란 돌 9개를 놓고 나서 다음 날 두통이 사라지고 손발이 따뜻해지면서 몸이 회복되었다. 놀랍게도 어머니의 천식마저 호전되었다. 여동생은 혼인을 준비하고 조금 돈을 벌었다. 동생은 유명한 회사로 옮겼고, 내 일과 결혼에는 아직 변화가 없지만, 반드시 좋은 방향으로 변화할 것이라고 믿었다.

예문 20

乙未년 卯월 癸未일(공망: 申酉) 어떤 남자가 자신의 운명에 아들이 있는지 문의하였다.

천지비(天地否)―택지췌(澤地萃)

白虎		父母戌土	⚊ 應	父母未土
螣蛇		兄弟申金	⚊	
勾陳		官鬼午火	⚊	
朱雀		妻財卯木	⚋ 世	
靑龍		官鬼巳火	⚋	
玄武	伏子孫子水	父母未土	⚋	

[판단]

자손을 용신으로 본다. 자손 자수(子水)가 복장(伏藏)되고 월(月)의 도움이 없고 일(日)이 용신을 극한다. 원신이 공망(空亡)이라 안정(安靜)되고 동(動)하지 않는다. 기신(忌神)이 독발(獨發)하여 명(命)에 아들이 있기 힘들다.

일월(日月)의 각도로 봐서 자손은 이미 휴수(休囚)하여 문제가 있다고 설명할 수 있다. 그런데 기신(忌神)이 또 독발(獨發)하였고 게다가 동(動)하여 퇴신(退)으로 화했다. 이것이 반드시 주요 원인일 것이다. 6효는 조상이고 술토(戌土)는 관귀의 묘고(墓庫)다. 관귀는 죽은 사람이고 묘고(墓庫)는 무덤이다. 백호가 임하여 상(喪)을 의미한다. 이것을 종합하면 조상의 묘지가 된다.

부모 술토(戌土)가 퇴(退)로 즉, 토(土)가 퇴(退)로 화하면 토지가 가라앉는다. 그래서 반드시 묘지 뒤에 함몰된 구멍이 있다. 퇴신(退神)이 태세(太歲)를 만나면 함몰된 구멍이 매우 클 것이다. 왜 묘지 뒤인가? 자손이 복장(伏藏)되어 퇴신(退神)이 효(爻)의 미토(未土) 아래에서 극을 당한다. 현무에 임하고 현무는 뒷면을 의미하기 때문이다.

피드백

벽돌 공장에서 흙이 필요하여 묘지 뒤쪽에 큰 구덩이를 팠다.

예문 21

亥월 丙戌일(공망: 午未) 어느 여성이 남편 집안의 묘지(선산)를 예측했다. 남편 할아버지의 뼈(骨|骸)는 40년 전 할머니가 이장해 절에 갖다 놓았다. 그런데 요즘 남편의 할아버지가 꿈에 나타나 사원에 있고 싶지 않고 묘지에 가고 싶다고 한다. 그녀는 남편 할아버지 뼈(骨|骸)를 묘지에 되돌려 놓으면 자신의 재물운에 영향을 미치는지?

곤위지(坤爲地)─화지진(火地晉)

青龍	子孫酉金	‖	世	父母巳火
玄武	妻財亥水	‖		
白虎	兄弟丑土	‖		子孫酉金
螣蛇	官鬼卯木	‖	應	
勾陳	父母巳火	‖		
朱雀	兄弟未土	‖		

[판단]

보기에는 무덤을 예측하는 것 같지만 사실 목적이 달라 용신도 다르다. 그녀는 재물운에 영향을 줄까 봐 걱정하니까 처재를 중심으로 전개해야 한다.

처재가 월(月)의 도움을 얻어 왕상하다. 5효에 임하여 세효에 있는 청룡이 삼합국(三合局)을 이뤄 처재를 생한다. 재물운이 나쁘지 않다. 그래서 뼈(骨鬥)를 되돌려 놓으면 반드시 유리할 것이다. 다만 세효가 파(破)로 화(化)하고 6효는 묘지(선산)를 의미한다. 묘지(墳墓)는 역시 묘지(墳墓)다. 묘지는 이미 파손되었다. 수(水)에 의해 충파(沖破)되니 묘지 안에 이미 물이 들어갔다. 보강하여 수리해야 자신의 운이 좋아진다. 그렇게 하지 않으면 아름다운 것들 중에서 부족한 것이 있다.

응효는 묘지(墳墓)의 원신이다. 왕상(旺相)함이 목(木)에 임하고 등사(螣蛇)다. 그래서 묘지에 잡초가 무성하다. 일(日)이 합주(合住)를 당하여 깨끗하고 정정한 사람이 없다. 동시에 일(日)은 부모의 묘고(墓庫)다. 부모가 입묘(入墓)하여 무덤이 이미 가려져 있다. 구진에 임하여 산언덕(丘)이지만 묘지는 이미 봉분이 보이지 않는다.

실제로 바로 그렇다. 묘지에서 사원으로 옮긴 지 40년이 지났다. 더는 묘지를 정리할 사람이 없어서 얼마 전에 뼈(骨鬥)를 다시 무덤에 넣으려고 갔었다. 잡초가 많아 봉분을 어렵게 찾았는데 봉분이 내려앉고 빗물이 들어가 있었다.

제 6장

상업풍수

제1절_ 점포

 장사에는 반드시 점포가 있기 마련이다. 회사에는 사무실이 있는데 육효풍수예측에서 일반적으로 2효를 점포 혹은 사무실로 본다. 2효의 쇠왕(衰旺)과 생극(生克) 그리고 육신(六神) 등을 통해 점포의 세부 사항을 판단한다.

 청룡(青龍)이 임하면: 가게와 사무실이 깔끔하고 예쁘다. 음식점, 식당, 서비스업, 옷가게, 미용실 등

 주작(朱雀)이 임하면: 가게가 시끌벅적하고 손님이 많다. 음식점, 식품점, 서점, 음향점, 문구점, 인쇄사, 악기점 등

구진(勾陳)이 임하면: 건축 회사, 농업 서비스, 토산품 매장, 건축자재, 고물상 등

등사(螣蛇)에 임하면: 새로운 유행 물품점, 마술 용품점, 하이테크놀로지 회사, 예술관, 희귀물품점, 가게의 외진 곳 등

백호(白虎)에 임하면: 약국, 진료소, 기계공구점, 칼 판매점, 스포츠용품점 등

현무(玄武)에 임하면: 개인 상점, 수산물 가게, 불법 영업소, 종교용품점 등

2효와 5효가 합(合)을 하거나 백호에 임하면 가게가 큰 도로변에 있다. 진궁(震宮)에 있으면 번화가에 있다.

입묘(入墓)가 5효에 있으면 골목에 있다. 5효가 발동(發動)하여 극(克)하면 도로가 가게에 영향을 준다.
2효가 입묘(入墓)하면 점포가 자주 문을 닫는다.

화(火)가 공망(空亡)에 임하거나 화(火)의 생(生)을 얻지 못하면 사무실이나 점포에 햇볕이 잘 들어오지 않는다.

관귀가 주작에 임하여 동(動)하면 화재 혹은 관재구설이 있다.

관귀가 현무에 임하여 발동(發動)하거나 2효에 현무가 임하여 동(動)하여 관귀로 화(化)하거나 관귀가 현무에 임하여 2효와 합을 하면 점포와 사무실에 도둑이 들어온다.

형제가 임하여 발동(發動)하면 장사가 안 되고 재물이 모이지 않는다.

백호와 관귀가 2효에서 동(動)하여 세효를 극하면 불량배들이 행패를 부린다.

2효가 왕상(旺相)한데 공망(空亡)이면 가게는 크고 손님은 적다.
2효에 자손 처재가 임하여 세효를 생(生)하면 고객이 문전성시를 이루며 사업이 번창한다.

처재가 합(合)을 만나면 동업하여 사업한다. 삼합(三合)이 재국(財局)이면 팔방에서 돈이 모인다.

처재가 2효에서 입묘(入墓)하면 영업이익 대부분을 임차료로 낸다. 응효(應爻)가 2효에 임하면 가게는 대부분 세를 얻은 것이거나 다른 사람과 동업하는 것이다.

제2절_ 계산대

　상점에서는 계산대이고, 회사는 재무실이다. 이곳은 재물이 드나드는 곳이기 때문에 풍수적으로 길위(吉位)가 되어야 한다. 육효예측에서도 마찬가지로 이곳의 길흉 상황을 판단해야 한다.

　효위(爻位)로 보면 3효는 재무·회계를 의미한다. 또 처재가 묘고(墓庫)이거나 처재가 합(合)을 만나는 효(爻)로 판단한다. 이런 효위(爻位)는 공파(空破)는 적절하지 않고 또 형제가 임하여 발동하여 재를 극하는 것도 적절하지 않다. 공파(空破)는 재무상의 빈틈이 있다. 주작이 임하면 장부 기록에 문제가 있다는 것을 의미한다. 현무가 임하면 돈을 횡령하는 사람이 있다.

　처재 묘고(墓庫)가 주작에 임하고 공망(空亡)이면 계좌에 돈이 전혀 없다. 발동(發動)하여 역마에 임하면 재무원·계산원이 자주 바뀐다.

　재(財)가 3효에 있고 입묘(入墓)하고 일월(日月)에 또 있으면 계산대를 구석에 설치한다.

　처재가 왕상(旺相)하고 생부(生扶)를 만나면 계산대의 위치가 좋아서 풍수가 길하다. 공파(空破)이거나 동(動)하여 사절(死絶)로 화하면 위치가 좋지 않아 경영에 불리하다.

　3효에 관귀가 임하면 계산대에 재신(財神)이 설치되어 있다. 공망(空亡)은 없다. 입묘(入墓)는 은폐된 곳에 있다.

　청룡은 자상하다. 주작은 빛난다. 구진은 안정적이다. 등사는 신비하다. 백호는 위엄(威嚴)하다. 현무는 등불이 어둡다.

제3절_ 고객

　상가는 고객을 논하고 회사는 거래처를 논한다. 고객도 좋고 거래처도 좋아야 한다. 왜냐하면 고객과 거래처는 모두 점포와 회사의 재부의 원천이 되기 때문이다. 고객과 거래처의 상황을 판단할 때 일반적으로 응효와 자손효로 분석한다. 응(應)은 고객과 거래처를 의미한다. 단, 활론시에는 자손효를 본다.

　응효가 휴수공파(休囚空破)되면 좋지 않다. 동(動)하여 공파(空破)로 화되는 경우도 좋지 않다. 절(絶)로 화하거나 퇴신(退)으로 화하는 것도 좋지 않다. 휴수공파(休囚空破)가 되면 고객이 적고 불경기가 된다. 퇴신(退)으로 화하면 점점 소실되고 절(絶)로 화하면 거래처가 없어진다.

　응효가 왕상(旺相)하고 자손 처재가 임하여 세효를 생합(生合)하면 고객이 넘치고 사업이 번창한다.

　청룡이 임하면 귀한 고객이고 5효에서 왕상(旺相)하고 세효를 생합(生合)하면 큰 거래처가 된다. 초효에 청룡이 임하면 새로운 거래처가 된다.

　주작이 임하여 세효를 생하면 고객들의 칭찬을 받는다. 주작이 공망(空)을 만나면 말만 하고 사지를 않는다. 생(生)에 합(合)을 차(帶)고 있는 경우 계약한 거래처를 의미한다.

구진에 임하면 오래된 고객, 오래된 거래처를 의미한다.
등사에 임하면 고객이 까다로워 다루기 힘들다.
백호에 임하면 지나가는 손님이 되고 고객의 태도가 강경하다.
현무에 임하면 고객이 교활하거나 또 상품을 훔치는 것을 조심해야 한다.

응효가 세효를 극하는데 청룡이 임하면 술 먹고 행패를 부린다. 주작이 임하면 고객이나 거래처에 고소나 기소를 당한다. 백호에 임하면 손님에게 폭행을 당한다. 등사에 임하면 손님에게 협박이나 사기를 당한다.

응효(應爻)가 퇴신(退神)으로 화하면 손님이 점점 적어진다. 진신(進神)으로 화하면 점점 많아진다. 왕상(旺相)하여 일(日)이 세효를 생합(生合)하면 현재는 시끌벅적하고 고객이 넘친다. 회두생(回頭生)으로 화하면 계속 증가한다. 공망(空亡)으로 회두생(回頭生)을 하면 더 좋은 것이 뒤에 있다. 공망(空亡)으로 화하는데 회두생(回頭生)이 되지 않거나 절(絶)로 화하거나 회두극(回頭克)으로 화하면 앞으로 쓸쓸하고 쇠패한다.

응효가 주작에 임하여 처재와 합(合)하거나 처재를 입묘(入墓)하면 고객이나 거래처가 배상을 요구한다. 백호에 임하여 합(合)을 하거나 처재를 입묘(入墓)하면 재물을 빼앗는 사람이 있어 강탈이 발생한다. 현무에 임하면 손님이 거래처로 위장해 물건을 훔치거나 사기를 친다.

　응효가 발동(發動)하여 처재가 삼합국(三合局)을 형성하면 손님이 새로운 손님을 데려와서 고객층이 확대된다. 응효가 삼합국(三合局)에 임하여 세효를 생합(生合)하면 단체 손님이 오거나 단체 구매가 이루어진다.

> **예문 1**

卯월 戊寅일(공망: 申酉) 남자가 "식당풍수"가 어떤지를 문의하였다.

뇌천대장(雷天大壯)-천화동인(天火同人)

朱雀	兄弟戌土	‖		兄弟戌土
青龍	子孫申金	‖		子孫申金
玄武	父母午火	∣	世	
白虎	兄弟辰土	∣		
螣蛇	官鬼寅木	✕		兄弟丑土
勾陳	妻財子水	∣	應	

[판단]

　부모 오화(午火)가 지세(持世)하고 일월(日月)의 생부(生扶)를 얻어 왕상(旺相)하다. 그래서 점포 면적이 크다. 하지만 부모가 6효 술토(戌土)에 입묘(入墓)한다. 6효는 높은 곳이니 점포가 높은 것에 가로막혔다. 현무에 임하여 주로 어려움을 나타내어 점포는 밝은 곳에 있지 않다.

　처재 자수(子水)가 응효에 임하고 응(應)은 고객이니 고객이 이익을 가져오지 않는다. 자손 신금(申金)이 5효에 있고 5효는 도로이니 바로 지나가는 손님이다. 휴수공망(休囚空亡)이라 재(財)를 생(生)할 수 없어 손님 이동량이 적다.

외괘(外卦)가 복음(伏吟)이라 또 도로에서 왔다갔다하는 보행자임을 나타낸다. 그래서 식당이 잘되지 않기에 영업을 할 수가 없다.

> **피드백**
>
> 역시 판단한 그대로이다.

제4절_ **직원**

직원이 없으면 회사가 될 수 없다. 그래서 회사를 위해 부를 창출해낼 수 있는 총명하고 유능한 직원이 필요하다. 직원이 건강하고 문제를 일으키지 않는 것도 회사가 발전하는 데 중요한 요소가 된다. 좋은 직원을 얻을 수 있는지, 직원이 마음 놓고 일할 수 있는지, 재물운을 가져올 수 있게 하는 회사의 관리도 중요하고 법인의 재물운도 중요하다. 하지만 반드시 풍수의 영향을 어느 정도 받는다.

이는 실제 풍수예측에서 확인되었다. 괘(卦)에서 부하, 고용원, 직원에 사고가 생겨 사상자가 발생하는 정보를 볼 수 있다. 또 회사 돈을 횡령하는 때도 있다.

종업원, 고용원 등의 상황을 풍수적으로 어떻게 판단하느냐에 따라 예측의 목적이 크게 달라진다. 예측을 종합하면 보통 1효로 직원·고용인의 정보로 본다. 만약에 전문으로 풍수나 고용 직원을 위한 일로 판단한다면 처재를 용신으로 본다.

초효는 공파(空破)가 좋지 않고 휴수(休囚)해 백호에 임하여 극(克)을 당할 경우 특히, 처재가 임하여 극을 당하여 문제가 생기면 안 된다. 그렇지 않으면 직원에게 일이 생기고 회사는 파재된다.

직원이 노력하지 않아 회사에 이익을 가져다주지 못할 뿐만 아니라 오히려 회사의 돈을 낭비한다.

초효에 현무가 임하여 처재와 합(合)을 하면 회사직원이 돈을 탐오한다. 동(動)하여 공망(空亡)으로 화하면 회사에서 직원을 붙잡지 못한다. 관귀가 주작에 임하여 세효를 극하면 직원이 회사를 고소하여 분쟁이 생겨 소송이 벌어진다.

초효에 처재가 임하여 응효와 합을 하면 직원이 회사를 배반하여 다른 회사로 옮겨서 회사의 경영에 손실을 끼친다. 아니면 회사의 돈을 횡령한다.

초효에 자수(子水) 처재가 임하여 발동하여 세효를 생합(生合)하면 직원은 열심히 일하여 회사의 부를 창출해낸다. 왕상(旺相)은 이익이 풍부하다. 휴수(休囚)는 마음은 있지만 힘은 없다. 초효가 공망(空亡)을 만나고 백호가 임하면 직원이 게으르지 않으면 병에 걸린다.

초효 도화에 청룡 현무 등이 임하여 세효를 합하면 직원과 구측인이 사사로운 정이 있어 관계가 모호하다. 세효를 생합(生合)하면 자신에게 유익하다. 세효를 극합(克合)하면 결국 해롭다.

상업풍수(商業風水)의 실전 사례

> **예문 1**
>
> 未月 丙午日(공망: 寅卯) 남자가 주유소 사무실의 풍수를 예측하였다.
>
> **수산건(水山蹇)─풍산점(風山漸)**
>
> | 青龍 | | 子孫子水 | ‖ | | 妻財卯木 |
> | --- | --- | --- | --- | --- | --- |
> | 玄武 | | 父母戌土 | ∣ | | |
> | 白虎 | | 兄弟申金 | ‖ | 世 | |
> | 螣蛇 | | 兄弟申金 | ∣ | | |
> | 勾陳 | 伏妻財卯木 | 官鬼午火 | ‖ | | |
> | 朱雀 | | 父母辰土 | ‖ | 應 | |

[판단]

 부모는 점포이니 여기서는 주유소를 나타낼 수 있다. 부모가 양현(兩現)하니 주유소가 두 개 있다. 세효는 자신이 거주하는 장소다. 2개의 부모효 가운데에 있다. 그래서 사무실은 주유소 2개의 중간쯤에 있다.

 세효가 백호에 임하고 백호는 도로다. 또 세효가 5효와 인접해 있다. 5효는 도로를 의미하니 사무실이 도로변에 있다.

 예측의 목적은 경영의 이윤에 있기 때문에 반드시 처재의 상황을 봐야 한다. 처재 묘목(卯木)은 괘에 없고 2효 관귀 오화(午火) 아래에 복장되었다. 오화(午火)는 남쪽에 대응한다. 일(日)에 임하여 세효를 극(克)한다. 자수(子水)가 충(沖)을 당하여 암동(暗動)하여 관귀를 극한다. 남쪽에 자신의 사무실에 불리한 물체가 있다. 2효는 집이고 구진이 임하여 더욱 집을 의미한다. 그래서 남쪽에 집이 있는데 불리하다. 처재는 화물(貨物)인데 2효 관귀 오화(午火) 아래에 복장되어 있어 집안에 화물(貨物)이 저장되어 있다. 구진이 임하여 구진은 낡은 것을 의미하여 낡은 물건이 있다.

처재 묘목(卯木)이 공망(空亡)인데 비신(飛神)과 일진(日辰)인 오화(午火)가 사지(死地)다. 목(木)은 나무인데 사지(死地)이니 나무가 말라 죽었다. 공망(空亡)은 속이 빔을 나타낸다. 그래서 부근에 있는 말라 죽은 나무가 재운에 영향을 준다. 형제 신금(申金)이 지세(持世)하고 올해 태세(太歲) 기신(忌神)이 신(身)에 임하여 올해 재물운이 매우 좋지 않다.

피드백

실제 주유소가 두 곳에 있다. 사무실은 두 곳 사이에 있다. 사무실은 도로의 가까이에 있고, 남쪽에는 집 한 채가 있는데, 그 안에 물건이 들어 있다. 부근에는 원래 몇 그루의 붉은 소나무가 있었는데 몇 년 전에 말라 죽었다. 최근 몇 년 동안 매출이 떨어졌는데 올해는 더욱 좋지 않다.

예문 2

丙戌년 辛丑월 辛酉일(공망: 子丑) 남자가 사진관 풍수를 예측하였다.

택뢰수(澤雷隨)–택수곤(澤水困)

螣蛇		妻財未土	‖	應
勾陳		官鬼酉金	∣	
朱雀	伏子孫午火	父母亥水	∣	
靑龍		妻財辰土	‖	世
玄武		兄弟寅木	⚊〤	妻財辰土
白虎		父母子水	⚋〤	兄弟寅木

[판단]

처재를 중심으로 판단한다. 부모는 가게인데 양현(兩現)하니 방이 여러 개 있다. 왕상(旺相)하여 규모가 작지 않다. 세효와 일(日)이 서로 합(合)하고 일진(日辰)이 5효에 들어가 있다. 5효는 도로이고 세효는 자신의 소재지이니 도로에 인접해 있다. 또 부모 자수(子水)가 백호에 임하여 해수(亥水)로부터 주작을 빌리(借)면 백호는 도로이고 주작은 시끄러움이다. 즉 백호에 주작을 가미하면 번화가의 뜻이 된다. 초효가 공망(空亡)이니 가게 앞쪽의 밑에 지하실이나 동굴이 있다.

택뢰수괘(澤雷隨卦)이니 뒤를 따른다는 상(象)이 있다. 즉, 경영으로 보면 다른 사람이 모방하는 상(象)이 있다. 자기만의 특색이 없다.

처재 진토(辰土)가 지세(持世)하고 월(月)의 도움을 얻어 왕상(旺相)하다. 또 청룡에 임하여 재운은 괜찮다. 2004(甲申)년은 기신 형제 인목(寅木)을 충거(沖去)한다. 2005(乙酉)년은 형제를 극제(克制)한다. 2006(丙戌)년은 세효인 재가 합하는데 충(沖)을 만나는 것이니 경영은 어느 정도 괜찮다. 하지만 형제가 발동(發動)하여 재를 극하고 또 재로 화하니 매출액이 안정되지 않아 어떤 때는 좋고 어떤 때는 나빴다.

초효 부모 자수(子水)가 공망(空亡)이고 기신 형제 인목(寅木)을 생한다. 초효는 직원이고 부모는 지식(知識)이고 백호는 도로 혹은 밖을 나가는 것이고 공망(空亡)은 유실(流失)을 의미한다. 직원이 일단 기술을 배우고 나서 일정한 수준이 되었을 때 이곳을 떠난다. 이 때문에 사진관의 발전에 나쁜 영향을 준다.

세효 진토(辰土)가 3효에서 극(克)을 당하고 관귀가 일(日)에 임하여 세효를 합한다. 이것은 바로 몸에 질병이 옴을 나타낸다. 3효는 위(胃)이고 토(土)도 위(胃)를 의미한다. 그래서 입맛이 없다. 원신 오화(午火)가 괘에 없고 휴수(休囚)하여 자수(子水)에 극상(克

傷)을 당한다. 화(火)는 심장을 의미한다. 그래서 심박수가 일정하지 않아 심장이 두근거리는 문제가 있다.

 세효가 일(日)의 유금(酉金)을 보면 목욕지(沐浴地)다. 처재가 양현(兩現)하고 2효가 현무에 임하고 동하여 처재로 화하였다. 현무는 모호한 상(象)이니 본인이 바람을 피운다. 형제가 동(動)하여 처재로 화(化)하니 한편으로 돈을 벌고 또 다른 한편으로 돈을 낭비한다. 형제가 발동하여 처재로 화하니 다른 사람과 같이 아내를 공유한다. 처재 진토(辰土)가 관귀와 합을 하여 아내도 바람을 피운다. 택뢰수(澤雷隨) 괘이니 아내가 먼저 바람을 피우고 자신은 그 뒤에 바람을 피웠다.

피드백

모든 게 역시 판단한 대로다.

예문 3

丁亥년 乙巳월 己酉일(공망: 寅卯) 하북(河北)의 어느 한 남자가 "죽가게"를 열어도 되는지를 문의하였다.

뇌천대장(雷天大壯)-이위화(離爲火)

勾陳	兄弟戌土	‖		父母巳火
朱雀	子孫申金	‖		
靑龍	父母午火	∣	世	
玄武	兄弟辰土	∣		
白虎	官鬼寅木	✕		兄弟丑土
螣蛇	妻財子水	∣	應	

[판단]

질문의 목적이 이익이다. 처재는 이익을 의미한다. 그래서 처재를 중심으로 본다. 부모는 가게이고 가게는 모두 풍수와 관련되어 있다. 동효(動爻)의 변화는 풍수의 길흉을 파악하는 초점이다.

이 괘에 처재 자수(子水)가 월(月)의 생을 받지 못하지만 일(日)의 생(生)을 얻어 휴수(休囚)하지 않다. 그래서 왕(旺)에 속한다. 하지만 괘의 판단은 단지 일월(日月)의 작용만 보는 것이 아니라 또 반드시 괘(卦)의 동효(動爻)의 작용이 어떤지를 봐야 한다. 일월(日月)은 단지 용신(用神)의 근기(根基-기초)일 뿐이다. 즉, 일(日)이 생(生)함은 재물에 뿌리가 있다는 뜻이다. 괘에 나오는 정보는 환경의 영향 즉 죽 가게의 변화나 발전 결과 등을 반영한다. 괘 안에 두 개의 동효(動爻)가 있다.

관귀 인목(寅木)이 비록 세효를 생(生)하지만 단 재효(財爻)를 생하지 않는다. 형제 술토(戌土)가 발동(發動)하여 바로 재를 극한다. 형제 술토(戌土)가 월(月)의 생(生)을 득하고 회두생(回頭生)으로 화한다. 그래서 비교적 왕(旺)하다. 왕(旺)한데 발동(發動)하니 재를 극하는 역량이 더욱 강화되어 "죽 가게"는 장사가 안 될 것이다.

처재 자수(子水)가 초효에 있고 초효는 사물의 시작이다. 그래서 식당은 이제 막 시작했다. 2효 관귀 인목(寅木)이 발동(發動)하여 형제 술토(戌土)를 극한다. 관귀는 정부 관원을 나타낼 수 있다. 그래서 표면상으로 봐서는 재(財)를 도와주는 것 같지만 공(空)하여 형제로 화한다. 처재에 불리한 사실로 바뀐 것은 아니다. 그래서 이러한 정보를 바탕으로 판단했다. 이 식당은 이제 막 시작했고 잘 운영되지 않아 돈을 벌지 못했다. 비록 정부 쪽 지인들이 있어서 그들에게 도와달라고 할 수는 있었지만 먹고 마시는 게 적지 않고 먹고 마신다고 해서 반드시 일을 처리해 준다는 보장이 없어 하지 않았다.

이것은 그 사람의 운에 관한 문제다. 나는 그가 몇 년 전에 운이 좋았다고 판단했다. 하지만 작년은 좋지 않았다. 몇 년 동안 가장 좋지 않은 해라고 할 정도로 좋지 않았다. 역시 그랬다.

무엇 때문인가? 이 괘(卦)에 재(財)는 기(氣)가 있다. 왜냐하면 일(日)이 재(財)를 생하기 때문이다. 반면 몇 년 전 갑신(甲申)년과 을유(乙酉)년은 바로 처재를 생하는 유년이다. 그래서 재물운이 나쁘지 않았다. 하지만 작년인 병술(丙戌)년에는 태세(太歲)가 괘(卦)에 들어가 처재를 극한다. 그래서 작년에 제일 좋지 않았다.

나는 "이 죽 가게에 젊은이들은 많이 들어가지만, 노인들은 적게 들어가서 죽 먹는 것도 적다."라고 판단했다. 그는 바로 그렇다고 얘기했다.

이 괘는 다음과 같은 각도에서 정보를 추출한다. 괘(卦)는 뇌천대장(雷天大壯)으로 재를 생하는 자손 신금(申金)이 5효에 있다. 월(月)에서 장생(長生)이고 일(日)에서 제왕(帝旺)이다. 자손은 손님이라고 이해해도 된다. 왜냐하면 자손은 재(財)를 생하고 가게에 이윤을 가져오기 때문이다. 효위(爻位)로 분석하면 5효는 한창 좋은 나이일 때이고 왕성한 시기이며, 장생(長生)은 어리고 제왕(帝旺)은 건장함을 의미한다. 그래서 젊은이들이 비교적 많아서 식당에 수입을 가져다준다. 하지만 형제 술토(戌土)가 6효에서 처재를 극한다. 이렇게 되면 수익이 없다는 정보로 나타난다. 효위(爻位)

의 각도로 보면 6효는 퇴직의 효(爻)이니 늙어야 퇴직한다. 사람의 각도로 보면 나이 많은 사람이 된다. 여기에 구진을 더하면 구진은 완만(緩慢)함인데 월(月)과 변효(變爻)는 절지(絶地)이니 멸절(滅絶)됨을 표시한다. 이는 바로 늙은 사람 혹은 생명이 다한 사람을 의미한다. 동(動)하여 재(財)를 극하니 이런 사람을 기대하면 돈을 벌 수 없다. 그래서 가게에 들어오는 어르신들은 적다고 판단했다.

이 괘(卦)에서 나는 2개의 동효(動爻)로 일부 정보들을 판단했다. 처재 자수(子水)가 등사에 임하여 등사는 적다는 의미다. 그래서 식당의 수입이 많지 않다. 이 괘에는 특징이 있는데 하나는 구진이 발동하여 재를 극하고 또 하나는 2효 택효가 발동(發動)하였다. 그래서 가게 개업에 대해서는 바로 풍수 문제가 있다. 이 괘(卦)에서 2개의 효(爻)로 보면 풍수는 그리 좋지 않다. 왜냐하면 구진은 건축이 되고 형제가 부모로 화출하여 회두생(回頭生)을 받는다. 즉 형제가 왕(旺)해지고 부모는 주택이다. 그래서 가게의 풍수가 재물에 불리하다. 반면 2효는 가게의 효위(爻位)이고 동(動)하여 형제로 화(化)하니 가게의 풍수가 좋지 않다. 동시에 또 육충(六沖)에서 육충(六沖)으로 변하니 기(氣)가 모이지 못할 것이라고 설명하고 있다.

점포의 상황을 판단할 때 효위(爻位)는 2효를 보고 육친은 부모를 본다. 이 괘(卦)의 부모에 청룡이 임함은 식당의 정보를 나타낸다. 왜냐하면 청룡은 음식을 나타내기 때문이다. 그런데 6효에 입묘(入墓)가 되었다. 풍수예측에서는 6효는 이웃을 나타내고 인근 혹은 부근을 나타낸다. 구진에 임하고 구진은 건축이고 세효를 입묘(入墓)한다. 입묘(入墓)는 무엇에 가려져 있다는 뜻이다. 실제에서는 가려짐으로 이해할 수 있다. 술토(戌土)는 서북(西北)을 나타내기 때문에 나는 서북(西北)의 높은 건축물이 그의 식당을 가렸다고 판단했다. 이 건축물이 그의 식당의 재물운에 영향을 준다.

　서북쪽에 4층 높이의 건물이 있는데, 그의 식당은 3층 높이라고 한다. 그 말을 듣고 나는 당신의 식당보다 높은 건물은 지은 지 얼마 되지 않아 2001년에 지었다고 했다. 그는 맞다고 하였다. 술토(戌土)가 사화(巳火)로 회두생(回頭生)으로 화(化)하기 때문에 변효가 사화(巳火)이니 2001년(辛巳)에 응하였다.

　2효의 인목(寅木)은 무엇인가? 목(木)이 공망(空)에 백호가 임하고 형제 축토(丑土)로 화한다. 목(木)은 나무를 나타낸다. 공망(空亡)은 없어짐을 나타내고 백호는 칼을 의미하여 자른다는 의미다. 축토(丑土)로 화출하였다. 축토(丑土)는 동북이다. 그래서 나는 원래 동북 방향에 나무가 있었는데 베어버렸다고 판단했다.

　이 괘에서 이것들을 판단한 것이 거의 다 맞았다. 그는 100일 이내에 무슨 일이 일어날 것인지를 물었다. 이와 같은 질문은 대답하기 어렵다. 이것은 미래의 월(月)과 괘의 변화를 연결할 필요가 있다.

다시 말하면 한 달도 아니고 두 달도 아니고 세 달 후의 상황을 보면 된다. 세 달 후면 신월(申月)이 된다. 신월(申月)이 이 괘의 어느 효(爻)와 변화가 발생하는지를 본다.

신월(申月)은 관귀 인목(寅木)을 충(沖)한다. 공(空)이 충(沖)을 당하는 것은 무엇인가? 충실(沖實)이 된 것이다. 이 관(官)이 출공(出空)되면 무엇을 하는가? 세효를 생하는 것이 필요하다. 세효는 부모인데 부모는 고대의 관공서를 의미한다. 현대에 대응하면 현재 직장에 다니는 사람의 회사가 된다. 개인에게는 회사가 되고, 관은 직장을 대표하고, 부모는 회사를 대표한다. 그래서 나는 그가 새로운 회사를 설립할 것이라고 판단했다. 실제로 그는 신월(申月)에 새로운 회사를 세우려고 한다.

예문 4

乙酉년 庚辰월 辛酉일(공망: 子丑) 여자가 "컴퓨터 학교"의 풍수를 예측하였다.

화천대유(火天大有)─산천대축(山天大畜)

螣蛇	官鬼巳火	∣	應	
勾陳	父母未土	∥		
朱雀	兄弟酉金	⚊		父母戌土
靑龍	父母辰土	∣	世	
玄武	妻財寅木	∣		
白虎	子孫子水	∣		

[판단]

처재를 위주로 판단한다. 부모 진토(辰土)는 교실인데 일(日)이 와서 합(合)을 하니 교실 소재지는 다층 가옥이다. 합(合)을 한 신(神)은 형제이니 교실은 세를 얻은 것이 된다. 2효에 처재 인목(寅木)이 있고 월(月)의 생을 얻지 못하고 일(日)이 와서 극(克)을 한다. 또 동효(動爻)가 와서 극(克)을 하니 이곳에서는 돈이 모이지 않는다.

초효 자수(子水)에 백호가 임하여 부근에 교량이 있다. 유금(酉金)이 발동(發動)하여 생하니 하천이 있다. 독발(獨發)의 효(爻)는 관귀의 사지(死地)이니 혼인에 불리하다.

> **피드백**
>
> 실제로 컴퓨터 학교의 교실은 임차한 것이다. 빌딩 6층에 있고 근처에 하천과 다리가 있다. 재물운이 좋지 않다. 싱글이고 애인이 없다.

예문 5

丙戌년 戊戌월 丁酉일(공망: 辰巳) 어떤 사람이 "타이어 공장"의 풍수를 예측하였다.

지산겸(地山謙)—지수사(地水師)

靑龍		兄弟酉金	‖		
玄武		子孫亥水	‖	世	
白虎		父母丑土	‖		
螣蛇		兄弟申金	✕		官鬼午火
勾陳	伏妻財卯木	官鬼午火	✕	應	父母辰土
朱雀		父母辰土	‖		

[판단]

  기업은 처재를 주요 용신(用神)으로 한다. 처재 묘목(卯木)이 비록 월(月)의 합(合)을 얻어 왕(旺)하지만 토(土)의 월(月)과 묘목(卯木)의 관계는 어디까지나 생(生)을 얻는 것이 아니다. 오히려 일(日)이 와서 재(財)를 극한다. 괘(卦)에 또 형제가 발동(發動)하였기에 공장을 건축하는 데 큰 비용이 소모됨을 나타낸다. 즉 회사의 자금 압박이 매우 심각하다는 것을 의미한다.

피드백

50억 위안을 투자할 생각이다. 현재 이미 7억 위안을 사용했다.

2효는 공장의 건물이 되고 구진이 발동(發動)하여 부모로 화(化)한다. 변효 부모 진토(辰土)가 공망(空亡)이라 구진은 비록 건조(建造)이지만 아직 공장에서 많은 건물을 짓지 못하고 있다. 현재 건축을 급히 서두르고 있다.

> **피 드 백**
>
> 공장은 일부만 겨우 건설되었다. 큰 공정은 아직 남아 있다.

초효는 공장의 터인데 공망(空亡)에 월파(月破)이니 공장 터의 바닥이 너덜너덜하고 높낮이가 고르지 않다. 일(日)이 파(破)를 합(合)하니 일부 작은 부분은 조금 모양을 갖추고 있다.

> **피 드 백**
>
> 맞다. 마지막에 바닥을 정리하려고 했다.

처재 묘목(卯木)이 간괘(艮卦) 아래에 복장(伏藏)되었다. 간(艮)은 산(山)이다. 월(月)의 술토(戌土)가 합(合)하니 처재가 왕(旺)하다. 또 해수(亥水)는 처재의 장생지(長生地)다. 월(月)은 크고 높음이니 서북에 산이 있을 것이다. 그래서 공장의 재운에 도움이 있을 것이다.

> **피 드 백**
>
> 서북쪽에 산이 있다.

신금(申金)이 발동(發動)하여 부모의 장생(長生)을 받는다. 부모는 공장이고 신금(申金)은 1992년(壬申)에 대응하니 공장은 이해에 시작되었다.

> **피드백**
>
> 맞아요. 우리는 이해에 품목을 늘렸다.

하지만 이듬해 1993(癸酉)년, 1994(甲戌)년은 형제가 왕(旺)을 득하니 처재가 극제(克制)와 합주(合住)를 당해 공장이 어려워졌다. 형제 신금(申金)이 오화(午火)로 화출하니 2002(壬午)년부터 경제 상황이 비로소 호전되었다.

> **피드백**
>
> 1993년 말, 1994년 초에 공장을 폐기 처분했다. 2002년에 또 새로 투자하여 건축했다.

형제가 화(火)의 극제(克制)를 당하기 때문에 재(財)를 극(克)하기가 쉽지 않다. 단 공장이 한번 화재가 발생해야만 비로소 발전된다.

(**질문**: 언제요?)

(**답**: 오화(午火)가 진토(辰土)로 화하여 공파(空破)가 되니 진년(辰年)은 공(空)을 없애고 파(破)를 보충(實)한다. 그때가 되면 발생한다.)

예문 6

丁亥년 癸丑월 癸酉일(공망: 戌亥) 남자가 "주유소 풍수"를 예측하였다.

산풍고(山風蠱)

白虎		兄弟寅木 │	應
螣蛇	子孫巳火	父母子水 ‖	
勾陳		妻財戌土 ‖	
朱雀		官鬼酉金 │	世
靑龍		父母亥水 │	
玄武		妻財丑土 ‖	

[판단]

처재를 위주로 하여 판단한다. 부모가 양현(兩現)하여 점포(店面) 두 개가 있다는 의미다. 하지만 부모 해수(亥水)가 공망(空亡)이라 하나는 이미 운영을 하지 않는다. 부모 자수(子水)가 월(月)과 합(合)을 하고 일(日)이 5효를 생(生)한다. 5효는 도로이고 등사에 임하고 등사는 구부린 상(象)이니 그래서 주유소는 길모퉁이에 있다.

처재 술토(戌土)가 공망(空亡)이고 원신 자손 사화(巳火)가 휴수(休囚)하고 괘에 없다. 그래서 현재 경영 상태가 좋지 않다. 술토

(戊土)가 구진에 임하고 구진은 진부한 옛날 것이니 설비가 조금 낡았다.

> **피드백**
>
> 역시 점포가 2개 있었다. 불황으로 한 가게는 닫았고 지금 주유소는 길모퉁이에 있다. 설비가 이미 낡았다.

예문 7

壬午年 丙午月 己巳日(공망: 戌亥) 어떤 분이 "가게풍수"를 예측하였다.

지풍승(地風升)

勾陳		官鬼酉金	‖	
朱雀		父母亥水	‖	
靑龍	伏子孫午火	妻財丑土	‖	世
玄武		官鬼酉金	∣	
白虎	伏兄弟寅木	父母亥水	∣	
螣蛇		妻財丑土	‖	應

[판단]

처재 축토(丑土)가 양현(兩現)하고 일월(日月)이 생(生)하니 지나치게 왕(旺)한 감이 있어 조금 의심(嫌)이 간다. 하지만 재물운은 괜찮았다. 부모 해수(亥水)가 5효에 있고 주작과 백호가 임한다. 주작은 시끌벅적하고 백호는 도로이고 5효도 도로이니 가게는 번화가의 도로변에 있다.

피드백

쓸 돈은 있지만 여윳돈은 많지 않다. 상점은 큰 도로변에 있다. 현지의 주요 도로 중 하나다.

부모 해수(亥水)가 백호에 임하니 다리가 되고 5효 공망(空亡)도 다리가 된다. 해수(亥水)가 일(日)의 충(沖)을 당하고 역마(驛馬)에 임하고 수(水)가 역마에 임하여 암동(暗動)하니 하천(河川)을 의미한다. 그래서 부근에 다리와 하천이 있다.

> **피드백**
>
> 다리와 강이 다 있다. 집 뒤에 멀지 않은 곳에 강이 있다. 강은 넓지도 않고 깨끗한 편도 아니다. 집에서 걸어서 30초도 안 되는 거리에 다리가 있다.

세효(世爻)와 응효(應爻)가 서로 같고 처재가 임하여 모두 일월(日月)의 생을 얻었다. 그래서 부근에 자신과 같은 상점이 많다. 서로 영향을 주지 않지만 오히려 전체가 연결되어 서로 이끄는 작용을 한다.

> **피드백**
>
> 우리 상점 소재지는 은좌상점가(銀座商店街)다. 상업 거리다.

예문 8

寅月 己酉일(공망: 寅卯) 여자분이 약국을 경영하고 싶어 한다. "가게 풍수"가 어떤지?

수천수(水天需)

勾陳		妻財子水	‖	
朱雀		兄弟戌土	∣	
青龍		子孫申金	‖	世
玄武		兄弟辰土	∣	
白虎	伏父母巳火	官鬼寅木	∣	
螣蛇		妻財子水	∣	應

[판단]

 부모를 용신으로 보고 2효를 참고하여 본다. 2효는 점포가 되고 약국 경영은 이윤을 얻고 싶은 것이기 때문에 동시에 재효(財爻)를 같이 본다.

 자손이 지세(持世)하여 청룡에 임하고 자손은 의약(醫藥)이고 청룡은 귀중(貴重)함을 나타내어 그녀에게는 특별한 좋은 약이 있다. 재효(財爻)가 비록 일(日)의 생(生)을 얻지만 세효가 월파(月破)를 당하여 재(財)를 생하기 어렵다. 그래서 약국을 경영하여 이익을 얻기 힘들다. 세효를 충파(沖破)하는 게 월건(月建)의 관귀(官鬼)

다. 관귀는 공가(公家) 혹은 법을 집행하는 부분을 의미한다. 그래서 반드시 약물 검사의 원인 때문에 약국을 경영할 수 없게 된다.

2효 관귀는 공망(空亡)이고 2효는 가게이니 약국은 아직 임차하지 못했다는 의미가 된다. 백호에 임하여 백호는 의약이니 현재 마음에 들어하는 약국은 원래는 진료소였다. 부모가 복장(伏藏)하여 약국은 큰길에 있는 것이 아니고 골목에 있는 것이다.

피드백

실제로 본인은 의대를 졸업했고 특효약을 발명했지만, 아직 약물 관리 부서로부터 생산 허가를 받지 못했다. 면허를 신청하려면 돈이 많이 들기 때문에 외래진료를 통해 돈을 벌면서 면허를 신청할 계획이다. 현재 점포용 건물을 구했는데 원래 외래진료를 한 것이어서 자신이 쓰기에 좋을 것 같았다. 하지만 아직 집주인과 계약하지 않아 가게풍수를 보고 가게를 임차하려고 했다.

예문 9

亥月 乙巳일(공망: 寅卯) 남자가 "담배판매점 풍수"를 예측하였다.

지산겸(地山謙)-뇌산소과(雷山小過)

玄武		兄弟酉金	‖		
白虎		子孫亥水	‖	世	
螣蛇		父母丑土	⚊		官鬼午火
勾陳		兄弟申金	⎮		
朱雀	伏妻財卯木	官鬼午火	‖	應	
靑龍		父母辰土	‖		

[판단]

비록 가게의 풍수를 보는 거지만 가게를 하는 목적은 경제적 이윤을 얻는 것이기 때문에 재(財)를 중심으로 판단을 전개한다. 재(財)가 괘(卦)에 없고 2효 아래 공망(空)에 암장(伏)되어 있다. 월(月)이 생(生)하고 일(日)이 생하지 않는다. 부모 축토(丑土)가 독발(獨發)하여 재원(財源)을 극(克)한다. 복신(伏神)의 생(生)을 극하고 비신(飛神)을 설기(泄氣)한다. 그래서 장사는 반드시 좋지 않을 것이다.

2효는 가게인데 응효가 임하여 응(應)이 비택(飛宅)에 있으니 점포는 세를 얻은 것이다. 복신(伏)이 비신(飛神)을 생(生)하니 재(財)는 2효에서 설기(泄氣)된다. 그래서 벌어들인 돈의 거의 대부분은 집세로 낸다. 부모는 가게인데 독발(獨發)해 재(財)를 소모(耗)하고 자손을 극한다. 이것도 집이 돈을 소모하는 정보다.

  괘(卦)에 부모가 양현(兩現)하여 점포가 안과 바깥 아니면 상하 구조일 것이라고 설명한다. 태궁괘(兌宮卦)이니 사원(寺院)이 있다는 정보이다. 또 4효 부모가 등사에 임하여 관귀로 화(化)하니 가게 안에는 모시는 신불(神佛)이 있다.

  5효는 도로이고 자손이 재(財)를 생하니 자손을 손님으로 이해할 수 있다. 5효에 있으니 행인 혹은 지나가는 사람을 의미한다. 부모가 등사에 임하여 극(克)하고 사(蛇)는 적음(少)을 나타낸다. 그래서 지나가는 손님과 고객 유동량이 적다.

  백호에 세효가 임하여 조급함과 바쁨을 나타낸다. 암동(暗動)하여 재(財)를 생하니 암암리에 수단을 이용하여 재(財)를 얻는다. 그래서 이 가게는 좋지 않다고 판단한다. 마음이 엄청나게 조급하고 매일 바쁘게 자신의 관계를 이용해서 술, 담배를 널리 판매하였다고 한다. 이렇게 해야 비로소 간신히 유지할 수 있다고 하였다.

  이 가게는 돈이 모이지 않는다. 그래서 장기적으로 경영하기 힘들다. 겸괘(謙卦)에는 양보하는 의미가 있어, 자신은 이 가게를 벗어나고 싶어 한다.

피드백

이상의 판단은 완전히 사실과 맞았다.

예문 10

丁亥년 壬子월 乙未일(공망: 辰巳) 남자가 매입점(수매소) 풍수를 예측하였다.

풍산점(風山漸)―화산려(火山旅)

玄武		官鬼卯木	ǀ	應	
白虎	伏妻財子水	父母巳火	⚊		兄弟未土
螣蛇		兄弟未土	⚋		子孫酉金
勾陳		子孫申金	ǀ	世	
朱雀		父母午火	‖		
靑龍		兄弟辰土	‖		

[판단]

　여기서 처재는 폐품(廢品)이 되고 또 이윤(利潤)이 된다. 폐품이 없으면 이윤을 얻을 수 없다. 처재 자수(子水)가 괘(卦)에 없고 5효 아래에 복장(伏藏)되었다. 5효 부모 사화(巳火)가 백호와 공망에 임하고 발동(發動)하여 재(財)를 절(絶)한다. 5효는 도로이고 백호도 도로다. 공망(空亡)은 도로가 통하지 않음을 나타낸다. 재(財)를 절(絶)한다는 것은 도로가 막혀서 폐품이 들어가지 못함을 의미한다.

　부모 사화(巳火)는 동남쪽을 나타내는데 동(動)하여 미토(未土)

로 화하니 서남쪽이 된다. 그래서 도로는 동남쪽에서 서남쪽으로 꺾어 들어간다. 이것은 바로 반궁로(反弓路)다.

월(月)의 자수(子水)는 북쪽을 나타낸다. 2효 부모 오화(午火)를 충파(沖破)한다. 부모는 집이고 2효도 집을 의미한다. 충파(沖破)하니 북쪽에 있는 집이 철거당했다.

세효는 자신의 사무실 소재지이고 내괘(內卦)에 간괘(艮卦)가 있으니 사무실은 동북 방향에 있다. 처재 자수(子水)가 복장(伏藏)되고 처재는 화물이 되니 화물은 북쪽에 놓여 있다. 단, 일(日)의 극(克)을 당하고 동효(動爻) 미토(未土)가 극(克)하니 화물이 많지 않고 재기(財氣)가 일어나지 않는다.

5효 사화(巳火)가 발동(發動)하여 3효와 합(合)을 한다. 사화(巳火)는 동남쪽이다. 그래서 도로는 동남쪽에서 나온 것이다. 3효는 문(門)이니 대문이 동남쪽에 설치되어 있다.

피드백

이상의 판단은 완전히 사실과 맞는다.

예문 11

丙戌년 己亥월 丁未일(공망: 寅卯) 남자가 "회사" 풍수를 예측하였다.

풍택중부(風澤中孚)─수천수(水天需)

青龍		官鬼卯木	✕	妻財子水
玄武	伏妻財子水	父母巳火	∣	
白虎		兄弟未土	∥ 世	
螣蛇	伏子孫申金	兄弟丑土	✕	兄弟辰土
勾陳		官鬼卯木	∣	
朱雀		父母巳火	∣ 應	

[판단]

  부모 사화(巳火)가 양현(兩現)하였지만 모두 월(月)에 충파(沖破)를 당하였다. 게다가 일(日)의 도움이 없어 세효를 생(生)하지 않는다. 화(火)는 광선(光線)이니 일조(日照)가 좋지 않다.

피드백

일조(日照)가 좋지 않다.

  부모는 연장자를 대표하고 양(陽)은 주로 부친인데 월파(月破)를 당하니 불길하다. 사화(巳火)는 2001(辛巳)년에 대응하니 이해에는 부친이 불리하다.

> **피드백**
>
> 이해에 회사가 이사를 왔다. 얼마 되지 않아 부친이 돌아가셨다.

관귀 묘목(卯木)이 손괘(巽卦)에 있고 발동(發動)하여 세효를 극한다. 목(木)은 나무가 되고 묘목(卯木)은 동쪽이고 손(巽)은 동남쪽이고 목(木)이 공망(空)이면 대나무가 된다. 부근에 동쪽 혹은 동남쪽 근처에 대나무가 있다. 이 대나무가 자기에게 불리하다.

> **피드백**
>
> 동쪽에 대나무가 있다.

3효 형제 축토(丑土)가 동(動)하여 형제로 화하고 처재를 극하고 세효 형제를 충(沖)한다. 일(日)에서 또 형제가 3효를 충(沖)한다. 3효 4효는 문(門)이고 4효는 창문이며, 겸효(兼爻)도 창문이니 문과 창문이 너무 많다. 대충(對沖)하니 재물운에 불리하다.

> **피드백**
>
> 동북과 서남쪽에 모두 창문이 있고 문과 서로 대충(對沖)하고 있다. 재물운이 좋지 않다.

예문 12

丁亥년 戊申월 庚子일(공망: 辰巳) 남자가 공장의 풍수를 예측하였다.

화풍정(火風鼎)─뇌풍항(雷風恒)

螣蛇		兄弟巳火	✕		子孫戌土
勾陳		子孫未土	‖	應	
朱雀		妻財酉金	∣		
青龍		妻財酉金	∣		
玄武		官鬼亥水	∣	世	
白虎	伏父母卯木	子孫丑土	‖		

[판단]

처재를 용신으로 본다. 처재 유금(酉金)이 양현(兩現)하고 월(月)의 도움을 받아 왕상(旺相)하다. 그래서 2004(甲申)년, 2005(乙酉)년에 재물운이 괜찮다고 판단했다.

피드백

맞다. 2004년, 2005년은 재물운이 괜찮았다.

형제 사화(巳火)가 월(月)의 합(合)을 득하여 왕(旺)으로 회전하였다. 독발(獨發)하여 술토(戌土)로 화하고 처재를 극하고 세효 해수(亥水)를 충한다. 술토(戌土)는 병술년(丙戌年)에 대응하니 비록 처재를 생하지만 단, 기신 형제가 화출(化出)하여 이해에 재물운이 하락하기 시작했다.

피드백

맞다. 이해부터 좋지 않았다.

올해 정해(丁亥)년은 기신 형제 사화(巳火)를 충실(沖實)하니 여전히 나아지는 기미가 보이지 않는다.

피드백

맞다. 그래서 어떤 원인인지 예측하고 싶었다.

형제 사화(巳火)가 등사에 6효에 임하여 독발(獨發)하였다. 6효는 하늘(天)이고 등사는 가늘고 긴 것을 의미하고 화(火)는 전기(電)인데 이궁(離宮)도 더욱 전기(電)를 의미한다. 화(火)는 2의 숫자를 나타낸다. 그래서 공장의 상공에 2가닥 전선이 가로지르며 지나갔다.

피드백

맞다. 공장의 상공에 2가닥 고압선이 관통한다.

예문 13

巳월 己未일(공망: 子丑) 어느 시멘트 공장 사장의 사업이 어느 정도로 성장하는지 문의하였다.

산천대축(山天大畜)―풍수환(風水渙)

勾陳		官鬼寅木	ǀ		
朱雀		妻財子水	ⅼⅼ	應	父母巳火
靑龍		兄弟戌土	ǁ		
玄武	伏子孫申金	兄弟辰土	ⅼ		父母午火
白虎	伏父母午火	官鬼寅木	ǀ	世	
螣蛇		妻財子水	ⅼ		官鬼寅木

[판단 및 피드백]

처재를 용신으로 본다. 이 괘의 5효 처재 자수(子水)와 초효 처재 자수(子水)가 동(動)하여 세효를 생하니 좋은 일이다. 하지만 용신이 역량이 있는지를 알아보기 위해서는 바로 일월(日月) 등이 처재에 대한 영향을 살펴보아야 한다.

이 괘(卦)는 월(月)이 재(財)를 생하지 않고 처재의 절지(絶地)다. 일진(日辰)이 극(克)하니 바로 휴수(休囚)하다. 그래서 현재 기업의 수익성이 좋지 않아 곤경에 처해 있다. 무엇 때문에 좋지 않은가? 무슨 원인 때문에 일어난 것인가? 자세히 분석할 필요가 있다.

나는 우선 그 사람이 일하는데 과단성이 없고 관리가 엄격하지 않다고 판단했다. 실제로도 그렇다.

이것을 어떻게 판단한 것인가? 바로 세효로 판단한 것이다. 세효에 관귀 인목(寅木)이 임하여 관귀는 관리이니 마땅히 관리 능력이 있을 것이다. 하지만 왕상(旺相)하지 않고 또 일묘(日墓)에 들어갔고 백호에 임하여 백호는 본래는 강경하고 엄하다는 의미다. 하지만 세효가 주요한 것이다. 세효는 목(木)이니 목(木)은 인자(仁慈)를 의미한다. 일(日)에 입묘하니 그것은 바로 어떤 일 때문에 속박되어 망설이며 결정을 하지 못한다. 즉 우유부단하고 결정을 내리지 못한다는 뜻을 나타낸다.

5효와 초효 자수(子水)는 세효의 원신이다. 원신은 주로 사유(思維)를 의미한다. 5효도 공(空)이고 초효도 공(空)이다. 문제를 고려하는 데 엄밀하지 않아 허점이 많음을 설명한다. 수(水)는 지혜를 의미하는데 공망이라 문제를 고려할 때 주도면밀하지 못함을 의미한다.

5효는 지도자의 효위(爻位)다. 사장이 직접 찾아와서 문의를 하니 세효(世)가 사장이 된다. 그래서 5효를 영도나 사장으로 보는 것은 맞지 않다. 5효에 주작이 임하고 주작은 문서(文書)가 되니 그의 비서가 된다. 비서가 계획을 세워 그를 도와줄 것이다. 하지만 공망(空亡)이 되어 그를 도와줄 비서 한 명이 부족함을 설명한다.

사람들은 문제를 검토할 때 주도면밀하지 못한 경우가 있기 마련이므로 혼자 생각하는 것에 익숙해져서는 안 된다. 공망(空亡)은 생각이 휙 지나가 버렸음을 나타낸다. 절(絶)로 화(化)함은 이 문제를 아직 다 고려하지 않고 한쪽에 좌초해 놓음을 표시한다.

나는 그의 부하들이 비교적 느슨하게 일하거나 열심히 일하지 않는다고 판단했다. 초효는 노동자가 되는데 처재가 임하여 더욱 노동자를 의미한다. 공망(空)은 세효를 생할 수 없다. 세효는 사업을 대표하는 데 공망(空)이니 마음이 여기에 있지 않다. 등사가 임하여 변화의 상(象)이 있어 규정에 따라 일을 처리하지 않는다. 등사는 남을 속이는 것을 나타내어 직원이 자주 그를 속이며 열심히 일하지 않으려고 한다. 동(動)하여 관(官)으로 화하니 관귀는 번뇌와 번거로움을 대표하여 그에게 번뇌와 번거로움을 준다.

또 하나는 3효 진토(辰土)가 동(動)하였다. 3효는 문(門)이고 회계이니 문을 지키는 것이다. 진토(辰土)는 재고(財庫), 즉 돈을 관리하는 것이니 틀림없이 회계가 된다. 현무에 임하여 현무는 탐오(貪汚)이니 그것은 바로 돈을 자신의 가방에 넣는다는 의미다.

공장, 회사 등의 발전은 풍수의 영향과 직결되는 경우가 많다. 그래서 회사 등의 운을 판단할 때 풍수의 영향을 받느냐를 따지는 경우가 많다.

    위의 괘에서 정보를 분석한 바로는 공장의 문을 나서면 굽은 길이고 동남쪽에 화(火)와 관련된 건물이 있어 재물운에 영향을 미치는 것으로 판단된다.

> **피 드 백**
>
> 공장에서 나오자마자 굽은 내리막길이고 동남쪽에 벽돌을 굽는 가마가 있다.

    왜 이렇게 판단했는가? 6효 중에서 세(世)는 산(山)이고 향(向)이 된다. 응효(應爻)는 전방(前方)을 향하는 것이다. 이 괘(卦)의 응효(應爻) 처재 자수(子水)가 5효에 임하고 5효는 도로이니 틀림없이 도로와의 관계가 매우 밀접하다. 재(財)가 공망(空)에 임하고 절(絶)로 화(化)한다. 그래서 기업의 재물운에 영향을 준다.

    처재 자수(子水)가 동(動)하여 사화(巳火)로 화한다. 일반적으로 5효 공망은 다리를 의미하는데 때론 저지대 혹은 함몰된 곳이 있어 똑바로 다닐 수 없음을 나타낸다. 절(絶)로 화하면 갈수록 점점 낮아진다. 그래서 내리막길이다. 이신(移神) 원리에 따르면 초효 자수(子水)의 등사를 빌려와서 해석하면 등사는 만곡(구부러진 것)이 되므로 지방의 길 모퉁이가 된다.

　사(巳)는 동남쪽이다. 화(化)하여 손(巽)으로 들어가니 손(巽)은 동남이 된다. 그래서 동남 방향이 된다. 사화(巳火)가 재(財)를 절(絶)한다. 그래서 화(火)와 관련되어 있다. 부모에서 절(絶)이니 부모는 주로 건축(建築)·공장 등이 된다. 동시에 또 주작이 임하였다. 주작은 화(火)다. 그래서 화(火)와 관련된 건축 등이 된다. 그래서 벽돌 굽는 가마가 바로 화(火)의 정보를 나타낸다.

　초효는 자수(子水)다. 공망(空亡)에 등사가 임하였다. 등사는 주로 적음이다. 월(月)에 절(絶)하고 일(日)이 극(克)하여 휴수(休囚)하다. 초효는 우물이니 시멘트 공장에서는 반드시 물을 써야 한다. 일반적으로 스스로 우물을 파서 만든다. 여기까지 분석해서 나는 그에게 공장에 우물이 있는지 물었다. 그러자 그는 우물이 있다고 대답했다. 그래서 나는 그의 공장의 우물에 물이 없다고 판단했다.

　그는 피드백으로 "진짜 맞아요. 얼마 전에 기계가 작동되지 않아서 많은 기술자가 오랫동안 살펴보았는데도 원인을 찾을 수 없었는데, 결국 우물 안에 물이 없다는 것을 알게 되었어요. 좀 일찍 찾아와 예측했더라면 많은 인력이나 물자를 절감할 수 있었을 터인데 조정할 수 있는 방법이 없을까요?"라고 말했다.

나는 "며칠 동안 외출해야 한다. 당신의 공장에 가서 한 달씩이나 봐줄 시간이 없다."라고 했다. 대신 당신에게 처리 방법을 알려주겠다. 내가 외출하고 돌아오면 다시 보자. "풍화된 돌을 9개 찾아 병에 담아 사무실 북동쪽에 놓아라. 병에는 물을 부어야 한다."라고 말해주었다.

　이것은 재효(財爻) 자수(子水) 공망(空)의 문제를 해결하는 것이다. 공망(空)에는 바로 그것을 실(實)하는 것이 필요하다. 위에 수(水)를 놓는 것은 공망(空亡)을 메운다는 뜻이다. 하지만 이 괘(卦)의 원신과 용신이 모두 왕(旺)하지 않다. 수(水)는 출공(出空)해야 할 뿐만 아니라 또 금(金)이 와서 생(生)해야 된다.

　금(金)은 신(申)·유(酉)이고 숫자는 4·9를 나타낸다. 신(申)은 양(陽)이니 9를 사용한다. 괘를 결합하면 신자진(申子辰) 삼합이 된다. 이렇게 되면 이 안의 물은 자수(子水)가 되고 해수(亥水)는 아니다. 삼합국(三合局)을 이뤄 형제 진토(辰土)는 바로 재(財)를 극할 수 없다. 한집안이 되는 것이다. 현무는 궤란(潰爛)이고 금(金)은 돌(石頭)이니 종합해 보면 풍화석(風化石)이 된다.

　왜 동북 방향(東北方向)에 놓는 건가? 인(寅)은 세(世)이니 자신을 대표하고 또 공장을 대표하니 그래서 동북 방향에 놓는 것이다.

> **피드백**
>
> 나중에 공장의 경영은 개선되었을 뿐만 아니라 이 사람 자신의 병도 나아졌다. 그는 또 작은 시멘트 공장 하나를 양도하려 했지만 계속 못했다. 그는 1년에 20만 위안 정도면 양도해도 괜찮다고 생각했다. 결국 누군가가 그를 찾아와 도급을 맡겠다고 했는데 입을 열자마자 매년 30만 원씩 도급을 맡겠다고 했다. 동시에 정부는 시멘트 공장을 고찰하고 있었다. 이 지역에는 82개 기업이 있었다. 나라에서 우수 기업을 선정해 자금을 지원하기로 했다. 결국 그를 선택한 것이다. 국가에서 수천만 위안을 그에게 지원했다. 가장 신기한 것은 화해(化解)한 후에 우물에서 갑자기 물이 나왔다는 것이다.

예문 14

丁亥년 癸卯월 癸亥일(공망: 子丑) 남자가 식당 풍수를 예측하였다.

지수사(地水師)-화수미제(火水未濟)

白虎	父母酉金	ㄨ 應	妻財巳火
螣蛇	兄弟亥水	‖	
勾陳	官鬼丑土	ㄨ	父母酉金
朱雀	妻財午火	‖ 世	
靑龍	官鬼辰土	∣	
玄武	子孫寅木	‖	

[판단]

처재가 지세(持世)하고 월(月)의 생(生)을 얻어 왕상(旺相)하다. 주작에 임하니 문서가 되고 3효는 회계이니 조합하여 보면 계산대로 이해하면 된다. 또 계산대 위치가 좋아 풍수가 괜찮고 장사가 잘됨을 설명한다.

부모가 응효에 임하고 부모는 가게가 되고 응효는 타인이니 가게는 임차한 것이다. 삼합(三合)이 부모국(父母局)이 되어 식당 여러 개가 연합해 있음을 나타낸다. 월파(月破)는 또 갈라짐을 의미한다. 그래서 체인점이라고 판단했다.

3효는 문(門)이고 오화(午火)가 임하고 오화(午火)는 남쪽이다. 그래서 식당은 북쪽에 앉아 남쪽을 향하고 있다. 응효(應爻)는 식당 맞은편이고 부모가 임하여 건축물이 있다. 백호가 임하여 "의약"을 의미하여 맞은편에 병원이 있다. 동(動)하여 처재로 화(化)하니 병원이 자신에게 이익을 줄 수 있다.

> **피드백**
>
> 실제로 체인점이다. 맞은편에는 무장 경찰 병원이 있다. 많은 입원 환자와 가족들이 와서 식사를 하니까 장사가 잘된다.

예문 15

丙戌년 辛卯월 丙申일(공망: 辰巳) 남자가 "조리 기구점 풍수"를 예측하였다.

간위산(艮爲山)-산수몽(山水蒙)

靑龍	官鬼寅木	∣	世		
玄武	妻財子水	∥			
白虎	兄弟戌土	∥			
螣蛇	子孫申金	⚊╳	應	父母午火
勾陳	父母午火	⚋╳		兄弟辰土
朱雀	兄弟辰土	∥			

[판단]

 부모 오화(午火)가 2효에 있고 구진에 임하여 발동한다. 2효는 점포가 되고 부모도 점포다. 구진은 개조(改造)이고 발동(發動)은 변동을 의미한다. 동(動)하여 진토(辰土) 공망(空)으로 화한다. 그래서 이사하여 리모델링을 한다. 진토(辰土)는 2000(庚辰)년에 대응하니 이해에 점포를 이사한 것이다.

피드백

이해에 이사했다.

처재 자수(子水)가 5효에서 일(日)의 생(生)을 득하여 왕상(旺相)하다. 5효는 존위(尊位)인데 임오(壬午)년은 처재 자수(子水)를 충(沖)하여 큰 재물을 얻는다. 자손 신금(申金)이 발동(發動)하여 처재를 생(生)하여 업무가 확대되었다. 부모로 화(化)하여 체인점을 열었다. 응효가 임하여 화출(化出)한다. 응(應)은 타향이니 외지에서 체인점을 연다.

> **피드백**
>
> 맞다. 임오(壬午)년에 매우 좋았다.

신금(申金)이 동(動)하여 합(合)을 만나는 신사(辛巳)년에 이미 내리막길 가고 있었다. 임오(壬午)는 변효(變爻) 오화(午火)의 출현이니 계속 확장한다는 의미가 된다. 갑신(甲申)년은 신금(申金)의 출현이니 관건의 한 해가 된다. 하지만 자손이 동(動)하여 회두극(回頭克)으로 화한다. 2효 오화(午火)가 또 극(克)하고 자손은 처재를 생하기가 무력하다. 즉 확장이 오히려 위축을 불러와 불리한 입지에 놓이게 되었다.

> **피드백**
>
> 처음에는 괜찮아서 사업을 계속 확대했다. 신장, 윈난, 북경에 분점이 있었지만, 규모가 너무 커져 수익이 좋지 않았다. 몇 백만 위안을 손해 본 후 철수했다.

6효 관귀 인목(寅木)이 청룡에 임하여 암동(暗動)하였다. 6효는 신불(神佛)·신위(神位)가 되고 관귀도 신불(神佛)이 된다. 청룡은 존귀(尊貴)가 되고 인목(寅木)은 동북에 대응하여 가게의 동북쪽에 신불(神佛)을 모시고 있다.

피드백

관음상(觀音像)이 있다.

2효에서 형제 진토(辰土)로 화출하고 진토(辰土)는 동남에 응한다. 수고(水庫)는 저수(蓄水)이고 공망(空亡)은 아래로 새어 나가는 것을 의미한다. 그래서 동남 방향에 화장실이 있다.

피드백

맞다.

여러 상황을 살펴보면 가게의 경제는 2008년이 되기 전에 회복하기 어려울 것이다.

피드백

번창하기를 다시 바란다.

예문 16

乙酉년 戊子월 癸未일(공망: 申酉) 남자가 회사에서 공사 중에 발생한 사고는 풍수의 영향인가?

풍뢰익(風雷益)-산뢰이(山雷頤)

白虎	兄弟卯木	｜	應	
螣蛇	子孫巳火	╳		父母子水
勾陳	妻財未土	‖		
朱雀 伏官鬼酉金	妻財辰土	‖	世	
靑龍	兄弟寅木	‖		
玄武	父母子水	｜		

[판단]

5효 자손 사화(巳火)가 등사에 임하여 독발하여 부모 자수(子水)로 화한다. 5효는 도로이고 자손도 도로다. 세효를 생하니 직장 가는 길이고 등사는 휘어짐을 의미하니 모퉁이를 의미한다.

세효는 3효에 있어 문(門)이다. 그래서 직장 출입문 들어가는 곳에 모퉁이가 있다. 이곳은 비교적 습하다.

피드백

맞다. 출입문 들어가는 모퉁이에 잔디가 있다. 자주 물을 주어 축축하다.

사화(巳火) 독발(獨發)은 응효 묘목(卯木)의 병지(病地)다. 응효 묘목(卯木)은 백호에 임하여 일(日)에 입묘(入墓)한다. 백호는 넘어져 손상당함을 의미한다. 6효는 중요하지 않은 것이고 정규 직원이 아닌 사람이다. 응(應)은 타인이니 본 직장의 소속 직원이 아니다. 그래서 공사 중에 임시 직원이 사고를 당한 것이다. 또 6효는 높은 곳이고 입묘(入墓)가 일(日)에 있고 일(日)이 괘에 출현하여 4효에 들어섰다. 4효는 6효보다 효위(爻位)가 낮아서 높은 곳에서 떨어져 상처가 생겼다.

피드백

맞다. 그랬다. 역시 풍수의 영향인 것 같다.

예문 17

乙酉년 壬午월 庚申일(공망: 子丑) 여자가 "패스트푸드점 풍수"를 예측하였다.

택지췌(澤地萃)—뇌지예(雷地豫)

螣蛇	父母未土	‖		
勾陳	兄弟酉金	⚊✕	應	兄弟申金
朱雀	子孫亥水	⚊		
青龍	妻財卯木	‖		
玄武	官鬼巳火	‖	世	
白虎	父母未土	‖		

[판단]

　형제 유금(酉金)이 5효에서 독발(獨發)함이 이 괘의 핵심이다. 동(動)하여 처재 묘목(卯木)을 극하고 또 세효의 사지(死地)다. 5효는 도로인데 퇴신으로 화하니 다시 되돌아와야 하는 막다른 골목이 된다. 재를 극(克)하니 재물운에 영향을 준다.

피드백

　가게는 음식점 거리의 막다른 골목 안에 있다. 장사는 생활을 유지할 수 있을 정도로 그럭저럭되었다.

유금(酉金)은 세효의 사지(死地)다. 망자(亡者)의 영(靈)이 와서 방해를 한다. 금(金)을 만나는 관계로 금(金)은 소리를 의미하니 소리의 형세로 자신에게 영향을 준다. 5효는 도로이니 이는 발걸음 소리를 의미한다.

피드백

　누군가 문을 여는 것 같기도 하고, 눈으로 볼 때는 아무도 없지만 발걸음 소리만 들려서 기분이 좋지 않았다. 들은 바에 따르면 이곳에서 사람이 죽은 적이 있다고 한다.

　묘목(卯木)이 휴수(休囚)하고 일월(日月)의 도움이 없고 일(日)에 절지(絶)이다. 독발(獨發)하여 극(克)을 하니 가게 주위에 나무가 없어 재물운에 불리하다.

피드백

　나무가 없다.

　2효는 가게이고 현무가 임하고 유금(酉金)이 사지다. 화(火)는 광선(光線)이 되고 현무는 어둠이니 가게의 일조량이 좋지 않아 어둡고 더럽다.

피드백

　창문이 없어 햇빛이 들어오지 못한다.

5효 형제가 동(動)하고 또 세효의 사지(死地)다. 그래서 노상(路上)에서 파재(破財) 혹은 교통사고를 조심해야 한다.

> **피드백**
>
> 2004년 유월(酉月)에 음주 운전을 하여 집에 가는 길에 경찰에게 붙잡혀 벌금 20만 위안을 냈다.

예문 18

戊子년 戊午월 丙申일(공망: 辰巳) 남자가 다른 사람의 식당을 전대하면 어떤지 문의하였다.

풍뢰익(風雷益)-산화비(山火賁)

청룡		兄弟卯木	｜	應	
현무		子孫巳火	⚊		父母子水
백호		妻財未土	⚋		
등사	伏官鬼酉金	妻財辰土	⚋	世	父母亥水
구진		兄弟寅木	⚋		
주작		父母子水	｜		

[판단]

목적은 이윤을 남기는 것이니 처재를 용신으로 판단한다. 처재가 양현(兩現)하니 발동(發動)의 효(爻) 처재를 용신으로 한다. 처재 진토(辰土)가 지세(持世)하지만 공망에 임하고 원신 사화(巳火)도 공망이다. 원신 사화(巳火)는 일(日)과 합(合)하고 화(化)하여 월파(月破)를 당하니 불길하다. 그래서 인수해서 경영하면 반드시 적자가 난다.

세효가 공망에 부모로 화(化)하고 원신이 공망에 부모로 화한다. 부모는 가게이니 식당 풍수에 틀림없이 문제가 있을 것이다. 세효 진토(辰土)가 3효에서 부모 해수(亥水)로 화한다. 3효는 문(門)이 되고 공망은 문이 완전히 닫히지 못함을 의미한다. 수(水)는 투명이니 식당의 문은 유리로 만든 것이라고 설명할 수 있다. 한눈에 안을 다 볼 수 있다. 등사에 임하여 틈새가 있다.

피드백

맞다. 문은 유리로 된 것이고 틈새가 있다.

5효 자손 사화(巳火)가 공망에 화하여 파(破)를 당하고 있다. 5효는 도로이고 도로가 공망이니 인근에 교량이나 다리가 있다. 일(日)과 합(合)은 입체교차로가 된다. 또 화한 부모가 파(破)를 당하니 도로가 파손된다. 파(破)가 부모에 있고 부모는 공사가 되고 또 2효에서 구진이 임하여 암동(暗動)을 한다. 구진도 공사가 되고 2효는 가게 부근이다. 그래서 부근에 도로를 수리하는 공사가 진행되고 있을 것이다. 자수(子水)가 월파(月破)하니 자월(子月)이 되어야 끝난다.

피드백

근처에 입체교차로가 있다. 길을 수리하고 있다. 11월에야 완공된다고 한다.

2000(庚辰)년은 처재 진토(辰土)가 실공(實空)하니 이 가게는 재

물운이 좋았다. 2001년은 사화(巳火)가 출공(出空)하니 좋았다. 2002년은 오화(午火)가 와서 생하니 괜찮았다. 2003年은 미토(未土)가 출현하여 식당 장사가 좋았다. 2004년은 원신이 합(合)을 당하여 재물운이 내리막길을 걷기 시작했다. 2006년은 비록 진토(辰土)를 충실(沖實)하지만 사화(巳火)가 입묘(入墓)하여 벌기도 하고 손해를 보기도 한다. 2007(丁亥)년은 세효가 공망으로 화출한 지지인데 사화(巳火)가 충개(沖開)를 당하고 파(破)로 화한다. 회두극(回頭克)으로 화하여 장사가 되지 않는다. 올해는 원신이 파(破)로 화하고 파(破)는 본년 태세(太歲)이니 재물운이 더 좋지 않다.

피드백

저는 근처에 살고 있고 이 음식점에 대해 잘 알고 있다. 2000년 다른 사람이 경영하는 등 재물운이 좋았는데 2004년부터 나빠져 2006년 양도했다. 이어받은 사람이 지금의 경영자다. 처음에는 좋았지만 동업자 관계인 네 사람 사이에 갈등이 생기면서부터 장사가 되지 않았다. 지금은 경영을 할 수 없어 양도하려고 한다.

예문 19

甲申년 己巳월 甲寅일(공망: 子丑) 남자가 전력 회사의 풍수를 예측하였다.

뇌천대장(雷天大壯)

玄武	兄弟戌土	‖	
白虎	子孫申金	‖	
螣蛇	父母午火	∣	世
勾陳	兄弟辰土	∣	
朱雀	官鬼寅木	∣	
青龍	妻財子水	∣	應

[판단]

세효 부모 오화(午火)가 등사에 임하고 또 육충괘(六沖卦)이니 현재 마음이 불안하고 근심 걱정할 일이 많다. 부모는 신고(辛苦) 혹은 번거롭고 바쁨을 나타내니 지금은 한창 바쁠 때다.

일(日)의 인목(寅木)이 자손 신금(申金)을 충(沖)하니 암동(暗動)하여 재(財)를 생하니 자금을 모은다. 인목(寅木)이 괘의 2효에 있다. 2효는 집(宅)이니 집을 지을 일이 있어 자금을 모으고 있다. 처재 자수(子水)가 공망(空亡)이니 자금을 아직 마련하지 못했다.

초효는 지기(地基)인데 처재 자수(子水)가 임하여 공망(空亡)이 되었다. 회사 어딘가에 물이 누수되는 곳이 있어 재물운에 영향을 준다.

초효는 또 부하 직원을 의미하고 공망(空亡)은 손실(損失)이 있음을 나타낸다. 월(月)의 사화(巳火)가 자수(子水)를 절하니 불(火)이나 전기로 인한 사망사고가 일어날 수 있다. 수(水)는 주로 1, 6을 나타내니 1명 아니면 6명이 사망할 수 있다. 신금(申金)이 암동(暗動)하여 그것을 생(生)하니 구조하는 사람이 있다. 하지만 자수(子水)가 공망(空)이라 생(生)을 받을 수 없어 미처 구하지 못한다.

피드백

판단은 역시 정확했다. 이번 달에 전기 충격으로 인해 1명이 불에 타 죽었다. 구하러 간 사람이 있었지만 성공하지 못했다. 회사에 물탱크가 누수되고 있다. 다른 판단도 실제 상황에 부합한다.

예문 20

丙子년 己亥월 乙丑일(공망: 戌亥) 남자가 가게의 풍수를 예측하였다.

화천대유(火天大有)-이위화(離爲火)

玄武	官鬼巳火	ǀ 應	
白虎	父母未土	ǁ	
螣蛇	兄弟酉金	ǀ	
勾陳	父母辰土	ǀ 世	
朱雀	妻財寅木	⁄	父母丑土
青龍	子孫子水	ǀ	

[판단]

부모를 점포로 보고 2효는 참고로 본다. 2효는 가게이고 5효는 점원(店員)인데 2효가 5효를 극한다. 이 가게는 점원에게 불리하다.

5효는 일(日)에 파(破)를 당하고 백호가 임하고 있다. 5효는 도로이고 백호는 교통사고다. 이 가게에서 경영하면 점원이 교통사고를 쉽게 당한다.

이 괘(卦)의 재효(財爻)가 비록 월(月)의 도움을 얻지만 단 재(財)

는 2효에 임하여 발동한 것은 마땅하지 않다. 그래서 이 가게의 수입이 안정적이지 않다.

2효가 동(動)하여 부모로 화(化)하고 또 변효(變)가 육충(六冲)이니 이 가게는 개업한 지 얼마 안 돼서 이사할 것이다.

> **피드백**
>
> 실제로 유월(酉月)에 점원 한 명이 교통사고로 부상당하였다. 1997년에 불경기로 인하여 경영이 잘되지 않아 이사를 갔다.

예문 21

丙子년 己亥월 戊辰일(공망: 戌亥) 한 사람이 "식당풍수"를 예측하였다.

지산겸(地山謙)─풍화가인(風火家人)

朱雀		兄弟酉金	⚊⚊		妻財卯木
靑龍		子孫亥水	⚊⚊	世	官鬼巳火
玄武		父母丑土	‖		
白虎		兄弟申金	⎮		
螣蛇	伏妻財卯木	官鬼午火	‖	應	
勾陳		父母辰土	⚊⚊		妻財卯木

[판단]

부모를 점포로 보고 2효를 참고로 본다. 초효 부모 진토(辰土)가 발동(發動)하여 회두극(回頭克)으로 화한다. 마침 구진에 임하고 구진은 건축 공사를 의미하니 식당이 철거될 위험이 있다. 5효가 발동(發動)하여 2효를 극(克)하고 5효는 도로이고 2효는 가게다. 또 부모의 원신이니 도로 확장공사가 예정되어 있기에 식당이 철거될 것 같다.

외괘(外卦)가 반음(反吟)이고 반음(反吟)에는 반복의 의미가 있다. 이 가게는 음식점만 경영했을 뿐만 아니라 다른 것도 경영했을 것이다. 처재 묘목(卯木)이 복장(伏藏)되고 비록 월(月)의 생(生)을 얻지만 단 형제가 발동하여 극제(克制)를 당한다. 자손이 공망(空亡)에 또 일(日)에 입묘하니 이 가게는 경영을 해서 이익을 얻기 힘들다.

2효에 응(應)이 임한 것은 응(應)이 집(宅)에 들어간 것과 같다. 즉 이 가게는 임차인과 매수인이 있다. 반드시 기회를 봐서 가게를 양도해야 한다.

피 드 백

원래 이 가게는 책과 장식 재료를 판매하였다. 돈을 벌지 못해 식당으로 바꿨지만 여전히 경기가 나쁘다. 마침 가게를 임차하려는 사람이 있어서 세를 놓았다. 이듬해 도로를 넓히는 바람에 가게가 절반으로 헐리고 면적이 좁아져 세를 놓기가 어려워졌다.

예문 22

丙子년 庚子월 癸巳일(공망: 午未) 남자가 "점포풍수"를 예측하였다.

택산함(澤山咸)→천산둔(天山遯)

白虎		父母未土	‖ 應	父母戌土
螣蛇		兄弟酉金	ǀ	
勾陳		子孫亥水	ǀ	
朱雀		兄弟申金	ǀ 世	
青龍	伏妻財卯木	官鬼午火	‖	
玄武		父母辰土	‖	

[판단]

부모를 점포로 보고 2효를 참고로 본다. 2효가 월파(月破)되고 부모 미토(未土)가 동(動)하여 파(破)를 합(合)한다. 가게가 좋지 않아 수리한 적이 있다.

세(世)가 주작에 임하고 주작은 입(口)이고, 괘(卦)가 태궁(兌宮)에 있어 태(兌) 역시 입(口)이다. 그래서 경영하는 가게는 음식과 관련이 있다. 부모가 응효에 임하고 응(應)은 타인이니 가게는 타인의 것을 임차해온 것이다.

처재 묘목(卯木)은 비록 복장(伏藏)이지만 월(月)의 생을 얻고 비신(飛神)이 공망(空亡)이다. 공망(空) 아래에 있는 복신은 쉽게 끄집어 낼 수 있다. 동시에 자손 해수(亥水)가 암동(暗動)하여 생한다. 그래서 이 가게의 수입은 괜찮다. 하지만 응효(應)의 부모 미토(未土)가 발동(發動)하여 재효(財爻)를 입묘(入墓)한다. 가게를 임대한 사람이 임대료를 매우 급하게 요구한다. 미토(未土)가 공망(空亡)인데 내년인 정축(丁丑)년에는 미토(未土)를 충(沖)하니 실(實)이 되어 임대료가 반드시 오른다. 그때가 되면 더는 경영하기가 어려워진다.

> **피드백**
>
> 　　그 사람이 분식집을 차렸다. 임대료가 다소 비싸지만 그래도 이득이 있었다. 하지만 1997년에는 임대료가 오르자 이익이 얼마 남지 않아 할 수 없이 문을 닫아야 했다.

예문 23

戊寅년 己未월 庚辰일(공망: 申酉) 어떤 남자분이 "초탄소 코크스 공장 풍수"를 예측하였다.

풍택중부(風澤中孚)—천수송(天水訟)

螣蛇		官鬼卯木	ǀ		
勾陳	伏妻財子水	父母巳火	ǀ		
朱雀		兄弟未土	ǁ	世	父母午火
靑龍	伏子孫申金	兄弟丑土	ǁ		
玄武		官鬼卯木	ǀ		
白虎		父母巳火	⼂	應	官鬼寅木

[판단]

부모를 공장으로 보고 전체 괘 중에서 반영된 정보는 풍수의 길흉 정보를 나타낸다. 공장은 이윤을 얻는 것이 목적이기 때문에 반드시 재효(財爻)를 본다.

이 괘는 처재 자수(子水)가 괘(卦)에 없고 일월(日月)의 극상(克傷)을 당한다. 괘(卦)에 또 형제 미토(未土)가 발동(發動)하여 극한다. 부모 사화(巳火)가 발동(發動)하여 그것을 절(絶)하니 공장의 경영 상태가 좋지 않음을 바로 알 수 있다.

부모가 양현(兩現)하여 발동(發動)의 효(爻) 부모 사화(巳火)가 용신이다. 부모가 재효(財爻)의 절지(絶地)다. 그래서 공장의 풍수가 재물운에 불리하다.

처재는 동시에 직원의 뜻이 있다. 초효는 부하 혹은 직원의 자리이고, 처재가 괘에 없고 초효에 절(絶)이 된다. 그래서 처재가 제자리로 돌아가지 못하니 직원이 공장에 돌아와서 일하기 싫어한다. 초효에 백호가 임하고 관귀로 화(化)하여 백호와 관귀는 모두 사망과 상재의 정보를 담고 있다. 재효(財爻)가 휴수(休囚)하니 공장에 사상자가 발생한 것이 틀림없다.

초효는 발을 의미하니 대부분 발 혹은 다리를 다친다. 또 처재가 일(日)에 입묘(入墓)한다. 묘(墓)에는 매장의 뜻도 있다. 그래서 직원이 흙에 파묻혀 죽는 상황이 발생할 수 있다.

4효는 대문인데 형제 미토(未土)가 임하여 발동하여 처재를 극한다. 즉 대문의 배치가 좋지 않아 재물운에 영향을 미친다. 미토(未土)는 서남에 해당하니 서남 방향의 대문이 풍수 격국에 맞지 않다. 초효는 발이고 백호에 임하여 도로가 된다. 초효가 재효(財爻)의 절지(絶地)이고 동(動)하여 관귀로 화(化)하니 공장의 도로가 풍수의 짜임새에 맞지 않다.

> **피드백**
>
> 불황으로 공장에서 생산된 "초탄소 코크스"가 팔리지 않았다. 공장에서 노동자들이 다리를 다치고 석탄에 묻혀 숨지는 사건도 발생하였다. 노동자들은 생산 안전도 보장받지 못하고 임금도 받지 못해 공장 복귀를 꺼린다.

> **예문 24**
>
> 2011년 卯月 戊辰일(공망: 戌亥)에 어떤 남자가 2003년부터 "양신당(養身堂)"을 운영했는데 수익이 계속 좋지 않았다. 앞으로 발전이 어떠할지 예측하였다.
>
> **지수사(地水師)─택수곤(澤水困)**
>
> | | | | |
> |---|---|---|---|
> | 朱雀 | 父母酉金 ‖ | 應 | |
> | 靑龍 | 兄弟亥水 ⚋ | | 父母酉金 |
> | 玄武 | 官鬼丑土 ⚋ | | 兄弟亥水 |
> | 白虎 | 妻財午火 ‖ | 世 | |
> | 螣蛇 | 官鬼辰土 │ | | |
> | 勾陳 | 子孫寅木 ‖ | | |

[판단]

처재를 용신으로 본다. 처재가 백호에 임하여 지세(持世)한다. 백호는 의약이니 실제 경영정보와 부합한다. 용신이 비록 월(月)의 생(生)을 득하지만 단 4효 관귀가 현무에 임하여 발동하여 형제 해수(亥水)로 화한다. 이 관귀는 형제를 제(制)하는 게 아니라 오히려 세효 처재의 기(氣)를 설(泄)하는 것이다. 5효 형제 해수(亥水)가 발동(發動)하여 처재를 극하고 더하여 감궁(坎宮)은 수(水)이니 부근에 물과 관계 있는 시설이 이 가게의 풍수에 영향을 준다. 풍수에서는 비록 수(水)가 재(財)라고 말하지만, 당신의 가게는 수(水)

가 오히려 당신을 해치는 것이 된다.

> **피드백**
>
> 가게의 장사가 계속 잘되지 않았다. 특히 8월에는 폐업과 별 차이가 없을 정도로 손님이 별로 없다. 동쪽에 물을 정화하는 공장이 있는데 파이프가 자기 가게의 근처까지 이어져 있다.

예문 25

2009년 酉月 己卯일(공망: 申酉) 한 여성의 약혼자가 비어 있는 가게를 마음에 들어했다. 임차를 하여 "뷔페 형태의 고깃집"을 차리려고 하는데 돈을 벌 수 있을까 예측하였다.

수천수(水天需)-지풍승(地風升)

勾陳		妻財子水	‖	
朱雀		兄弟戌土	╳	妻財亥水
青龍		子孫申金	‖ 世	
玄武		兄弟辰土	│	
白虎	伏父母巳火	官鬼寅木	│	
螣蛇		妻財子水	╳ 應	兄弟丑土

[판단]

　처재를 용신으로 한다. 괘(卦)에 처재가 양현(兩現)하여 발동한 효(爻) 처재 자수(子水)를 용신으로 한다. 용신을 월(月)이 생(生)하고 일(日)이 극하지 않아 왕상(旺相)하다. 그러나 발동하여 회두극합(回頭克合)으로 화했다.

　초효는 아래(下)이니 수(水)는 하수(下水)가 된다. 등사는 파이프의 관도 의미인데 합(合)을 하여 반주(絆住)되어 원활하지 않다. 그래서 이 가게의 하수관도 막혀 재물운에 영향을 주니 수리를 해야 한다.

　부모가 복장(伏藏)하여 2효에 있어 계약을 아직 체결하지 않음을 의미한다. 백호가 임하여 백호는 도로 혹은 도로변을 의미하여 위층에 있지 않다. 세효 공망(空亡)은 자신감이 부족함을 나타낸다.

　5효 형제가 처재로 화(化)하고 일(日)에 합주(合住)를 당하여 화(化)하고자 하나 얻지를 못하여 주머니 사정이 빠듯해서 돈을 빌려야 이 가게를 운영할 수 있다.

　괘(卦)의 이치로 보면 비록 처재가 왕상(旺相)하여 돈이 있지만, 세효(世爻)가 공망(空亡)이고 형제가 발동(發動)하여 처재로 화하여 합극(合克)한다. 그래서 경영 상황이 좋아졌다 나빠졌다 한다.

　예측을 마치고 가게에 가보니 하수관이 보통보다 훨씬 가늘고, 출수구가 배관보다 높아 역류하기 때문에 개조를 해야 할 것으로 보인다.
　주인에게 보증금을 주고 인테리어를 하는 데도 꽤 많은 비용이 들어 부족한 돈을 친구에게서 빌렸다. 이후 12월 9일에 계약을 체결하고 29일에 정식으로 개업했다.

역자 서문

　왕호응 저자와 계속된 인연으로 이번엔 『육효풍수예측학』을 출간하게 되었다. 이미 출간된 『육효추길피흉화해비전』과 『육효경제예측학』은 독자들로 부터 좋은 평을 듣고 있어 역자로서 보람을 느끼고 있다.

　일반적으로 풍수(風水)는 인간의 삶과 그 터전에 관한 학문이다. 그 터전이라는 것은 인간이 삶을 어떻게 영위하고 얼마나 지속할 수 있는가 하는 문제와 밀접한 관련이 있다. 터전의 지속성 문제는 기가 흐르는 과정, 즉 유통과 응집의 관계에 달려 있다. 기(氣)가 통(通)하기만 하고 기(氣)가 모이지 않으면 기(氣)가 흩어지고 기(氣)가 모이기만 하고 통(通)하지 않으면 죽는다. 이것은 또한 음양의 작용관계 이기도 하다. 그래서 우리가 살고 있는 삶의 터전에 미치는 풍수의 작용을 가볍게 보아서는 안된다.

　"내가 이 점포를 얻어 장사를 해도 되겠는가? 이 주택에 살면 편안하고 부귀(富貴)를 얻을 수 있는가? 이 묘지에 부모님을 모시면 자손이 발복할 수 있는가?" 하는 원초적인 질문에 대한 답을 저자는 육효점을 통하여 명쾌하게 해결책을 제시하고 있다.

六爻風水預測學
육효풍수예측학

    저자는 난해한 풍수이론을 쉽고 간결하게 정리하여 풍수초보자들도 쉽게 풍수의 길흉을 판단할 수 있도록 서술해 놓았다. 특히 「제2장 육효기초지식의 풍수예측응용」, 「제3장 풍수예측의 세부사항에 대한 판단」, 「제4장 주택풍수의 예측」, 「제5장 음택풍수예측」, 「제6장 상업풍수예측」 부분을 제대로 공부하여 풍수와 관련된 질문에 정확한 판단, 올바른 예측, 합리적인 결정을 할 수 있는 역량과 지혜를 터득하기 바란다.

    이 책의 묘미는 풍수의 현장을 가보지 않고 책상에 앉아서도 "육효풍수점"으로 양택과 음택의 길흉을 잡아내는 데 있다.

    이 책을 출간하는 데 도움을 주신 분들을 잊을 수가 없다. 특히 동방문화대학원대학교 석좌교수인 유방현 교수님의 격려와 응원이 큰 힘이 되었다. 그리고 맹파명리학술원 이승희 회장님을 비롯하여 임원분들의 노고 또한 잊을 수가 없다.

    마지막으로 세밀하게 교정을 봐주신 김인수, 지태현, 김은희, 조미란 도반님께 진심으로 감사드린다.

2022년 7월

종로 서재에서   **박 형 규** 올림

국립중앙도서관 CIP

육효풍수예측학 / 왕호응 著 ; 박형규 譯.
[서울] : 학산출판사, 2022 p. ; cm

한자표제: 六爻風水預測學
원표제: 육효풍수예측학
원저자명: 王虎應
중국어 원작을 한국어로 번역
ISBN 979-11-962938-5-7 93180 : ₩48,000

사주명리학[四柱命理學]

CIP2020053938